古典文獻研究輯刊

三四編

潘美月・杜潔祥 主編

第46冊

肩水金關漢簡分類校注
（第九冊）

王錦城 著

國家圖書館出版品預行編目資料

肩水金關漢簡分類校注（第九冊）／王錦城 著 -- 初版 -- 新
北市：花木蘭文化事業有限公司，2022〔民 111〕
目 2+220 面；19×26 公分
（古典文獻研究輯刊 三四編；第 46 冊）
ISBN 978-986-518-901-3（精裝）
1.CST：居延漢簡 2.CST：簡牘文字
011.08   110022688

古典文獻研究輯刊
三四編　第四六冊　　　　　ISBN：978-986-518-901-3

肩水金關漢簡分類校注（第九冊）

作　　者　王錦城
主　　編　潘美月、杜潔祥
總 編 輯　杜潔祥
副總編輯　楊嘉樂
編輯主任　許郁翎
編　　輯　張雅淋、潘玟靜、劉子瑄　美術編輯　陳逸婷
出　　版　花木蘭文化事業有限公司
發 行 人　高小娟
聯絡地址　235 新北市中和區中安街七二號十三樓
　　　　　電話：02-2923-1455／傳真：02-2923-1452
網　　址　http://www.huamulan.tw 信箱 service@huamulans.com
印　　刷　普羅文化出版廣告事業
初　　版　2022 年 3 月
定　　價　三四編 51 冊（精裝）台幣 130,000 元　　版權所有‧請勿翻印

肩水金關漢簡分類校注
（第九冊）

王錦城　著

目

次

第七章　藝文類

肩水金關 T2

☑不可入腸‧治□☑　　　　　　　　　　　　　　73EJT2：79

☑歲之中有疾病〔1〕☑　　　　　　　　　　　　　73EJT2：80A

☑　　□　　☑　　　　　　　　　　　　　　　　73EJT2：80B

【集注】

〔1〕歲之中有疾病：劉嬌（2018，292 頁）：簡文內容或即見於《大戴禮記‧曾子
疾病》的一段：「故人之生也，百歲之中，有疾病焉，有老幼焉，故君子思其
不可復者而先施焉。」

今按，其說當是。

肩水金關 T3

☑□□□□□□□廣長各三寸，置三錢其中，祝曰：翠溫　　73EJT3：15

丙寅丁卯，蚤食時行，有三憙〔1〕，失時〔2〕行☑　　　73EJT3：70

【校釋】

「丙」字原作「戊」，張俊民釋文作「丙」（《〈肩水金關漢簡（壹）〉釋文》，簡
帛網 2011 年 9 月 23 日），王強（2019A，320 頁）認為釋「丙」可以。今按，該字
作▨▨▨形，釋「丙」可信，此從。

【集注】

〔1〕三憙：王強（2019A，322 頁）：從殘存的金關簡文看，憙數之後還有內容，簡文「失時行」及其後殘失的內容顯然是講如果不在干支日的對應時段出行會有何種不吉之事發生。

今按，說是。「憙」當如王強（2019A，320 頁）所說通「喜」。

〔2〕失時：或指日昳時。

七月，甲、丙、戊、壬申，乙、丁、己、辛卯，丙、戊寅，凡十日毋北。戊，
毋東南。月八日、九日、十日、十二日、十四日、廿七日、廿八日、有比日
〔1〕，毋 　　　　　　　　　　　　　　　　　　　　　　　　73EJT3：103

【校釋】

第一行「己」原作「巳」，馬智全（2012，107 頁）釋。第二行「月」王強（2019A，323 頁）認為可能是「凡」字。今按，該字作 ▨ 形，和第一行「凡」作 ▨ 完全不同，當為「月」無誤。

第二行「比」何茂活（2014D）、（2016C）釋作「此」，姚磊（2017E4）認為非，當從整理者釋「比」。王強（2019A，323 頁）認為「比」和其下的「日」為一「皆」字。今按，「比」字圖版作 ▨ 形，字形清晰，為「比」字無疑，釋「此」非。又從字間距來看，其也不當和「日」屬同一字。

【集注】

〔1〕比日：指連日，沒有間斷。《搜神記》：「弘曰：『今欲何行？』鬼曰：『當至荊揚二州。』爾時比日行心腹病，無有不死者。」

肩水金關 T4

□□朔反三日　☑
申酉朔反二日　☑
……　☑　　　　　　　　　　　　　　　　　　　　　　　　73EJT4：70

【校釋】

第一行未釋字張俊民（2014B）補「午未」。今按，補釋或可從，但該簡右側殘斷，未釋字僅存一點墨迹，不能確知，當從整理者釋。

☐丁 丁　　☐

☐丑 未 ☐☐　　　　　　　　　　　　　　　　　73EJT4：94

肩水金關 T5

六日　 ☐　　　　　　　　　　　　　　　　　　73EJT5：20

　　己 戊 戊 丁 丁 丙 丙 乙 乙 甲 甲 癸

十一日

　　酉 寅 申 丑 未 子 午 亥 巳 戌 辰 酉　73EJT5：56

【校釋】

　　末行「亥」原作「辰」，馬智全（2012，108頁），張俊民（2012），羅見今、關守義（2012，115頁），程少軒（2011）、（2015A，203頁），許名瑲（2014B），黃艷萍（2016B，127頁）釋。

　　又該簡所屬曆譜形式，陳夢家（1980，235頁）歸為編冊橫讀式。即一年曆譜用三十簡組成，一簡為一日。每簡自上至下分為十三橫欄，第一欄為日數，即自一日至三十日，直書。第二至十三欄為正月至十二月干支，橫書，字小於日數，自右至左。干支下記八節等事項，直書，字大於干支。

　　陳侃理（2017，36頁）歸為曆日類 A 型（年曆型）III式（簡首日序十二欄橫讀式）。並指出該式曆書月縱日橫，編冊橫讀，與 I 式類似，只是分欄數目不同，可以視為 I 式的變體。將 I 式曆書中的奇數月插入偶數月欄之間，就非常接近本式了。已知所有III式曆書，時代均晚於 I 式。 I 式曆書年代均在漢景帝以前，最晚為文帝後元二年（前157）；III式曆書年代，最早者即銀雀山元光元年（前134）視日，屬武帝前期，其餘均在太初改曆以後，特別是宣帝以後。考慮到這兩式曆書均有相當數量的實例，合計占曆日類年曆的絕大多數，可以認為兩者時代先後相錯的現象並非偶然，很可能存在繼承和取代關係。本式與 I 式還有一個重要差別，即在簡首標示表示日期的數字序號，絕大多數曆書的序號後還帶有「日」字。 I 式曆書則沒有日期。標註日期數字，反映序數紀日法的興起，體現出秦漢時間觀念的演進。

　　又關於該簡的年代，程少軒（2011）、（2015A，203頁），馬智全（2012，108頁），張俊民（2012），羅見今、關守義（2012，115頁），許名瑲（2014B）均指出為漢昭帝元平元年（前74）曆譜。今按，諸說是。該簡所記為元平元年各個月份中十一日的干支日期。

☑□　癸　壬　壬　辛　辛　庚　☑

　建〔1〕

☑□　亥　辰　戌　卯　酉　寅　☑　　　　　　　　　73EJT5：57

【集注】

〔1〕建：羅振玉、王國維（1993，89～90頁）：建除之說，始見《史記》及《淮南子》。《史記·日者傳》：孝武時，聚會占者七家，內有建除家。《淮南·天文訓》言：「太歲在寅，寅為建，卯為除，辰為滿，巳為平，主生；午為定，未為執，主陷；申為破，主衡；酉為危，主杓；戌為成，主少德；亥為收，主大德；子為開，主太歲；丑為閉，主太陰。」證以《陰陽書》卷三十二，內有一歲十二月曆式，載正月建寅，一日甲子金開，二日乙丑金閉，三日丙寅火建，四日丁卯火除，五日戊辰木滿，六日己巳木平，七日庚午土定，八日辛未土執，九日壬申金破，十日癸酉金危，十一日甲戌火成，十二日乙亥火收，與《淮南》所言正合。《曆書》曰（《協紀辨方》引）：「曆家以建、除、滿、平、定、執、破、危、成、收、開、閉，凡十二日，周而復始。觀所值以定吉凶。每月交節，則疊兩值日。其法從月建上起建，與斗杓所指相應。如正月建寅，則寅日起建，順行十二辰是也。」與《淮南》、唐曆合。宋寶祐四年會天曆，亦分注建、除十二字於每日之下，直至今曆尚爾。據此簡，知漢曆已然矣。

森鹿三（1983D，117～118頁）：所謂「建」是表示某一週期的起點，就像以星期日來表示一周的開始一樣。「建」同十二支相配合，「建」後還有除、滿、平、定、執、破、危、成、收、開、閉，然後又返回原來的「建」。不過，像前面說過的那樣，月份變了，建日的十二支也要變，所以，「建」並不像是一個星期的日、月、火、水、木、金、土那樣連續的。以「建」為起點的週期叫做十二直，是一種占卜吉凶的方法。

程少軒（2011）、（2015A，204頁）：簡中「建」為曆注，注出當月建除之建日，據「建」下干支為癸亥，可知建日干支或為癸巳，或為甲午。據建日干支殘筆判斷，此干支必為癸巳無疑。癸巳為建日，則該欄當屬四月。該簡是曆譜中四月到十月7欄，據干支分佈可知該簡所屬曆譜之年份中，四月大、五月小、六月大、七月小、八月大、九月小。符合這一條件的年份不止一個，不過元平元年恰好也是這種情況，換言之，簡57也能排入上表。簡57與另兩簡出於同一探方，出自同一年的曆譜可能性是很大的。甚至有可能，三支簡屬於同一份曆譜，只不過抄寫時中間換過抄手而已。

　　許名瑲（2014B）：可推擬為《元平元年曆日》簡冊之廿七日殘簡。

　　今按，諸說是。「建」為曆注。該簡所記當為元平元年各個月份中二十七日的干支日期。簡牘殘斷，現存為四月至十月的日干支。又程少軒認為其和簡73EJT5：56、73EJT5：58屬於同一份曆譜。三簡為同一年的曆譜沒有疑問，但三簡字體筆迹不同，或不屬於同一簡冊。

```
☑□  □  □  □  乙 甲 甲 癸 癸 壬
☑□  □  □  亥 巳 戌 辰 酉 卯 申                      73EJT5：58
```

【校釋】

　　該簡「□亥」前未釋及殘缺的干支羅見今、關守義（2012，115頁），許名瑲（2014B），程少軒（2011）、（2015A，204頁）均補作「戊申、丁丑、丁未、丙子、丙午」，且認為該簡為元平元年各個月份中十日的干支日期。今按，諸說是。但「□亥」許名瑲（2014B），程少軒（2011）、（2015A，204頁）補作「乙亥」，而羅見今、關守義（2012，115頁）補作「丁亥」應當有誤。

　　又羅見今、關守義（2012）認為該簡與簡73EJT5：56應為同人所書。兩簡制式、質地、色彩相同，應屬同冊曆譜。程少軒（2011）、（2015A，204頁）亦認為簡56和簡58可能屬於同一份曆譜。今按，該簡和簡73EJT5：56字體筆迹明顯不同，雖然為同一年的曆譜，但似乎並不屬於同一簡冊。

```
欲發□四□□□□之此藥已□十箴〔1〕，欬〔2〕良已識
□□□□久五，椎下兩束                              73EJT5：70
```

【集注】

〔1〕箴：即「鍼」，後作「針」。指中醫用於針刺療法的醫療用具。《漢書·藝文志》：「醫經者，原人血脈經落骨髓陰陽表裏，以起百病之本，死生之分，而用度箴石湯火所施，調百藥齊合之所宜。」顏師古注：「箴，所以刺病也。」

〔2〕欬：咳嗽。《說文·欠部》：「欬，屰气也。」《釋名·釋疾病》：「欬，刻也，氣奔至出入不平調若刻物也。」

肩水金關 T6

```
☑  癸 癸 壬 壬
☑  未 丑 午 子                                    73EJT6：30
```

【校釋】

第二行「未」原作「亥」,張俊民（2012）釋。

橪死張者約張兩柱析端□□,橪死鮫者約鮫柱燕張丿,橪死燕者約燕柱膺鮫
（竹簡）　　　　　　　　　　　　　　　　　　　　　　73EJT6：69

十四日丁巳　丙戌　丙辰　乙酉　乙卯夏至〔1〕反〔2〕　甲申　甲寅　癸未　癸
丑　壬午　壬子　辛巳（竹簡）　　　　　　　　　　　　73EJT6：70

【校釋】

該簡陳侃理（2017,37 頁）歸屬為曆日類 A 型（年曆型）Ⅲ式（簡首日序十
二欄橫讀式）。又關於其年代,程少軒（2011）、（2015A,203 頁）,羅見今、關守
義（2012,116 頁）,許名瑲（2014D）,陳侃理（2017,37 頁）等均指出屬漢宣帝
黃龍元年（前 49）。今按,諸說是。該簡所記當為黃龍元年各月份十四日的干支日
期。

【集注】

〔1〕夏至:殷光明（1996,379 頁）:太初改曆後規定一回歸年平分為二十四氣,
　　　二十四氣又分為十二中氣和十二節氣,即冬至起奇數次的氣大寒、雨水等,稱
　　　為中氣;偶數次的氣小寒、立春等,稱為節氣。《漢書‧律曆志》曰:「時所以
　　　記啟閉也,月所以記分至也。啟閉者,節也。分至者,中也。節不必在其月,
　　　故時中必在正數之月。」即春、夏、秋、冬四時中,記啟閉的立春、立夏、立
　　　秋、立冬四節氣,可以在本月的上半月,也可以在上月的下半月;而春分、夏
　　　至、秋分、冬至四中氣必須在二月、五月、八月、十一月之中。《漢書‧律曆
　　　志》又曰:「朔不得中,是謂閏月。」即在閏年有十三個月,總有一個月輪不
　　　到中氣,就以這個月作為閏月。

　　　　　程少軒（2011）、（2015A,203 頁）:該年五月十四乙卯正是夏至日,與簡
　　　文合。

　　　　　今按,諸說是。「夏至」為所注節氣,該簡顯示黃龍元年五月十四日夏至。

〔2〕反:羅振玉、王國維（1993,90～91 頁）:反支,見《漢書‧游俠傳》,「張竦
　　　為賊兵所殺」注引李奇曰:「竦知有賊當去,會反支日不去,因為賊所殺。桓
　　　譚以為通人之蔽也。」又《後漢書‧王符傳》「公車以反支日不受章奏」注曰
　　　「反支日,用月朔為正。戌、亥朔一日反支,申、酉朔二日反支,午、未朔三

日反支，辰、巳朔四日反支，寅、卯朔五日反支，子、丑朔六日反支。見《陰陽書》也。」

　　張培瑜（1989，141 頁）：反支是一項由月朔支辰確定的凶煞類目。《後漢書・王符傳》說：明帝時，公車以反支日不會章奏，注引《陰陽書》：凡反支日用月朔為正，戌亥朔一日反支，申酉朔二日反支，午未朔三日反支，辰巳朔四日反支，寅卯朔五日反支，子丑朔六日反支。後世的選擇通書，如明顧乃德《發微大統曆正通書》、清李光地編《星曆考原》等說明與此相同。並指出「其日忌上表章」。從漢初到清末各代曆書一直沿用，也是行用時間很長久的曆注之一。

　　中國簡牘集成編輯委員會（2001C，296 頁）：古時日者選日定吉凶的一種方法和習俗。以地支為準，子丑，則六日反支；寅卯，五日反支；申酉，則二日反支。以次類推，甲戌為二日，則其朔日癸酉。反支日，有不受章奏，不利出行等禁忌。

　　羅見今、關守義（2012，116 頁）：「乙卯夏至反」指五月十四日夏至，「反」指「反支」：《後漢書・王符傳》曰：「公車以反支日不受章奏。」李賢注云：「戌、亥朔一日反支，申、酉朔二日反支，午、未朔三日反支……見《陰陽書》也」。

　　程少軒（2011）、（2015A，203 頁）：「反」即反支日，類似的曆注又見於銀雀山漢簡元光元年曆譜。

　　許名瑲（2014D）：簡文於五月十四日「乙卯夏至」下，又具注「反」字，當是以該日為反支日，然與反支曆例不符。反支乃由月朔地支所決定的凶煞曆注。

　　何茂活（2015B，65 頁）：反支，指不吉利的支日。《後漢書・王符傳》引《潛夫論・愛日》有「明帝時，公車以反支日不受章奏」之語。《潛夫論・愛日》原文為：「孝明皇帝嘗問：『今旦何得無上書者？』左右對曰：『反支故。』帝曰：『民既廢農遠來詣闕，而復使避反支，是則又奪其日而冤之也。』乃敕公車受章，無避反支。」汪繼培箋：「本傳注云：『凡反支日，用月朔為正，戌、亥朔一日反支，申、酉朔二日反支，午、未朔三日反支，辰、巳朔四日反支，寅、卯五日反支，子、丑朔六日反支。見《陰陽書》也。』」

　　今按，諸說是。「反」即反支，為所注神煞。

☑食察事辟☑

☑□臨深淵□☑   73EJT6：77A

☑謹□錢☑   73EJT6：77B

☑如乾餱，伊美哉〔1〕。粲呼〔2〕，如以粱食浚〔3〕扞纊〔4〕也   ☑

        73EJT6：92

【校釋】

「浚」原作「浸」，方勇（2013），方勇、周小芸（2014，228 頁）釋。

【集注】

〔1〕伊美哉：方勇（2013），方勇、周小芸（2014，229 頁）引陳劍說認為此處「伊」
可通假為「噫」。今按，說當是。「噫」為歎詞，又作「意」。《莊子・在宥》：
「鴻蒙曰：『意，毒哉！仙仙乎歸矣。』」

〔2〕粲呼：方勇（2013），方勇、周小芸（2014，229 頁）：「粲」有鮮明之義，為形
容詞，我們疑其在簡文中的含義即指此。「呼」應即「乎」字，為詞綴，嵌在
「粲」這樣的形容詞後。

    今按，其說當是。「呼」通「乎」，為語氣詞，表示感歎語氣。《漢書・蘇
建傳》：「嗟乎，義士！」

〔3〕粱食浚：方勇（2013），方勇、周小芸（2014，228 頁）：「浚」，《廣雅・釋詁
二》：「渻、浚，盪。」王念孫《疏證》：「浚、渻、縮一聲之轉，皆謂滌取之也。」
我們破懷疑簡文中的「浚」為此意，即今所謂「淘米」之行為……「浚」作名
詞可解為「淘米水」。

    今按，其說當是，粱食浚當指洗淘粱米之水。

〔4〕扞纊：方勇（2013），方勇、周小芸（2014，229 頁）：簡文中的「扞」字，陳
劍先生認為應該同《說文》釋「砼」字謂「以石扞繒也」之「扞」。其說可從……
「衦」「扞」同從「干」得聲，故可互通，且二者均應指磨展衣物，使其平展
而有光澤之義。

    今按，其說當是。「纊」為新絲綿，《禮記・喪大記》：「屬纊以俟絕氣。」
鄭玄注：「纊，今之新綿。」扞纊當指扞輾新綿。又方勇（2013），方勇、周
小芸（2014，231 頁）引陳劍來信謂：「此簡文所言以粱米米湯或淘米水扞纊
（古人——近人、今人猶有之——之所謂『漿洗』衣物亦多以米湯或淘米水，
以二者皆含豐富澱粉故也），容易想到與繒帛之表面塗膠又扞輾事相聯繫。

不過「纊／絖」似未見用為一般之繒帛類絲織品之例，最簡單直接的恐怕還
是講為裝袍之「新絮」；猜想起來，大概因新絮易亂、不好不作加工即直接絮
入袍子，故先以米湯或淘米水浸泡後將之扞輾成形、成片狀，再絮入袍中。
當其加工好而尚未裝入時，表面平整光潔，似亦頗可當『粲乎』之譽。」說
甚是。

☑教，蒼頡作〔1〕	73EJT6：111A
☑以入	73EJT6：111B

【集注】

〔1〕蒼頡作：羅振玉、王國維（1993，77 頁）：秦漢間，字書約有二系：一以七字
為句，一以四字為句。以七字為句者，《凡將》《急就》。今《凡將》雖佚，而
《說文解字・口部》引司馬相如說「淮南宋蔡舞嗙喻」，殆即《凡將》之文。
又《文選・蜀都賦》注引「黃潤鮮美宜製襌」、《藝文類聚・樂部》引「鐘磬笙
竽筑坎侯」，皆七字為句，乃《急就》所自昉。唐顏師古《急就篇序》謂：「司
馬相如作《凡將篇》，史游擬而廣之。」其語必有所受。此一系也。以四字為
句者，為《蒼頡》《訓纂》諸家。

梁靜（2014，205 頁）：「閭里書師本」《蒼頡篇》第一章的十五句已經全
部出現，只剩「姦佞」之後的兩個字還不清楚。四言本首章的內容，應該就是：
蒼頡作書，以教後嗣，幼子承詔，謹慎敬戒，勉力諷誦，晝夜勿置。苟務成史，
計會辨治，超等軼群，出尤別異，初雖勞苦，卒必有喜，慤愿忠信，微密痰塞，
姦佞□□。

白軍鵬（2018，520 頁）：我們便可完全知道《蒼頡篇》首章的全部十五
句內容：蒼頡作書，以教後嗣，幼子承詔，謹慎敬戒，勉力諷誦，晝夜勿置。
苟務成史，計會辨治，超等軼群，出尤別異，初雖勞苦，卒必有憙，慤愿忠信，
微密痣塞，儇佞齊疾。

今按，諸說多是。該簡即屬《蒼頡篇》第一章的內容。

南方 □舍 ☑（簡上有刑德七舍圖）			73EJT6：114
☑□□□得駒為□		□□☑	
☑為呴駒緣・謂毋有為□□	□牝馬雍券□☑（削衣）		73EJT6：185
六九五十四 ☑（削衣）			73EJT6：193

肩水金關 T7

☑□七　下餔六　雞後鳴六　　　　　　　　　　　　　　　73EJT7：1

☑畜產自死，家當有妖〔1〕　　　　　　　　　　　　　　　73EJT7：60

【校釋】

「妖」原未釋，方勇（2013），方勇、周小芸（2014，231 頁）釋。該字黃艷萍（2013）曾釋「晾」，黃艷萍（2016B，129 頁）則據蔡偉說作「妖」。

【集注】

〔1〕家當有妖：方勇（2013），方勇、周小芸（2014，231～232 頁）：睡虎地秦簡《日書》甲種五六背壹簡中有和上述金關漢簡相類似的內容：「人之六畜毋（無）故而皆死，欨鬼之氣入焉。」……睡虎地秦簡的「欨（陰）鬼」同金關漢簡的「妖」應是義近的關係。據此，上述金關漢簡的簡文內容應屬《日書》的範疇。

今按，其說當是。

星〔1〕內財〔2〕，下必斷・六甲〔3〕內財☑　　　　　　　73EJT7：63

【集注】

〔1〕星：王強（2019A，324 頁）：「星」疑為星宿名「七星」之殘或省略。結合辭例，此處「七星」應為秦漢時習見的星宿紀日，不當視作實際星宿。簡文說七星日如果納財，會發生爭鬭，顯然該日為納財凶日。

今按，說當是。

〔2〕內財：王強（2019A，324 頁）：納財是後世選擇通書習見的選擇事項，同時也是各種曆書習見的鋪注項目。

今按，說當是。「內」通「納」，內財即納財。

〔3〕六甲：王強（2019A，324 頁）：六甲即六十甲子中的甲子、甲寅、甲辰、甲午、甲申、甲戌六個干支日。

今按，說當是。

☑入眾多狩禁恐毋已方姦萃有☑　　　　　　　　　　　　73EJT7：94

☑　壬

☑　申　　　　　　　　　　　　　　　　　　　　　　　73EJT7：187

肩水金關 T8

秋風至樹木涼〔1〕，宦老☐　　　　　　　　　　73EJT8：64

【集注】

〔1〕秋風至樹木涼：肖從禮（2014，113 頁）：簡文所記亦是以秋風起興，「樹木涼」
文獻無徵。按，簡文「涼」與「零」義近，有秋寒草葉零落之義……簡文「秋
風至樹木涼」或作「秋風至兮樹木涼」，亦為七言歌體詩。

今按，「涼」似無「零落」之義。「涼」應當還是指天氣涼的「涼」，即微
寒之義。《玉篇・水部》：「涼，薄寒貌。」曹丕《燕歌行》：「秋風蕭瑟天氣涼，
草木搖落露為霜。」天氣涼則樹木亦涼。

☐亥卩　　甲戌☐
☐子　　　乙未☐　　　　　　　　　　　　73EJT8：114

肩水金關 T9

・子曰：君子不假人，君子樂☐〔1〕☐　　　　　73EJT9：58

【校釋】

「假」字王楚寧、張予正（2017），王楚寧、張予正、張楚蒙（2017）改釋
「儌」。今按，該字圖版作　　形，似非「假」字，但亦不能確定是「儌」，或當
存疑待考。

又關於簡文性質，黃浩波（2013B）認為該簡和簡 73EJT14：7 相同之處頗多，
或出自同一典籍，且將兩簡歸入儒家著作。馬智全（2014，168 頁）則認為此句不
見於今本《論語》，考慮到《齊論》「其二十篇中，章句頗多於《魯論》」，《齊論》的
可能性要大一些。王楚寧、張予正（2017），王楚寧、張予正、張楚蒙（2017）亦認
為章首冠以「子曰」，當屬《齊論》。文前有分章符號「・」，簡牘雖有殘損，但文意
較通暢，此章未見於傳世文獻。今按，諸說當是，該簡所記或為《齊論》內容。

【集注】

〔1〕君子不假人，君子樂☐：馬智全（2014，168 頁）：大意是說君子不受約束於
人，君子有自己追求道德的快樂。

今按，其說或是。

丁　丁　丙　丙　乙　乙　甲　甲　癸　癸　壬

廿二日

丑　未　子　午　亥　巳　戌　辰　酉　卯　寅（竹簡）

73EJT9：115

【校釋】

該簡陳侃理（2017，37頁）歸屬為曆日類A型（年曆型）Ⅲ式（簡首日序十二欄橫讀式）。

又該簡年代，羅見今、關守義（2012，117頁），程少軒（2011）、（2015A，208頁），許名瑲（2014C），陳侃理（2017，37頁）等均指出屬漢元帝初元三年（前46）。今按，諸說是。該簡當為初元三年各個月份中二十二日的干支日期。

十二日　戊　卯建　☐　　　　　　　　　　　　　73EJT9：169

☐甲　☐

☐辰　☐　　　　　　　　　　　　　　　　　　　73EJT9：179

肩水金關 T10

壬　辛　辛　庚　庚　己　己　己　戊　戊　丁　丁

廿四日

辰　酉　卯　申　寅　未　丑　未　子　午　亥　巳

73EJT10：272

【校釋】

該簡陳侃理（2017，37頁）歸屬為曆日類A型（年曆型）Ⅲ式（簡首日序十二欄橫讀式）。

關於該簡年代，羅見今、關守義（2012，117頁），程少軒（2011）、（2015A，210頁），陳侃理（2017，37頁）等均指出屬永光元年（前43）。今按，諸說是。該簡為漢元帝永光元年各個月份中二十四日的干支日期。

戊　丁　丁　丙　丙　乙　☐

廿四日

午　亥　巳　戌　辰　酉　☐　　　　　　　　　　73EJT10：273

【校釋】

「戊午」原作「癸卯」、「丁亥」原作「丁未」、「丙戌」原作「丙寅」、「乙酉」原作「己酉」，羅見今、關守義（2012，116頁），張俊民（2014B），程少軒（2011）、（2015A，208頁）釋。

該簡陳侃理（2017，36頁）歸屬為曆日類A型（年曆型）Ⅲ式（簡首日序十二欄橫讀式）。又關於該簡年代，羅見今、關守義（2012），程少軒（2011）、（2015A，210頁），陳侃理（2017，36頁）等均指出屬元康三年（前63）。今按，諸說是。

```
      己  己          戊  戊  己  ☑
五日             建二百〔1〕
      酉  卯          申  寅  酉  ☑               73EJT10：274
```

【校釋】

「己卯」原作「己丑」，張俊民（2012），程少軒（2011）、（2015A，208頁）釋。羅見今、關守義（2012，117頁）認為當為「己巳」之誤。其說非是。又簡末「己酉」羅見今、關守義（2012，117頁），張俊民（2012），程少軒（2011）、（2015A，210頁）均認為屬原簡書寫錯誤。今按，說是。

關於該簡年代，羅見今、關守義（2012，117頁），張俊民（2012），程少軒（2011）、（2015A，210頁）等均指出屬永光五年（前39）。今按，說是。

【集注】

〔1〕建二百：羅見今、關守義（2012）：漢代「建除十二神」指建、除、滿、平、定、執、破、危、成、收、開、閉，每神各司一職，漢人將其附列於曆譜上，12天周而復始，以指導當日的行動。簡文「建」位十二神之首，最吉，當日可行軍、外出、求財、謁貴、上書，但不可動土、開倉。簡文「二百」意義不明，待考。

程少軒（2011）、（2015A，210頁）：「建」為建除之建日，是曆注。「二百」意義不明，或是曆注，或是日誌。

今按，諸說是。「建」為曆注。「二百」不明。

```
☑壬  壬  癸  癸  癸  壬  壬
☑子  午  丑  巳  亥  辰  戌                      73EJT10：275
```

【校釋】

該簡程少軒（2011）、（2015A，211 頁）指出是一支簡的下半段，抄寫的是六月至十二月某日對應干支，但無法排譜。簡中「癸丑」「癸巳」之間多出 10 日，完全不可能排出曆譜。其與同一探方出土的確定為永光元年的簡 73EJT10：272、可能為永光五年的簡 73EJT10：274 形制類似，抄寫字體也較接近，原曆譜最可能是永光元年（前 43）。

胡永鵬（2016A，709～710 頁）則認為該簡與 73EJT10：274 形制基本一致，字體風格相近，可能屬於同一冊書。簡文所載為永光五年三月至九月第九日干支。

今按，說多是。該簡與簡 73EJT10：274 形制、字體接近，但與簡 73EJT10：272 形制、字體均差別甚大。其年代當為永光五年（前 39）。

卅日　☑　　　　　　　　　　　　　　　　　　　　　73EJT10：276

【校釋】

該簡陳侃理（2017，36 頁）歸屬為曆日類 A 型（年曆型）Ⅲ式（簡首日序十二欄橫讀式）。關於其年代，程少軒（2011）、（2015A，210 頁）認為該簡屬於一曆譜的最末簡，據殘文無法排譜，但可知該年至少正月為小月。其形制、字體與簡 73EJT10：273 一致，斷口形態也相同。而據簡 73EJT10：273 所排元康三年曆譜中正月恰為小月。因此該簡有可能同屬於元康三年。陳侃理（2017，36 頁）亦認為該簡屬元康三年曆書。今按，諸說或是。但其年代不能確知。

七日　丁吏左萬福☐☐

　　亥（削衣）　　　　　　　　　　　　　　　　　　　73EJT10：420

☑　丁　戌　☑

☑　亥　子　☑　　　　　　　　　　　　　　　　　　　73EJT10：446

☑色黑，目黑，齒黑色，齊居大水中　　　　　　　　　73EJT10：454

【校釋】

王強（2019A，325 頁）指出簡文具體所指不詳，似講某種神怪，可斷讀為：「……色黑，目黑，齒黑色，齊（次）居大水中。」並認為此物各器官均呈現黑色，居止於大水中。按照五行理論，水所配之顏色恰為黑色，簡文如此整齊地指向黑色，恐非偶然。今按，其說當是。

```
☒　戌　☒
☒　戌　☒                                                      73EJT10：466
☒丁
　　幼卿之官☒
☒卯                                                          73EJT10：545
```

肩水金關 T11

不蚤不莫〔1〕，得主君閒叚〔2〕。肥豚□乳、黍飯清酒，至主君所〔3〕。主君□
方□□□☒   73EJT11：5

【校釋】

　　「閒」原作「聞」，劉嬌（2016）、肖從禮（2016，128 頁）釋。「豚」字原未釋，
王子今（2014B，4 頁）、劉嬌（2016）、肖從禮（2016，128 頁）補釋。「叚」字原作
「微」，肖從禮（2016，128 頁）改釋作「叚」，劉嬌（2016）認為左半是否「彳」旁
難以斷定，右半或為「段」，可能是「段」字之訛，讀為「暇」。今按，劉嬌說是，
該字作 形，此暫釋作「叚」。

☒脊強；毋予皮毛疾，以幣身剛；毋予脅疾，以成〔4〕☒　　　73EJT11：23

【校釋】

　　「脊」原作「肖」，王子今（2014A，12 頁）釋。「身」字原未釋，劉嬌（2016）
補釋。又劉嬌（2016）據秦簡相關內容於該簡前後殘缺處分別補「毋予□疾，以□」
和「身張」等字。

　　又以上兩簡王子今（2013，281 頁）、（2014A，12 頁）、（2014B，6 頁）、（2016A，
32 頁）指出當屬同一件文書。今按，其說當是。兩簡形制、字體筆迹等相同，內容
關聯，當屬同一簡冊，可編連。

【集注】

〔1〕不蚤不莫：劉嬌（2016）：「不早不暮」，指時間剛剛好，與秦簡的「今日良日」
　　　　意思相近。

　　　　肖從禮（2016，129 頁）：「不蚤不莫」即「不早不暮」，即今之言「不早
　　　　不晚」，意時機剛好。

　　　　今按，諸說是。「莫」為「暮」本字。《說文・茻部》：「莫，日且冥也。」

〔2〕得主君閒假：王子今（2014A，12 頁）：肩水金關簡文所見「主君」，不排除與漢代畫像資料中看到的所謂「馬首人身神怪」存在某種內在聯繫的可能。

　　劉嬌（2016）：「得主君閒暇」，意思是不敢隨意打擾，只在合適的時機、馬神閒暇的時候才來祈禱，是十分恭敬的語氣。又「暇」與「所」皆魚部字，可能押韻。

　　肖從禮（2016，128～129 頁）：閒假讀作「閒暇」，指閒空。《漢書·趙充國傳》：「以閒暇時下所伐材，繕治郵亭，充入金城。」……簡中「主君」為受祭的神靈馬祖。「得主君閒暇」指主君正得空閒。

　　今按，諸說是。「假」通「暇」。

〔3〕肥豚□乳、黍飯清酒，至主君所：王子今（2013，284 頁）、（2016A，37 頁）：睡虎地秦簡《日書》甲種中「肥豚清酒美白粱，到主君所。主君……」與簡（1）「肥□□□乳黍飯清酒至主君所主君……」文意的接近，是明顯的。但是我們還不能判斷簡（1）言及「清酒」的簡文是否確實與「馬禖祝」一類活動有關。但可以推想應是「禖祝」文字，不過其中「主君」指代的意義仍未可知。

　　王子今（2013，288 頁）：「清酒」很可能是秦漢社會生活中質量最好的酒。

　　王子今（2014A，12 頁）：推想所謂「……乳黍飯清酒至主君所主君……」簡文所反映的，應是河西邊防部隊祈祝所畜養和使用的馬匹免除病疫的禮祀形式……當時西北邊塞的祭祀活動，已經有以「乳」作為祭品的情形。

　　王子今（2014B，6～8 頁）：「乳」是西北遊牧民族習用飲品……肩水金關可能屬於「馬禖祝辭」或稱「馬禖祝」的簡文中出現以「乳」進獻「主君」的迹象，不僅應看作飲食史和民俗史的重要信息，亦值得民族關係史研究者重視。這一資料或許可以作為「諸戎」「飲食」習慣對於「華夏」人已經形成深刻影響的例證。

　　肖從禮（2016，129 頁）：「肥豚」「□乳」「黍飯」「清酒」四物為祭祀供品。

　　劉嬌（2016）：「肥豚乳、黍飯清酒，至主君所」，恰與秦簡「肥豚清酒美白粱，到主君所」相當……秦漢祝辭中多有「肥豚」「肥牲」「清酒」之語，如《太平御覽》七百三十六引《禮·外篇》「立社祝」云：「敢用肥豚、嘉蔬、清酒，敬致大神。」又如王子今先生舉出的《春秋繁露》所載止雨祝辭：「敬進肥牲清酒，以請社靈，幸為止雨，除民所苦。」簡文「黍飯」與秦簡「美白粱」相類。唯多出「乳」一物（因上字模糊難釋，不知具體為何種乳）。

今按，諸說多是。簡文相關內容見於睡虎地秦簡《日書》：馬禖祝曰：「先牧日丙，馬禖合神。」‧東鄉（鄉）南鄉（鄉）各一【馬】□□□□中土，以為馬禖，穿壁直中，中三腏，(156 背) 四廄行：「大夫先牧次席，今日良日，肥豚清酒美白粱，到主君所。主君筍（茍）屏詞馬，敺（驅）其央（殃），去 (157 背) 其不羊（祥），令其口耆（嗜）□，□耆（嗜）歙（飲），律律弗□自□，弗敺（驅）自出，令其鼻能糗（嗅）鄉（香），令耳恖（聰）目明，令 (158 背) 頭為身衡，勒（脊）為身剛，肭（肽）為身【張】，尾善敺（驅）□，腹為百草囊，四足善行。主君勉歙（飲）勉食，吾 (159 背) 歲不敢忘。」(160 背)（陳偉主編《秦簡牘合集（壹）》，武漢大學出版社 2014 年，第 507 頁）和秦簡相比，對主君馬神的祭祀品多出「乳」一物，其可能如王子今所說，「乳」為西北遊牧民族習用飲品，因此西北邊塞對馬神祭祀時，亦加入了「乳」這一食品。

〔4〕毋予皮毛疾，以幣身剛；毋予脅疾，以成：王子今（2014A，12 頁）、(2014B，6 頁)：「毋予」「疾」，應是祈求「主君」不要使馬染患「皮毛疾」「脅疾」等病痛。對照睡虎地《日書》相關文字，推想簡文內容或應為「……毋予□疾，以□脊強；毋予皮毛疾，以□身剛；毋予脅疾，以成□□；……。」「脊強」「身剛」語義相近。

劉嬌（2016）：「幣」，可讀為「敝」或「弊」，義為「盡」，《素問‧上古天真論》「故能壽敝天地」，王冰注：「盡也。」《文選‧枚乘〈上書諫吳王〉》「弊無窮之極樂」，李善注：「猶盡也。」……此簡祝文中的「以敝身剛」跟下一句的「以成〔身張〕」之「成」對文，「成」一般解為「完成、實現」，《玉篇‧戊部》：「成，畢也。」《詩‧周南‧樛木》「樂只君子，福履成之」毛傳：「成，就也。」祝辭意為祈求馬神「成就」「實現」馬的「脊強」「身剛」「身張」，也就是保護庇佑馬不受各種疾病戕害的意思……金關簡文中與秦簡此句相對應的句子要稍微複雜一點。「〔毋予□疾，以□〕脊強；毋予皮毛疾，以幣身剛；毋予脅疾，以成〔身張〕」意思大概是「請不要讓馬的、皮毛、脅等部位染病，使馬脊背強勁，身體剛健，兩脅鼓張」。與秦簡相比，較為籠統的「殃／不祥」更具體化為「疾」「皮毛疾」「脅疾」等；而且，「毋予」之語說明這些疾病原本就是馬神使馬染患的，可知馬神兼有降災懲戒和庇護保佑的兩面性。

今按，諸說是。「幣」或通「蔽」，義為遮蔽。《楚辭‧九歌‧國殤》：「旌蔽日兮敵若雲，矢交墜兮士爭先。」皮毛用以遮蓋身體，因此「毋予皮毛疾，以幣身剛」或是說不要讓皮毛有疾病，以使其遮蔽保護身體以致剛強。

肩水金關 T14

・子曰：必富小人也，必貧小人也，必貴小人也，必賤小人〔1〕☑

73EJT14：7

【校釋】

黃浩波（2013B）認為該簡和簡 73EJT9：58 相同之處頗多，或出自同一典籍，且將兩簡歸入儒家著作。馬智全（2014，169 頁）則認為該簡不見於今本《論語》，有可能是《齊論》的語句，或者是漢代解釋《論語》中論述富貴貧賤的《說》或者《傳》之類的文獻。王楚寧、張予正（2017），王楚寧、張予正、張楚蒙（2017）亦認為該簡當屬《齊論》，且從文意與字形來看，其和簡 72EJC：181 應屬同一章句，或可綴合。今按，諸說多是。該簡所記當為《齊論》內容。其和簡 72EJC：181 字體筆迹較一致，內容相似，或存同屬一簡的可能，但茬口不能吻合。

【集注】

〔1〕必富小人也，必貧小人也，必貴小人也，必賤小人：馬智全（2014，169 頁）：
簡文說「必富，小人也。必貧，小人也。必貴，小人也。必賤，小人（也）。」所謂「必」，指強求，是為了達到某種目的而決意施行……可見「必」意為專必，是指強求於作某件事情。簡文中的「必富」「必貧」「必貴」「必賤」，是指強力於富貴、貧賤，含有偏執之意。「小人」，指無德之人，是與「君子」相對的概念。只有「小人」才會這樣決意於富貴和貧賤，「君子」則不會如此，說明這四種行為是孔子所反對的。

今按，其說或是。

六十三	五八四十	四六廿四☑
五十四	四八卅二	三六十八☑
九卅五	三八廿四	二六十二☑
卅六	二八十六	□☑

73EJT14：24A

五十四	☑
卅五	☑
卅六	☑

73EJT14：24B

【校釋】

A 面簡首「六十三」原未釋，周艷濤（2013），司曉蓮、曲元凱（2016）補釋。

☑□之法言不敢〔1〕☑（削衣）　　　　　　　　　　　73EJT14：42

【校釋】

　　「敢」字原未釋，黃浩波（2019B，22頁）釋。

【集注】

〔1〕之法言不敢：黃浩波（2019B，22頁）：此五字或即出自《孝經·卿大夫章第四》「非先王之法言不敢道」。

　　　　今按，其說當是。簡文或為《孝經》殘文。

肩水金關 T15

子曰：大伯〔1〕，其可☑　　　　　　　　　　　　　73EJT15：20

【校釋】

　　該簡內容黃浩波（2013B），馬智全（2014，166頁），鄔勖（2015，50頁），王楚寧、張予正（2017），王楚寧、張予正、張楚蒙（2017）均指出屬今本《論語·泰伯》中的章句。

　　又鄔勖（2015，50頁）認為該簡和簡73EJT31：77中「子」字寫法基本相同，它們有相同的書手，屬同一種簡冊的可能性很大。姚磊（2017D5）則認為所謂該簡和簡73EJT31：77中「子」字寫法基本相同的觀點存在問題，它們有相同的書手的結論恐不能成立。今按，諸說多是。上簡當源自《論語·泰伯》。但鄔勖認為該簡和簡73EJT31：77有相同的書手，可能屬於同一簡冊的看法則顯然有誤，姚磊已指出其誤。

【集注】

〔1〕大伯：黃浩波（2013B）：「大伯」即「泰伯」，簡文內容即《論語·泰伯》首句。敦煌所見唐人抄本《論語》亦或作「太伯」……漢簡所見「太」則一律寫作「大」。由此推測，此簡所見「大伯」應是漢時通行寫法。

　　　　馬智全（2014，166頁）：「泰伯」，簡文作「大伯」，人名，周先祖古公亶父長子……「大伯」為古寫法，後轉寫為「泰伯」。

　　　　今按，諸說當是。相關簡文今本《論語·泰伯》作：子曰：「泰伯，其可謂至德也已矣。三以天下讓，民無得而稱焉。」

☑□汙以故　　　　　　　　　　　　　　　　　　　　73EJT15：24A

☑之不今莫

☑□獨可衣之耳 　　　　　　　　　　　　　　　　　　　73EJT15：24B

肩水金關 T21

鼻寒跕足數臥起，據犀之炊〔1〕鼻，以四毒各一桯・肍鼻溫腹不滿□□跕足
　　　　△　　　　　　　△

數臥起，自□抻陛犀之灌淳酒二□，薑—桂—烏
　　　　　　　　　　　　　　△

□半升，烏喙〔2〕□毒各一刀刲〔3〕，并和以灌之…… 　　　73EJT21：24

【校釋】

　　第一行「不滿」下未釋第二字圖版作 形，其左邊似為簡文中的「△」形，「△跕」作 形，可以參看。其右邊則或是「犀」字，該簡「犀」作 形，亦可參。

　　第二行「薑」上一字丁媛（2018，11 頁）疑為「參」。今按，說或是，該字作 形。

【集注】

〔1〕炊：丁媛（2018，11 頁）：「炊」讀為「吹」。今按，說或是。

〔2〕烏喙：陳直（2009，486 頁）：烏喙見於《本草經》，即烏頭，《金匱要略》直稱烏頭，為後人所改。

　　　　今按，說是。烏喙為中藥附子的別稱。《急就篇》：「烏喙附子椒芫華。」顏師古注：「烏喙，形似烏之觜也。」

〔3〕刀刲：陳邦懷（1960，51 頁）：刲借用為圭。刀圭是量藥的小勺，《本草綱目・序例》云：「刀圭為十分方寸匕之一」。

　　　　陳邦懷（1964，39 頁）：余謂「刲」右邊從刀，即「刲」字，在此用為「圭」。「刀圭」乃藥物量名，《本草綱目・序例》：「一刀圭為十分方寸匕之一」。古人研末為葯，以刀圭量之也。

　　　　中國簡牘集成編輯委員會（2001C，258 頁）：即刀圭。古藥物劑量單位，一刀刲為十分方寸匕之一。

　　　　今按，諸說是。「刀刲」即刀圭，中藥量器名。葛洪《抱朴子・金丹》：「服之三刀圭，三尸九蟲皆即消壞，百病皆愈也。」

☐今吾年穀番孰〔1〕，百姓殷眾〔2〕，此吾逢時也。而王弗用失某時矣，臣聞時
不可失　　　　　　　　　　　　　　　　　　　　　　　73EJT21：58

【集注】

〔1〕年穀番孰：黃浩波（2013B）：簡文中「番熟」即「蕃熟」；《史記・滑稽列傳》
　　載淳于髡引祝者言有「甌窶滿篝，汙邪滿車，五穀蕃熟，穰穰滿家。」「年穀
　　番熟」一語與「五穀蕃熟」相近。
　　　　今按，其說是。「番」通「藩」。

〔2〕百姓殷眾：黃浩波（2013B）：「百姓殷眾」一語，亦可見於《管子・權脩》：「百
　　姓殷眾，官不可以無長。」
　　　　今按，說是。「殷眾」即富足眾多。

丁亥　辛丑
戊子　壬寅
己丑　癸卯
庚寅　甲辰
　　　乙巳　　　　　　　　　　　　　　　　　　　　　73EJT21：74
☑語禮☐衣☐☐伯　☑　　　　　　　　　　　　　　　　73EJT21：75

　　　　庚　己司馬行塞　　　　　　　己
十六日
　　　　寅　未☐☐薄奉☐日入時　丑　　　　　　　73EJT21：139

【校釋】

　　末行「未」原未釋，羅見今、關守義（2014，110 頁），程少軒（2014B，283 頁）
釋。該簡陳侃理（2017，36 頁）歸屬為曆日類 A 型（年曆型）Ⅲ式（簡首日序十二
欄橫讀式）。

　　關於其年代，程少軒（2014B，283 頁）推定為元鳳六年（前 75）或元鼎元年
（前 116），且認為元鼎元年年份稍早，可能性要小。羅見今、關守義（2014，110
頁）則認為該簡為漢昭帝元鳳六年（前 75）簡。今按，諸說多是。該簡當為昭帝元
鳳六年曆日簡。

☑　壬子一日｜　　甲戌廿三日｜

☑　癸丑二日｜　　乙亥廿四日｜

☑　甲寅三日｜　　丙子廿五日｜　……三月　　　　73EJT21：193A

☑　……　　　　　　　　　　　　　　　　　　　　73EJT21：193B

【校釋】

　　該簡年代程少軒（2014B，283 頁）推定為征和元年（前 92）。今按，說當
是。

甲寅　乙卯　丙辰　丁巳　戊午　己未　庚申　辛酉☑　　73EJT21：256A

……　☑　　　　　　　　　　　　　　　　　　　　　73EJT21：256B

☑　　　□□　☑

☑卅六　廿四　☑

☑廿七　十六　☑

☑十八　廿五　☑　　　　　　　　　　　　　　　　73EJT21：285

☑焉，曰：吾其子謀吳〔1〕。子曰：未可，今□☑　　73EJT21：454+455

【校釋】

　　黃浩波（2013B）綴。又「焉」字原作「論」，黃浩波（2013B）認為其或當釋
為「焉」。今按，兩簡可綴合，但茬口處不能吻合，當遙綴。「焉」字圖版作 形，
上部殘損，據下部字形來看，其當是「焉」字，據改。

【集注】

〔1〕吾其子謀吳：黃浩波（2013B）：簡文內容可見於《國語・越語下》，《國語・越
　　語下》中「又一年，王召范蠡而問焉，曰：『吾與子謀吳，子曰：「未可也。」
　　今……』」一語凡三見。

　　　鄔勖（2015，54 頁）：是一種勾踐范蠡故事，今本《國語・越語下》有十
　　分相近的文字。

　　　今按，諸說當是。簡文「其」字今本《國語》作「與」。

肩水金關 T22

☑趨時人所生也，勉力斂嗇守之　　　　　　　　　73EJT22：3

・孔子知道之易也〔1〕。易易云者〔2〕三日。子曰：此道之美也〔3〕☒

73EJT22：6

【校釋】

「者」原作「省」，肖從禮、趙蘭香（2014，184頁），王楚寧、張予正（2017），王楚寧、張予正、張楚蒙（2017），何茂活（2018A，117頁）釋。

鄔勖（2015，50頁）將該簡和簡73EJT31：139歸為《齊論》殘冊，並認為該簡有塗黑的狹窄長條「▌」，其可能是秦漢簡牘文本中常用於標記篇題或一篇之首的簡端墨塊的殘迹。而簡73EJT31：139有位於簡首的較大的墨釘「・」，則是用於標記一章之首的符號。由此可知該簡應為一篇之首章，可作為該文為《知道》篇首句之說的又一佐證。

姚磊（2017D5）則認為該簡屬論語類所載《齊論》二十二篇的《知道》篇無誤，但是把73EJT31：139亦歸為《齊論》殘冊，73EJT22：6應為一篇之首章等結論，尚需進一步考證。從書寫風格看，兩簡不是同一書手所書；從簡牘形制看，鄔勖所言該簡有塗黑的狹窄長條當是整理者所釋讀的黑墨點。今按，姚說當是。該簡簡首並無狹窄長條「▌」，其和簡73EJT31：139恐也不屬於同類性質文獻。

【集注】

〔1〕孔子知道之易也：馬智全（2014，170頁）：該簡內容與《禮記・鄉飲酒義》的一段記載有關：「孔子曰：『吾觀於鄉，而知王道之易易也。』」……從鄭注及孔疏來看，簡文「孔子知道之易也」與《鄉飲酒義》所言「吾觀於鄉而知王道之易易也」含意是相近的，都是說孔子知道王道的易於實行。

王楚寧、張予正（2017），王楚寧、張予正、張楚蒙（2017）：此簡簡文將海昏侯《齊論語》的「智道」寫作「知道」，與《漢書・藝文志》中關於《齊論語》篇名的記載一致。

今按，諸說多是。

〔2〕易易云者：肖從禮、趙蘭香（2014，184頁）：簡文二「易」字可讀作「易」，容易之義。易易，易於施行之義。

馬智全（2014，170頁）：「易易云者」，是對「王道之易」的解釋。下文「三日」含義不明，亦可能因簡文殘斷而語缺。

今按，「易」字當為「易」異體。

〔3〕此道之美也：馬智全（2014，170頁）：「子曰，此道之美也。」這是孔子對王道之美的稱讚。

今按，其說當是。關於該簡的性質，黃浩波（2013B）認為其與 73EJT9：58、73EJT14：7 有頗多相似之處，或亦出自同一典籍。三簡起首均有墨點，三簡所出典籍或與《論語》同為語錄體。但簡文後段「此道之美」四字，可見於《孔子家語》卷五「顏回」章。馬智全（2014，170 頁）亦認為從「孔子曰」前加有章句號來看，有可能是《論語》類文獻的語句。簡文「易易云者」，具有解釋的性質，或者是《傳》類文獻。

肖從禮、趙蘭香（2014，184～187 頁）則認為該簡或即《齊論・知道》佚文。其理由如下：

一、簡文《知道》書寫時代與《齊論》流傳時間相當。金關漢簡 T22 出土的 157 枚漢簡中紀年最早為昭帝元始六年（前 81），最晚為成帝鴻嘉元年（前 20），此「孔子知道之易也」簡亦當書寫於此時代範圍內。而在這一時期內，張禹為太子師時曾著《論語章句》獻於元帝，晚年時對《齊論》和《魯論》進行了綜合取捨，後出為尊。但在張禹《論語》說為世人所尊的同時，包括《齊論》在內的《論語》諸說仍然傳授不絕。

二、簡文《知道》與儒家學說有密切關係。《儀禮・鄉飲酒義》載孔子曰：「吾觀於鄉，而知王道之易易也。」《韓詩外傳》：「故聖王之教其民也，必因其情而節之以禮，必從其欲，而制之以義，義簡而備，禮易而法，去情不遠，故民之從命也速。孔子知道之易行也。詩云：『誘民孔易』，非虛辭也。」簡文「孔子知道之易也」義同「知王道之易易也」和「孔子知道之易行也」，指孔子知曉王者教化之道易於施行。據「易=云者」之語，我們懷疑簡文「孔子知道之易也」本作「孔子知道之易=也」，簡文漏書了「=」重文符號。「易易」即易行之義，義同前引《禮記・鄉飲酒義》和《韓詩外傳》之文，指王道易於施行。但根據簡文「易（易）=云者三日」來看，可能簡文對「孔子知道之易=也」尚有不同的解說。「易易云者三日」句應是對前文「易易」的闡釋。簡文「『易易』云者」的用法同「云『易易』者」。簡文「三日」即是對「易易」的具體闡釋。本文懷疑「三日」後尚有文句漏寫。簡文「子曰：此道之美也」句指孔子以王者教化之道為美善。

三、簡文《知道》符合《論語》的命篇原則和分章提示。今傳《論語》二十篇皆取首章首句之詞為其篇名。據《論語》命篇通例，則《齊論》之《問王》和《知道》二篇之名亦應取自首章首句之詞。簡文「孔子知道之易也」句之「知

道」二字用作《知道》篇題符合古人擬取篇名的習慣。又簡文上端有「‧」，此墨點是篇章標識符號。

　　四、簡文《知道》為戍邊吏卒習字簡。崔寔《四民月令》載十一月，「硯冰凍，命幼童讀《孝經》、《論語》、篇章、小學。」此「篇章」指六十甲子、九九乘法表，「小學」則指《蒼頡》和《急就》等字書。正因如此，抄寫有《孝經》、《論語》、六十甲子、《蒼頡》和《急就》等內容的習字簡在西北邊塞均有不少發現。這些簡文應該是那些從全國各郡縣來到西北邊塞戍邊的吏卒平時習誦抄寫這些蒙學讀物的殘存。

　　鄔勖（2015，50 頁）認為其說可從，並將該簡視為《齊論》殘冊。而王楚寧、張予正（2017），王楚寧、張予正、張楚蒙（2017）則指出海昏侯墓《齊論‧知道》篇首章的公佈，證實此簡確屬《齊論語》。今按，諸說多是。現在看來該簡文無疑屬於《齊論‧知道》篇首章中的文字。

☑右角，大后宗。熒或若月☑	73EJT22：9
☑丁　丁☑	
☑巳　亥☑	73EJT22：44
☑丙寅丁卯戊辰	73EJT22：132
辛	
☑□塞到府環之郭　率史□鄣卒過□□☑	
酉	73EJT22：138

肩水金關 T23

☑□今畢不下相應☑	73EJT23：40A
☑一誤耳不乏財人也即☑	73EJT23：40B
☑吉利數見貴人〔1〕☑	73EJT23：80A
☑□賜賜賜賜賜☑	73EJT23：80B

【校釋】

　　A 面「吉」原作「告」，伊強（2015B）、王強（2019A，326 頁）釋。

【集注】

〔1〕吉利數見貴人：王強（2019A，32頁）：簡文大意是某日吉，利於迅速見到貴人……「貴人」即顯貴之人，與《周易》爻辭常見的「大人」義近，在簡文中具體則指王公貴族或上級官員。

今按，說當是。

十二月　戊子　凡丁亥表卅九通□□　☑ 　　　　　　73EJT23：263

【校釋】

原釋文「表」下衍一「直」字，胡永鵬（2013）、（2014A，235頁），何茂活（2018A，117頁）釋。

◈元始六年曆日　居攝元年〔1〕●大歲在寅〔2〕　　　　73EJT23：317

【校釋】

「曆」原作「磨」，程少軒（2014B，275頁）、何茂活（2015B，63頁）改釋。該字何茂活（2014B，231頁）認為釋「磨」不誤，磨同曆，其從「广」從「厂」均有所據。今按，說是。該字作 形，據字形來看，其當釋作「曆」。

☑己　己　戊　　戊
　　　　　　建
☑丑　未　子　　午　　　　　　　　　　　　　73EJT4H：29
　　丙　丙　乙　乙　甲　甲　癸　癸　壬　壬　辛　辛
七日　　　　　　　　　　　建
　　申　寅　未　丑　午　子　巳　亥　辰　戌　卯　酉　73EJT23：901
　　丁　丁　　丙　丙　乙　乙　甲　甲　癸　癸　壬　壬
八日　　　春分　　　　　　　　　　　　　　建
　　酉　卯　　申　寅　未　丑　午　子　巳　亥　辰　戌
　　　　　　　　　　　　　　　　　　　　　73EJT23：315+702

【校釋】

胡永鵬（2013）、（2014A，242頁），程少軒（2014B，276頁），羅見今、關守義（2014，111頁），許名瑲（2014A），楊小亮（2015，72頁），何茂活（2015B，63頁）綴。第三行簡末「戌」字原未釋，胡永鵬（2014A，242頁）、程少軒（2014B，

275 頁）、許名瑲（2014A）、楊小亮（2015，72 頁）、何茂活（2015B，63 頁）補
釋。

```
      己 己 戊 戊 丁 丁 丙 丙 乙 乙 甲 甲
十日                      建
      亥 巳 戌 辰 酉 卯 申 寅 未 丑 午 子    73EJT23：318
        庚 庚 己 己 戊   戊 丁 丁 丙 丙 乙 乙
十一日              建 夏至                      建
        子 午 亥 巳 戌   辰 酉 卯 申 寅 未 丑
                                            73EJT23：902

      □ □ □ □ □ □ □ □ □ □ 丙 丙
十二日
      □ □ □ □ □ □ □ □ □ □ 申 寅
                           73EJT23：264+73EJT4H：47
```

【校釋】

　　程少軒（2016B）遙綴，中間殘缺。又「日」原作「月」，程少軒（2014B，276
頁）、楊小亮（2015，72 頁）、何茂活（2015B，62 頁）釋。

```
☑辛 辛 庚 庚   己 己 戊 戊 丁 丁
          中伏
☑丑 未 子 午   亥 巳 戌 辰 酉 卯        73EJC：459
☑己 戊 戊
☑巳 戌 辰                          73EJT4H：28
      甲 甲 癸 癸 壬 壬 辛 辛 庚 庚 己 己
十五日
      辰 戌 卯 酉 寅 申 丑 未 子 午 亥 巳
                                    73EJT23：903

      丙 丙 乙 乙 甲 甲 癸 癸 壬 壬 辛   辛
十七日                          冬至
      午 子 巳 亥 辰 戌 卯 酉 寅 申 丑   未
                                    73EJT23：904
```

	戊	□	丁	丁	丙	丙	乙	乙	甲	甲	癸	癸
十九日												
	申	□	未	丑	午	子	巳	亥	辰	戌	卯	酉

73EJT23：593+837+835+860

【校釋】

程少軒（2014B，276頁）、楊小亮（2015，73頁）、何茂活（2015B，63頁）綴。其中簡73EJT23：837+835+860許名瑲（2014A），羅見今、關守義（2014，111頁）亦綴。又簡73EJT23：835+860胡永鵬（2014A，243頁）、（2016A，103頁）亦綴。「戊申」的「戊」原作「丙」，程少軒（2014B，275頁）、何茂活（2015B，62頁）、楊小亮（2015，73頁）釋。

	□	□	庚	庚	己	己	戊	戊	丁	丁	丙	丙
廿二日												
	□	□	戌	辰	酉	卯	申	寅	未	丑	午	子

73EJT9：282

	壬	壬	辛	辛	庚	庚	己	己	☒
廿三日									
	子	午	亥	巳	戌	辰	酉	卯	☒

73EJT23：691+802

【校釋】

程少軒（2014B，276頁），羅見今、關守義（2014，112頁）、胡永鵬（2014A，242頁）、何茂活（2015B，63頁）、楊小亮（2015，73頁）綴。

	甲	甲	癸	癸	壬	壬	□	□	庚	庚	己	己
廿五日			立夏									
	寅	申	丑	未	子	午	□	□	戌	辰	酉	卯

73EJT23：801+760

【校釋】

程少軒（2014B，276頁），羅見今、關守義（2014，112），許名瑲（2014A），胡永鵬（2014A，239頁），何茂活（2015B，63頁），楊小亮（2015，73頁）綴。「庚戌」原作「庚寅」，許名瑲（2014A）、程少軒（2014B，276頁）、胡永鵬（2014A，239頁），何茂活（2015B，62頁）、楊小亮（2015，73頁）釋。

☑　丙　丙　乙　乙　甲　甲　癸　癸　壬　壬
☑　辰　戌　卯　酉　寅　申　丑　未　子　午　　　　　73EJT23：269+803

【校釋】

　　程少軒（2014B，276 頁），羅見今、關守義（2014，111 頁），何茂活（2015B，63 頁），楊小亮（2015，74 頁）綴。「乙卯」「乙酉」的「乙」原均作「己」，羅見今、關守義（2014，111 頁），程少軒（2014B，276 頁），胡永鵬（2014A，240 頁）、（2016），何茂活（2015B，62 頁）釋。

　　　　　戊　戊　丁　丁　丙　丙　乙　乙　甲　甲　癸　癸
廿九日
　　　　　午　子　巳　亥　辰　戌　卯　酉　寅　申　丑　未
　　　　　　　　　　　　　　　　　　　　　73EJT4H：16+18

☑　戊　丁　丙　乙　甲　甲
☑　午　巳　辰　卯　寅　申　　　　　　　　73EJT4H：1

血忌〔3〕　丑　未　寅　申　卯　酉　辰　戌　巳　亥　午　子
　　　　　　　　　　　　　　　　　　　　73EJT23：316

月殺〔4〕　丑　戌　未　辰　丑　戌　未　辰　丑　戌　未　辰
　　　　　　　　　　　　　　　　　　　　73EJT23：908

往亡〔5〕　寅　巳　申【亥　卯　午】酉　子　辰【未　戌　丑】
　　　　　　　　　73EJT4H：17+73EJT23：840

【校釋】

　　程少軒（2016B）、（2018，80 頁）遙綴，並補出【】內的字。其中簡 73EJT23：840 程少軒（2014B，279 頁）曾認為可能屬於「地杓」「土禁」之類的神煞。又簡 73EJT23：840 何茂活（2015B，62 頁）則認為從簡的寬度和字體風格上看，與上述血忌、月殺二簡一致，似亦出自本譜，但因其名目及性質暫不可考，故未綴入。

☑　未　卯　子　酉　午☑　　　　　　　　73EJT23：211

【校釋】

　　該簡何茂活（2015B，62 頁）認為簡形與字體均不同於居攝元年曆譜，應係另外某年之曆注簡。今按，其說恐非。

刑德〔6〕　堂　庭　門　巷　術　野　術　巷　門　庭　堂　內

73EJT23：879

小時〔7〕　東方　東方　東方　南方　南方　南方　西方　西方　西方　北方
北方　北方　　　　　　　　　　　　　　　　　　　　　73EJT23：992

【校釋】

以上簡 73EJT23：317、73EJT4H：29、73EJT23：901、73EJT23：315+702、73EJT23：318、73EJT23：902、73EJT23：264+73EJT4H：47、73EJC：459、73EJT4H：28、73EJT23：903、73EJT23：904、73EJT23：593+837+835+860、73EJT9：282、73EJT23：691+802、73EJT23：801+760、73EJT23：269+803、73EJT4H：16+18、73EJT4H：1、73EJT23：316、73EJT23：908、73EJT4H：17+73EJT23：840、73EJT23：211、73EJT23：879、73EJT23：992 共二十四枚簡當原屬同一簡冊，由程少軒（2016B）、（2018）最終編連復原。陳侃理（2017，37 頁）將該簡冊歸屬為曆日類 A 型（年曆型）Ⅲ式（簡首日序十二欄橫讀式）。

其中程少軒（2014A）、（2014B）曾復原除 73EJT4H：29、73EJT4H：47、73EJC：459、73EJT4H：28、73EJT9：282、73EJT4H：16+18、73EJT4H：1、73EJT4H：17 共八枚簡之外的其餘見於 23 探方的十八枚簡。許名瑲（2016L）、（2018，348 頁）則在其基礎上補充簡 73EJT4H：16+18、73EJT4H：29、73EJC：459、73EJT4H：28、73EJT4H：1 以及簡 73EJT9：282 共六枚簡。

又何茂活（2015B）曾綴合編連見於 23 探方的簡 317、901、315+702、318、902、264、903、904、593+837+835+860、691+802、801+760、269+803、992、316、908 共十五枚簡。楊小亮（2015）亦綴合編連見於 23 探方的簡 317、901、315+702、318、902、264、903、904、593+837+835+860、691+802、801+760、269+803 以及簡 73EJT9：282 共十三枚簡。此外，楊小亮（2015，76 頁）還認為第 23 探方的記錄血忌、刑德、月殺、小時的曆注簡 316、879、908、992 四簡都可與該曆日冊書參照使用，甚至原本就是作為「附件」與曆日冊書編連在一起。

又羅見今、關守義（2014）認為見於 23 探方的簡 901、315+702、318、902、903、904、837+835+860、691+802、801+760、269+803 以及簡 73EJT9：282 共十一枚簡屬於居攝元年 11 天的同冊曆譜。黃艷萍（2014B，193～197 頁）曾將 23 探方的 901、315+702、318、902、903、904、691+802、801+760 等簡的紀年定為居攝元年。羅見今、關守義（2012），程少軒（2011）、（2015A，208 頁）曾指出簡 73EJT9：282 屬漢孺子嬰居攝元年曆譜。

又羅見今、關守義（2018，73 頁）認為簡 73EJC：459、73EJT4H：16+18、73EJT4H：1 共三枚簡屬同一簡冊，為居攝元年曆譜。且指出簡 73EJT4H：1 為「卅日」，簡 73EJC：459 為「十三日」。

【集注】

〔1〕元始六年曆日居攝元年：肖從禮（2012A，74 頁）：「居攝元年」四字同簡上其它文字書寫不一樣，顯係二次書寫。這種情況的出現應該和當時曆日的頒行制度有關。「元始六年」曆日應在元始五年冬十二月已由朝廷頒行，西北邊塞肩水金關接到頒行的曆日後，進行了謄抄。元始五年十二月，平帝突然病死，王莽居攝，頒行「居攝」年號，當「居攝元年」的新曆日傳達至肩水金關後，肩水金關的某位負責人直接在原「元始六年」曆日標題簡空白處注明「居攝元年」。儘管已採用新「居攝元年」年號，但此年的正朔其實就是原「元始六年」的曆日。也就是說，原「元始六年」曆日中的正朔甲子仍然可以繼續使用，只不過將「元始六年」換作「居攝元年」年號而已。

胡永鵬（2013）：「居攝元年大歲在寅」為二次書寫，說明居攝元年使用的正朔為元始六年的曆日。

程少軒（2014B，275 頁）：「元始六年曆（曆）日」書於上端，字體與「大歲在寅」一致，「居攝元年」四字則略小，從字體判斷顯係另人書寫……新帝即位，改元消息尚未傳到西陲，抄手已按「元始六年」將下一年曆譜製作完畢。「居攝元年」字樣，大概是使用者獲知改元後自行補寫的。

楊小亮（2015，70 頁）：「曆日」即「曆日」。「元始」無「六年」，所謂「六年」正是西漢孺子嬰居攝元年（6）。漢代通常是接近年終時頒行來年的曆日正朔，推想此曆日應在元始五年（5）就已製作完成，故題為「元始六年曆日」，以待來年頒佈。改元後，曆日仍可通用，遂補書「居攝元年・大歲在寅」。

何茂活（2015B，63 頁）：曆，通「曆（歷）」；大，是「太」的本字……本曆譜中既稱「元始六年」，又以稍小之字標明「居攝元年」，乃因元始年號時仍沿用。

今按，諸說多是。元始六年即居攝元年。於元始六年之後補寫居攝元年者，當是因為曆譜前一年即已頒布，改元之後曆日仍可通用，只不過改換了年號，於是僅補寫新的年號。何茂活認為補寫是因為改元之後元始年號仍舊沿用，這種看法恐不妥當。

〔2〕大歲在寅：何茂活（2015B，64頁）：太歲，是古代天文學中假設的星名，與歲星（木星）相應，又稱歲陰或太陰。歲星自西向東運行，十二年（實際為11.86年）一周天，故將黃道分為十二等分，依次為星紀、玄枵、娵訾、降婁、大樑、實沈、鶉首、鶉火、鶉尾、壽星、大火、析木，稱為十二次。以此紀年稱為歲星紀年法。另外人們又將黃道自東向西劃分為子、丑、寅、卯、辰、巳、午、未、申、酉、戌、亥，稱為十二支。並假想有一太歲與歲星相向而行，其運行方向正與十二支順序相合。以十二支紀年的方法為太歲紀年法。十二次與十二支的對應關係為：星紀（丑）、玄枵（子）、娵訾（亥）、降婁（戌）、大梁（酉）、實沈（申）、鶉首（未）、鶉火（午）、鶉尾（巳）、壽星（辰）、大火（卯）、析木（寅）。在十二支基礎上配以天干，又成為後來的干支紀年法。《漢居攝元年曆譜》所標注的「大歲在寅」，若用歲星紀年法便為「歲在析木」；按後世的干支紀年法推算，則為丙寅年。

今按，其說是。「大歲」即「太歲」。太歲在寅為太歲紀年法。

〔3〕血忌：羅振玉、王國維（1993，90頁）：血忌見《論衡・四諱篇》：「祭祀言觸血忌。」又《譏日篇》：「如以殺牲見血，避血忌、月殺，則生人食六畜，亦宜避之。」又《陰陽書》：「日凶占法血忌，忌針灸、穿牛、殺馬、血口、割六畜。」宋會天曆及今曆，記每日所值神殺尚有血忌，知由漢迄今不改也。

張培瑜（1989，141頁）：由《論衡》知「血忌」之日不可殺牲、見血、設祭。在各代通書和曆冊中血忌都是很重要的月事凶神條目（由月辰確定）。唐韓鄂編撰的《四時纂要》中指出：血忌，不可針灸出血。

楊小亮（2015，74～75頁）：「血忌」應為隨月神煞，其運行日期為：正月丑，二月未，三月寅，四月申，五月卯，六月酉，七月辰，八月戌，九月巳，十月亥，十一月午，十二月子。金關血忌簡與此相合。

何茂活（2015B，65頁）：血忌，《辭源》：「舊俗稱不宜見血的日子為血忌，於該日不殺牲畜。漢王充《論衡・譏日》：『假令血忌月殺之日固凶，以殺牲設祭，必有患禍。』《御定星曆考原》卷4：『《樞要經》曰：『血忌、血支，其日忌針刺出血。』《曆例》曰：『血忌者，正月丑，二月未，三月寅，四月申，五月卯，六月酉，七月辰，八月戌，九月巳，十月亥，十一月午，十二月子。血支者，正月在丑順行十二辰。』」本文所論曆譜中的「血忌」簡，所書內容及順序與此完全相合。

　　　　許名瑲（2016N）：「血忌」是傳統曆書習見曆注神煞類目……《協紀辨方書》卷十云：「血忌，忌針刺。」唐‧韓鄂《四時纂要‧正月》：「諸凶日：丑為血忌，不可針灸，出血。」書中臚列一年十二月血忌凶日：正月丑、二月未、三月寅、四月申、五月卯、六月酉、七月辰、八月戌、九月巳、十月亥、十一月午、十二月子。日人丹波康賴《醫心方》卷二《針灸服藥吉凶日》引《蝦蟆經》云「凡血忌日：正月丑、二月未、三月寅、四月申、五月卯、六月酉、七月辰、八月戌、九月巳、十月亥、十一月午、十二月子。十二日是血忌也，一名煞忌，一名禁忌，其日不可灸刺，見血，凶。」

　　　　今按，諸說是。「血忌」為神煞名，此日不可殺牲、見血等。

〔4〕月殺：程少軒（2014B，277 頁）：「月殺」又作「月煞」，文獻中常與「血忌」並舉。《論衡‧譏日》：「祭祀之曆，亦有吉凶。假令血忌、月殺之日固凶，以殺牲設祭，必有禍患。」簡 908「月殺」的週期，與睡虎地秦簡《日書》甲種「毀棄」「到室」及乙種「作事」三篇簡文所列干支排列一致。

　　　　楊小亮（2015，76 頁）：其運行日期為：正月丑，二月戌，三月未，四月辰，五月丑，六月戌，七月未，八月辰，九月丑，十月戌，十一月未，十二月辰。金關簡所示之當值月份亦相同。

　　　　何茂活（2015B，65 頁）：月殺，也是一個月裏不吉利的日子。《星曆考原》卷 4「月殺」：「《廣聖曆》曰：月殺者，月內之殺神也，其日忌停賓客、興穿掘、營種植、納群畜。」關於月殺所在之日的確定，《唐開元占經》卷 92「干支占雨」說得非常明確：「正、五、九月殺在丑，二、六、十月殺在戌，三、七、十一月殺在未，四、八、十二月殺在辰。」「月殺」之「殺」也作「煞」。《協紀辨方書》卷 3：「李鼎祚曰：寅、午、戌煞在丑，巳、酉、丑煞在辰，申、子、辰煞在未，亥、卯、未煞在戌。」以上兩個說法是完全一致的，寅、午、戌月亦即正、五、九月，其他仿此。根據上述材料可知，平年十二個月的月殺依次為：丑、戌、未、辰、丑、戌、未、辰、丑、戌、未、辰（每四個月為一循環）。

　　　　今按，諸說是。「月殺」為神煞名，是一月中不吉利的日子。

〔5〕往亡：程少軒（2014B，279 頁）：肩水金關簡 840 中的這個神煞，應該與它們屬於同一類，可能也叫「地柎」「土禁」之類的名字。簡 211 所見神煞應該就是後世選擇通書中的「九坎」「九焦」。「九坎」「九焦」在馬王堆帛書《出行占》中稱為「九魁」。

程少軒（2016B）：原來我們將這支殘簡的神煞按放馬灘簡《日書》乙種暫擬名為「土禁」……該神煞被稱為「往亡」，但與文獻所見「往亡」完全不同。「元始六年（居攝元年）曆日」中的神煞簡多兩兩相配，如「血忌」配「月殺」、「刑」配「德」、「大時」配「小時」等，我們過去據馬王堆帛書《出行占》所見神煞，將另一枚與 73EJT23：840 相配的神煞殘簡 73EJT23：211 擬定名為「九魁」，或許也與事實不合。文獻中與「往亡」相配的常常是「歸死」，73EJT23：211 的神煞完全有可能是這一類名字。

今按，「往亡」為神煞名，亦為每月中凶日。

〔6〕刑德：曾憲通（1996，266 頁）：《淮南子·天文訓》云：「陰陽刑德有七舍，何謂七舍？室、堂、庭、門、巷、術、野。十一月，德居室三十日，先日至十五日，後日至十五日，而徙所居，各三十日。德在室則刑在野，德在堂則刑在術，德在庭則刑在巷，陰陽相得則刑德合門。八月、二月，陰陽氣均，日夜平分，故曰刑德合門。德南則生，刑南則殺，故曰：二月會而萬物生，八月會而草木死。」將《淮南子》的刑德七舍與居延漢簡加以比照，便不難發現，除《淮南子》的「室」居延簡作「內中」外，其餘悉同。《太平經》卷四十四有「刑德」篇，其中稱室為「內室」或「室中」，居延簡作「內中」者蓋其異名。由上引《天文訓》這段文字，可知居延簡之刑德，乃屬陰陽之刑德，七舍則是陰陽刑德一歲運轉之七個處所。德自內而漸外，刑自外而漸內，二者相對而行。

中國簡牘集成編輯委員會（2001G，254 頁）：刑德七舍，即陰陽刑德一歲運轉之七個處所。德自內而漸外，刑自外而漸內，二者相對而行。

程少軒（2014B，278 頁）：簡 879 的刑德，即《淮南子·天文》所謂「刑德七舍」。該簡「七舍」的排列，與居延新簡 EPT65：48 所載「德」的運行一致：「德：堂、庭、門、巷、術、野、術、巷、門、庭、堂、內中」。簡 879 的「內」，居延新簡作「內中」，《淮南子·天文》則作「室」，都是一個意思。

楊小亮（2015，75 頁）：這是與陰陽學說有關的擇日術，一般認為德為吉而刑主凶……該枚金關木簡的記錄與居延新簡分別記述刑德所居不同，它只籠統地記錄刑德所在，不能區分「刑德」下七舍，是表示「刑」的位置，還是「德」的位置。

今按，諸說是。「刑德」又見於居延新簡，如「刑：術、巷、門、庭、堂、內中、堂、庭、門、巷、術、野」（EPT43：185）、「德：堂、庭、門、巷、術、

野、術、巷、門、庭、堂、內中」（EPT65：48），程少軒已指出該簡「七舍」的排列與居延新簡所載「德」的運行一致。

〔7〕小時：張培瑜（1989，138 頁）：大時、小時都係凶煞方位，只可背之，不可迎之。

　　　程少軒（2014B，278 頁）：「小時」又稱「小歲」「月建」，與「大時」（又稱「太歲」「咸池」）相對。此二神煞傳世文獻、出土文獻皆常見。如《淮南子‧天文》：「斗杓為小歲，正月建寅，月從左行十二辰。咸池為太歲，二〈正〉月建卯，月從右行四仲，終而復始。太歲迎者辱，背者強；左者衰，右者昌。小歲東南則生，西北則殺，不可迎也，而可背也；不可左也，而可右也，其此之謂也。大時者，咸池也；小時者，月建也。」這份曆譜中顯然也應有「大時」簡，但已亡佚。「小時」簡未列各月對應地支，而是列出地支對應方位，「大時」簡應與之同。據上引《淮南子》文字，可補該簡內容：大時：東方、北方、西方、南方、東方、北方、西方、南方、東方、北方、西方、南方。

　　　楊小亮（2015，76 頁）：胡文輝論證了大時、小時是虛擬的神煞，與天文無關。其運行規律正如金關簡所示：一至三月在東方，四至六月在南方，七至九月在西方，十至十二月在北方。

　　　何茂活（2015B，65 頁）：這裏的「小時」是相對於「大時」的概念。《淮南子‧天文訓》：「斗杓為小歲，……咸池為大歲」；「大時者，咸池也；小時者，月建也。」可見咸池即「太歲」「大時」，小歲即「月建」「小時」。簡而言之，前者指年，後者指月。居攝元年曆譜所見之「小時」簡，未直接標出月份，而是標以東西南北四方，分別代表春夏秋冬四季及其所含各月。

　　　今按。諸說是。「小時」為神煞名。

```
        癸　壬　□　壬　辛　辛　庚　　庚　巳　巳　戊　戊　丁
五日　　　　　　　　　　　　　　中伏〔1〕
        未　子　午　子　巳　亥　辰　　戌　卯　酉　寅　申　丑
```
73EJT23：332

【校釋】

第一行未釋字程少軒（2014B，283 頁），羅見今、關守義（2014，111 頁），黃艷萍（2014B，193 頁）補釋「壬」。今按，補釋可從，但該字圖版已完全磨滅，不存字迹，暫從整理者釋。

又該簡陳侃理（2017，38 頁）歸屬為曆日類 A 型（年曆型）Ⅲ式（簡首日序十二欄橫讀式）。關於其年代，程少軒（2014B，283 頁），羅見今、關守義（2014，112 頁），黃艷萍（2014B，193 頁），何茂活（2015B，62 頁），陳侃理（2017，38 頁）等均指出屬孺子嬰居攝三年（8）。今按，諸說是。該簡所記當為居攝三年各個月份中五日的干支日期。

【集注】

〔1〕中伏：羅振玉、王國維（2013，87～88 頁）：考《史記‧秦本紀》「德公二年初伏」，《集解》孟康曰：「六月伏日初也，周時無，至此乃有之。」《正義》：「六月三伏之節，起秦德公為之，故云初伏。付者，隱伏避盛暑也。《曆忌釋》云：『伏者何？以金氣伏藏之日也。四時代謝，皆以相生。立春，木代水，水生木；立夏，火代木，木生火；立冬，水代金，金生水；立秋，以金代火。故至庚日必伏，故曰伏也。』《漢書‧郊祀志》注：「伏者，謂陰氣將起，迫於殘陽而未得升，故為藏伏，因名伏日。」《陰陽書》曰：「從夏至後第三庚為初伏，第四庚為中伏，立秋後初庚為後伏，謂之三伏。」（《六帖》引）至今曆家尚繫三伏日於曆日。觀此簡，則漢代已然矣。又，漢人最重伏日。《漢書‧東方朔傳》：「伏日，詔賜從官肉。」《楊惲傳》：「歲時伏臘，烹羊炮羔。」《後漢書‧和帝紀》「永元六年己酉，初令伏閉盡日」注：「伏日萬鬼行，故盡日閉，不干他事。」《荊楚歲時紀》：「六月伏日，並作湯餅，名為辟惡。」漢代朝野重伏如此，今時則不然矣。

張培瑜（1989，139 頁）：用「伏」注曆的傳統到今天仍在沿用。它對應的地球運動和太陽位置是基本固定的，有着科學的依據。這可能是曆注中沿用最久的一種了，對指導農業生產和安排人類生活有着積極作用。

殷光明（1996，383 頁）：漢代重伏、臘二祀，故於曆譜中記其干支。《史記‧秦本紀》德公「二年（公元前 677 年甲辰年）初伏」。《正義》注曰：「六月三伏之節。起秦德公為之，故云初伏。伏者，隱伏避盛暑也。」所謂三伏者，《陰陽書》曰：「夏至後第三庚為初伏，第四庚為中伏，立秋後初庚為後伏，謂之三伏。曹植謂之三旬也。」但此於漢簡曆譜所記不同。

今按，諸說是。農曆夏至後第四個庚日起為中伏。

☑入　水官〔1〕者，宮日數遷，羽日安，商、角日可，徵日兇‧冬以時到官視事，未到☐☑　　　　　　　　　　　　　　　　　　73EJT23：563+643

【校釋】

　　伊強（2014A）綴。「者」字原作「徵」，伊強（2014A）認為該字和「徵日」的「徵」明顯不同，字形不是很清楚，到底是什麼字尚需討論。王強（2019A，328 頁）則認為其是「者」字。今按，該字作 形，釋「者」可信，唯右下角多出一筆畫。又「時」字王強（2019A，328 頁）認為釋讀恐亦有問題，當存疑待考。

【集注】

〔1〕入入水官：王強（2019A，328 頁）：五行水配冬季，因此簡文「入水官」應即冬季入官之意，後一句言冬季到官視事適可證明這一點。

　　　　今按，說當是。

☑黃一升，白蜀〔1〕一升☐☐☑
☑☐後飯二⌐三日長☐☑　　　　　　　　　　　　　　73EJT23：704

【集注】

〔1〕白蜀：當指白蜀葵。李時珍《本草綱目・草五・蜀葵》：「惟紅白色入藥。其實大如指頭，皮薄而扁，內仁如馬兜鈴仁及蕪荑，輕虛易種。」

　　　　　　癸　　☑
廿三日
　　　　　　丑　　☑　　　　　　　　　　　　　　　73EJT23：751

【校釋】

　　該簡陳侃理（2017，37 頁）歸為曆日類 A 型（年曆型）Ⅲ式（簡首日序十二欄橫讀式）。關於其年代，程少軒（2014B，283 頁）推定為甘露二年（前 52）或漢昭帝始元四年（前 8）。羅見今、關守義（2014，110 頁）、何茂活（2015B，62 頁）、陳侃理（2017，37 頁）等認為是甘露二年（前 52）。今按，諸說是。該簡當屬漢宣帝甘露二年，即公元前 52 年。

☑　癸酉丙戌丁酉戊辰戊申　　　　　　　　　　　　73EJT23：836

反支　未　戌　未　酉　午　酉　午　申　巳　申　亥☑　　73EJT23：863

【校釋】

　　該簡程少軒（2014B，283 頁）推定年代有六，分別為新莽始建國三年（11）、新莽始建國二年（10）、西漢鴻嘉二年（前 19）、黃龍元年（前 49）、甘露四年（前

50）、元鳳二年（前 79）、元鳳元年（前 80）。何茂活（2015B，66 頁）認為應屬鴻嘉二年（前 19）或始建國三年（11）曆譜。今按，諸說是。該簡年代不能確定。

□八月大☑   73EJT23：989

肩水金關 T24

　　　　　　壬　　壬　辛

十六日

　　　　　　寅　　申　丑   73EJT24：17

【校釋】

　　該簡年代羅見今、關守義（2014，110 頁），程少軒（2014B，284 頁）推定為漢元帝永光三年（前 41）或漢宣帝本始二年（前 72）。胡永鵬（2016A，102 頁）、（2017B，66 頁）則指出細審紅外線圖版，可知木簡表面有 12 條劃線，其中前三條之下已書有干支。據此可以推測，簡文所記應為某平年的日干支。檢《二十史朔閏表》等，本始二年閏五月，永光三年無閏月。故該簡年代為後者。今按，諸說是。該簡當屬漢元帝永光三年曆譜。

☑何以復見乎？子贛為之請〔1〕，子曰：是☑   73EJT24：104

【校釋】

　　該簡黃浩波（2013B）認為出處不明，「子贛」即「子貢」，故歸入儒家著作簡。王楚寧、張予正（2017），王楚寧、張予正、張楚蒙（2017）認為文中出現「子贛」與「子曰」字樣，當屬《齊論》。今按，諸說多是。該簡所記或為《齊論》內容。

【集注】

〔1〕何以復見乎？子贛為之請：黃浩波（2013B）：漢石經《論語》凡「子貢」皆
　　　寫作「子贛」。定州八角廊 40 號漢墓所出《儒家者言》《論語》所見有「子贛」
　　　「子贛」「子貢」寫法，整理者言「贛、貢皆贛之省」。則其省寫途徑當為：「贛」
　　　省寫為「贛」，「贛」再省寫為「貢」。由此可知，「子貢」漢時亦寫作「子贛」
　　　「子贛」。段玉裁《說文解字注》曰：「端木賜字子贛，凡作子貢者，亦皆後人
　　　所改。」《史記‧孔子世家》仍兩見「子贛」，《貨殖列傳》前見「子贛」，後見
　　　「子貢」；或是後人改而未盡。

馬智全（2014，170頁）：這枚簡上下均殘缺，內容不見文獻記載。「何以復見乎」，意為「以什麼來再次見到呢」？「子贛」即子貢，傳世文獻與出土文獻多見……「貢」是「贛」的省寫，簡文猶存古意。「子贛為之請」，意思是說子貢為這件事請問於孔子。「子曰：是」，孔子說，是這樣的。

今按，諸說多是。子贛即子貢。

☑☑☑
☑至百五十四日，日在東井二度〔1〕　　　　　　　　73EJT24：136A
☑　乙亥　庚寅　丙午
☑　丙子　辛卯　丁未
☑　……　　　　　　　　　　　　　　　　　　　73EJT24：136B

【校釋】

許名瑲（2014E）綴合簡73EJT30：151和該簡。今按，兩簡字體筆迹不同，茬口處不能吻合，屬不同探方出土，似不能綴合。

【集注】

〔1〕日在東井二度：許名瑲（2014E）：《太初曆》曆元在年前子月十一月冬至，日躔牽牛初度，日行一度，行百五十四度（由牽牛初度，經牛八、女十二、虛十、危十七、室十六、壁九、奎十六、婁十二、胃十四、昴十一、畢十六、觜二、參九、入東井二度），日在東井二度。於時為四月小滿後一日，月建為「巳」。

今按，其說當是。東井為星宿名，二十八宿之一。《禮記·月令》：「仲夏之月，日在東井。」

☑☑期☑☑宕程充☑☑　　　　　　　　　　　　　　73EJT24：184

☑☑甄莫膏☑☑　　　　　　　　　　　　　　　　73EJT24：225

【校釋】

「莫」字作 ![莫]形，或當釋作「箕」。

十八日　☑　　　　　　　　　　　　　　　　　73EJT24：227

```
        丙 乙 乙 乙 甲      甲      癸    ☑
十八日                  重節〔1〕 八鬼節〔2〕
        申 丑 未 丑 □      子      巳    ☑（簡上有陰刻線）
                                    73EJT24：305+497+498A
……                                 73EJT24：305+497+498B
```

【校釋】

　　未釋字程少軒（2014B，284 頁），羅見今、關守義（2014，112 頁），黃艷萍（2014B，199 頁）補「午」字。今按，補釋是，但該字圖版缺失，暫從整理者釋。

　　該簡陳侃理（2017，38 頁）歸為曆日類 A 型（年曆型）III式（簡首日序十二欄橫讀式）。關於其年代，羅見今、關守義（2014，112 頁），黃艷萍（2014B，199 頁），程少軒（2014B，284 頁），陳侃理（2017，38 頁）等均指出為孺子嬰居攝三年（8）。今按，諸說是。該簡屬居攝三年曆譜簡。

【集注】

〔1〕重節：程少軒（2016C）：「重午」並以「節」稱之，這應該是迄今關於端午節的最早文字記載……這個原始的端午節，用的不是五月五日，而是午月午日，而且是第二個午日。前面將「端午」解釋為「第一個五日」或「第一個午日」的說法不攻自破。一個月有 29 至 30 天，地支是十二個，所以一個月會有兩個或三個午日，其中第二個午日一定在五月十三日至二十四日之間，是正中的午日。「午月的第二個午日」符合「正午」的觀念，所以將「端午」解釋為「正午」是正確的。

　　　　今按，其說是。重節即端午節。

〔2〕八鬼節：程少軒（2014B，284 頁）：「八鬼」即「八魁」。一般文獻中以夏季甲申日為「八魁」，《後漢書·蘇竟傳》李賢注引《曆法》：「春三月己巳丁丑；夏三月甲申壬辰；秋三月己亥丁未；冬三月甲寅壬戌，為八魁。」肩水金關漢簡以夏六月甲子日為八魁日，這與《素問六氣玄珠密語》卷十六「五行類應紀篇」所載相合：「八魁日者，春己巳丁丑，夏甲子壬戌，秋己亥丁未，冬甲午壬辰也。」

　　　　今按，其說是。八鬼即八魁。

蒼頡□□☑　　　　　　　　　　　　　　73EJT24：485

☑辛卯　丁酉　甲辰　　庚☑
☑壬辰　戊戌　乙巳　　辛亥☑
☑□巳　己亥　丙午　　壬子☑
☑　　　庚子　丁未建　癸☑　　　　　　73EJT24：508A

☑　□□　□□　☑
☑　庚子　丙午建☑
☑　辛丑　☑
☑　壬寅　☑　　　　　　　　　　　　73EJT24：508B

【校釋】

　　該簡程少軒（2015B，133～134 頁）認為兩面皆寫有曆書，且字迹不同，當非同人書寫。A 面簡文中有「丁未建」，說明該月是顓頊曆、太初曆之六月或新莽曆之七月。B 面存有當月最末一日「丙午建」，據此可知該月建午，是顓頊曆、太初曆之五月或新莽曆法之六月，且下一月朔丁未。查《三千五百年曆日天象》，符合條件者只有西漢成帝鴻嘉二年（前 19）。由於 B 面是鴻嘉二年五月月曆，A 面月曆的時代也應該距離鴻嘉二年不遠。以元延二年（前 11）或三年（前 10）的可能性最大。兩面之月曆，至少相隔 8 年。今按，其說當是。該簡兩面屬不同的曆日。

☑　子　酉　午　卯　子　酉　午　卯　子　酉☑　　　73EJT24：526

【校釋】

　　該簡程少軒（2015B，137 頁）認為當是神煞「大時」的殘簡。今按，其說或是。

☑一月　子　丑　寅　卯　辰　巳　午　未　　　　73EJT24：588

【校釋】

　　該簡程少軒（2015B，138 頁）認為是建除表十一月部分。今按，其說當是。

☑　卯　辰　巳　午　未　申　☑　　　　　　73EJT24：617A
☑　大□☑　　　　　　　　　　　　　　73EJT24：617B

【校釋】

該簡程少軒（2015B，138 頁）認為屬建除簡。B 面兩字似為「大建」或「大盡」。今按，其說當是。

苟子上德者☑　　　　　　　　　　　　　　　　　　73EJT24：656

☑□賊毋失聞皆　　　　　　　　　　　　　　　　　　73EJT24：722

【校釋】

「皆」字何茂活（2015D，115 頁）認為據圖版似與上字「聞」字相似，但因筆迹模糊，難以確認。今按，該字圖版作▨形，似非「皆」，但與「聞」字亦有差別，或當存疑待考。

何故曰：誠之誠之，聖☑　　　　　　　　　　　　　　73EJT24：731

【校釋】

「何」原未釋，何茂活（2015D，115 頁）、姚磊（2017D3）釋。又該簡劉嬌（2015A，303 頁）認為從內容上雖然看不出跟《孝經》是否有聯繫，但其字體、文氣跟見於第 31 探方的簡 44+55、104、86、102、141、42、47 諸簡也有些近似。

劉嬌（2015B）則據施謝捷先生所說「誠之誠之」是漢簡文書裏很常見的話，未必跟《孝經》有關的意見。認為此段殘簡可能屬於第 31 探方的簡 44+55、104、86、102、141、42、47 諸簡所屬的內容比較複雜的一篇書，不過跟《孝經》的關係實在無法確定。今按，其說或是。

☑不行，禁不止，使少驕其子，長毋文理〔1〕。不敬其妻，莫奉……妾不□
☑　　　　　　　　　　　　　　　　　　　　73EJT24：739+784+785

【校釋】

姚磊（2016H6）綴，綴合後補釋「妻」字，該字伊強（2015B）曾據殘簡釋作「事」。又「敬」原作「效」，伊強（2015B）釋。「不行」之前何茂活（2015D，115 頁）指出當為「令」字。今按，說或是，據文義可增補，但簡牘殘缺。

【集注】

〔1〕使少驕其子，長無文理：何茂活（2015D，116 頁）：句中「使」為假使之意，

「少驕其子，長毋文理」，意謂少時驕縱失教，及其年長則必不懂儀軌。「無文理」之說，非指文章而言，而是指人際交往尤其是為政事君之規矩法度。

今按，其說當是。

□□=一曰不知織紝，二曰不□□□　　　　　　　　　　73EJT24：742

【校釋】

簡首未釋字何茂活（2015D，116 頁）補作「三」，認為其後的符號也許不是重文符號而是表示間隔的符號。簡末未釋字何茂活（2015D，116 頁）補作「愛稼」。今按，補釋或可從，但圖版漫漶不清，不能辨識，暫從整理者釋。其認為「=」非重文符號而是表示間隔的符號似不確，間隔符號漢簡中一般作「└」形。

□□之，人毋遠慮，必有近憂〔1〕□　　　　　　　73EJT24：932+802

【校釋】

姚磊（2017H6）綴。該簡何茂活（2015D，117 頁），王楚寧、張予正（2017），王楚寧、張予正、張楚蒙（2017）均指出為今本《論語・衛靈公》中的章句。鄔勖（2015，51 頁）將其歸為孔子語殘冊，亦指出見於今本《論語・衛靈公》，且認為這種記錄孔子語的殘冊也有屬於某種《論語》的可能。今按，該簡所記顯然為今本《論語》之內容，鄔勖將其歸為孔子語殘冊恐不妥。

【集注】

〔1〕人毋遠慮，必有近憂：張英梅（2015，114 頁）：與《論語・衛靈公》中的「人無遠慮，必有近憂」極為相似，不同之處在於 24：802 簡文中用「毋」來表示「不要，不可以」，而傳世本用「無」表示「沒有」。雖然兩句意思極為相同，但語氣仍有差別，「毋」用於祈使語句，意在告誡或提醒人們「不要（不可）沒有遠慮，否則必然會有近憂」；而「無」用於陳述語氣，只是說明「沒有遠慮，就會有近憂」。《論語》的主題內容為孔子對弟子們的教誨和告誡，既然是一種教誨和告誡，那麼祈使語氣自然應該更合適。所以無論從語氣上、《論語》產生的背景上，還是傳播年代遠近上分析，用「毋」要比用「無」好，即「人毋遠慮，必有近憂」更為合理。

何茂活（2015D，117 頁）：這裏將「無」作「毋」，是與當時的用字習慣相一致的。金關簡中表有無的「無」一般都寫作「毋」，包括「毋官獄徵事」「善毋恙」等套語也都如此。

今按，該簡「毋」通「無」。張英梅認為用「毋」要比用「無」好顯然有誤，所謂「人毋遠慮，必有近憂」則文意不通。

☑曰：天何言哉，四時行焉，萬物生焉〔1〕☑
☑年之喪，其已久矣，君子三〔2〕☑　　　　　　　　　　　73EJT24：833

【校釋】

該簡內容鄔勖（2015，51 頁），何茂活（2015D，117 頁），王楚寧、張予正（2017），王楚寧、張予正、張楚蒙（2017）等均指出見於今本《論語・陽貨》。馬智全（2014，166 頁）亦指出該簡右側殘存 13 字，為《陽貨》第 19 章內容，左側殘存 10 字，為《陽貨》第 21 章內容。依今本篇章，簡文所缺第 19 章至第 21 章之間，共計有 32 字。以兩行而書，每行缺 16 字，「孔子」兩字重文，減去兩字，則每行缺 15 字。如簡牘完整，還是可以容納，如此考慮，該簡的章序與今本應該是一致的。

又馬智全（2014，167 頁）認為簡文也存在一些重要異文，這些異文的性質，很有可能是《張侯論》形成以前的文本。依據「天何言哉」的記述來看，此句當不是《魯論》，考慮到《齊論》的流傳範圍之廣，《經典釋文序錄》說《齊論》「《新論》云文異音四百餘字」，因此《齊論》的可能性還是要大一些。今按，諸說多是，該簡所記屬今本《論語・陽貨》的內容。馬智全認為簡文內容屬《齊論》的可能性要大一些，這種看法恐不可信。

【集注】

〔1〕天何言哉，四時行焉，萬物生焉：郝樹聲（2012，66 頁）：「百物生焉」簡本作「萬物生焉」。

馬智全（2014，167 頁）：簡文與今本相比，有兩處異文。其一是第十九章，簡本作「萬物生焉」，今本卻作「百物生焉」，有所不同。「萬物」與「百物」語意相近，兩者均用於典籍……從語境來看，言物多，或己外之物，多言「萬物」，而言為自己所備所用之物，則多言「百物」。「萬物」以言數多，「百物」以言用多，簡文說「天何言哉，四時行焉，萬物生焉。」從語意理解來看，「萬物」要勝於「百物」。

何茂活（2015D，117 頁）：與傳世文獻相比，簡文有兩處不同，即將「百物」寫作「萬物」。「期已久矣」寫作「其已久矣」。

張英梅（2015，114 頁）：傳世本用「百物」，而《肩三》中用「萬物」。西漢距先秦時期不遠，所以其記載《論語》內容應更接近原始面貌。此外按照傳統的語言習慣，我們通常會說「世間萬物」而較少說「世間百物」，所以我們推測傳世《論語》版本中的「百物」可能是「萬物」之誤寫。

今按，諸說多是。今本《論語·陽貨》十九章作：子曰：「予欲無言。」子貢曰：「子如不言，則小子何述焉？」子曰：「天何言哉？四時行焉，百物生焉，天何言哉？」

〔2〕年之喪，其已久矣，君子三：郝樹聲（2012，66 頁）：「期已久矣」簡本作「其已久矣」。

馬智全（2014，167 頁）：第二十一章也有一處異文，簡文說：「〔三〕年之喪，其已久矣」。而今本「其」作「期」。該句定縣漢墓竹簡《論語》作：「宰我問：『三年之喪，其已久〔乎〕』」。用字與簡文相同，可見該句在西漢時有「其」的用法。《經典釋文》：「期已久矣，一本作其。」說明後世仍有「其」的用法……再考慮到定縣漢墓竹簡《論語》作「其」及《經典釋文》所載「一本作其」，可以推斷漢代《論語》本是作「其」，後世改作「期」，語義已經不相同了。

今按，說或是。今本《論語·陽貨》二十一章作：宰我問：「三年之喪，期已久矣。君子三年不為禮，禮必壞；三年不為樂，樂必崩。舊穀既沒，新穀既升，鑽燧改火，期可已矣。」子曰：「食夫稻，衣夫錦，于女安乎？」曰：「安。」

☐起而福吉常存，以財為草，以身為葆〔1〕，可以　　　73EJT24：800+842

【校釋】

何茂活（2015D）綴，且認為其綴合後可與簡 73EJT24：843 連讀。今按，說是，兩簡形制、字體筆迹等一致，內容相關，或可連讀。

【集注】

〔1〕以財為草，以身為葆：鄔勖（2015，54 頁）：「以財為草以身為葆」見於今本《說苑·談叢》篇，固為漢時習語。

何茂活（2015D，113 頁）：「葆」通「寶」……「以財為草，以身為寶」之語，出自劉向《說苑·談叢》：「義士不欺心，廉士不妄取；以財為草，以身為寶。」……意即錢貨財寶不必吝惜，而身體及生命最可珍視。

今按，諸說是。「葆」當通「寶」。

主葛蓬愛費〔1〕☑   73EJT24：843

【集注】

〔1〕主葛蓬愛費：何茂活（2015D，114～115頁）：葛蓬，指葛衣與蓬草……茅茨，指用蓬草作頂的房屋，又代指貧窮者所住的陋室……葛衣，指用葛布製成的夏衣……本簡之「葛蓬」，「葛」即「葛衣」，「蓬」即茅茨。均指簡單寒素的生活條件。而又常常是就拒斥奢靡浪費、崇尚自然純樸而言的。愛費，「愛」意為吝惜，「費」指開支、靡費。「愛費」可理解為聯合式結構，指愛惜與靡費；也可理解為動賓結構，指珍惜財用……本簡說「主葛蓬愛費」之愛費，理解為動賓結構，固然可以講通，但解為聯合結構似更為通暢——主宰葛衣、蓬茨之類基本生活資料的省儉與靡費。

今按，說當是。

為識則洒☑   73EJT24：844

三甲日甲主□□☑   73EJT24：849

【校釋】

簡末未釋字何茂活（2016D）補作「乙建除」。今按，補釋或可從，但未釋字潦草殘缺，不能確知，暫從整理者釋。

肩水金關 T25

☑□□□□酉丁丑辛巳乙酉癸巳丁酉辛□☑   73EJT25：78

☑善食酎=善飲□=   73EJT25：128

☑□　戊

☑戌　辰   73EJT25：194

肩水金關 T26

九九八十一	八八六十四	七七卌九	六六卅六	五五廿五	二三而六
	七八五十六				
八九七十二	六八卌八	六七卌二	五六卅	四五廿	一二而二〔1〕
				□□□	73EJT26：5A

```
　　辛丑六日執𠂤　　辛亥十六日平𠂤　　壬戌廿七日滿
……　壬寅七日破𠂤　　壬子十七日定𠂤　　癸亥廿八日平
　　癸卯八日危𠂤　　癸丑十八日執𠂤　　甲子廿九日定　　　　73EJT26：5B
```

【校釋】

程少軒（2015B，135 頁）指出 B 面月曆第一欄尚殘筆畫。據文意可推知，該字是「七月小」之「小」字殘筆。今按，其說當是。

又 B 面內容，程少軒（2015B，134 頁）、趙葉（2016，23 頁）認為屬西漢昭帝元平元年（前 74）七月月曆。今按，說當是。

【集注】

〔1〕一二而二：羅振玉、王國維（1993，93 頁）：「二二而四」，今法作「二二如四」。考《大戴記》《淮南子》並引，「三三而九」《周禮疏》亦引，「二二而四」「三三而九」正與此同，知唐人尚作。而《容齋續筆》云：「三三如九、三四十二，皆俗語算術。」知改「而」作「如」，始於宋代也。《孫子算經》亦作「二二如四」「三三如九」，殆唐以後刊本所追改，非原書之舊矣。

　　程少軒（2015B，135 頁）：九九表似是在第一欄抄寫「九=八十一」至「一九而九」，第二欄抄寫「八=六十四」至「一八而八」，餘下諸欄類推，至第五欄抄寫「五=廿五」至「一五而五」。但第六欄沒有按規律抄寫「四=十六」「三四十二」等，頗疑表格抄寫有誤，或因餘下空間不足而將「四」以下口訣抄在木牘其餘空白處。

　　今按，諸說是。羅振玉、王國維所言「二二而四」見於敦煌漢簡 2170 簡。

```
　　壬　壬　辛　辛　庚　庚　　己　己　己　戊　戊　丁　丁
十六日　　　　　　　　　　初伏〔1〕
　　寅　申　丑　未　子　午　　亥　巳　亥　辰　戌　卯　酉
　　　　　　　　　　　　　　　　　　　　　73EJT26：6
```

【校釋】

該簡黃艷萍（2015B，112 頁），羅見今、關守義（2015，108 頁），何茂活（2015I），許名瑲（2015A），程少軒（2015B，130 頁），趙葉（2016，23 頁）均指出為漢宣帝本始二年（前 72）曆譜。陳侃理（2017，36 頁）歸為曆日類 A 型（年曆型）III 式（簡首日序十二欄橫讀式）。今按，諸說是。該簡當為本始二年各個月份中十六日的干支日期。

【集注】

〔1〕初伏：羅見今、關守義（2015，108 頁）：閏五月乙卯朔大，卅日夏至；夏至後第二庚即十六日庚午「初伏」，與後世以夏至後第三庚初伏不同。

何茂活（2015I）：該簡「庚午初伏」為閏五月十六日。按照曆法，初伏為夏至後第三個庚日。據《西周（共和）至西漢曆譜》，是年五月卅日（甲寅）為夏至，此後第三個庚日為庚辰，當為閏五月廿六日。而此簡中「初伏」注於閏五月十六日庚午，為夏至後第二個庚日。不知何故，存疑待考。

程少軒（2015B，130 頁）：該年閏五月庚午為初伏，查當年夏至為五月甲寅，庚午為夏至後第二個庚日。

今按，諸說是。農曆夏至後第三個庚日起為初伏，但該簡初伏注於夏至後第二個庚日。

☒□□ 寅 亥 申 巳 寅 亥 申 巳 寅 亥 申 ☒ 73EJT26：29

【校釋】

該簡程少軒（2015B，138 頁）認為簡首神煞名殘泐不清。據簡文不難判斷，該神煞之運行為正月起寅、逆行四孟。今按，其說當是。

☒戊 戊 丁 丁 丙 ☒
☒辰 戌 卯 酉 寅 ☒   73EJT26：113

　　　　癸　☒
廿日
　　　　亥　☒   73EJT26：114

【校釋】

該簡程少軒（2015B，131 頁）認為有 5 個年份與之相符，分別為西漢昭帝元鳳元年（前 80）、宣帝黃龍元年（前 49）、新莽天鳳元年（14）、東漢光武帝建武二十一年（45）以及東漢章帝建初元年（76）。

羅見今、關守義（2015，109 頁）考釋該簡年代為黃龍元年（前 49）或始元七年（前 80）。黃艷萍（2015B，113 頁）、趙葉（2016，24 頁）認為該簡為黃龍元年（前 49）曆譜。胡永鵬（2016A，87 頁）則認為不當排除始元七年，該簡完全存在屬於始元七年的可能。今按，諸說是。始元七年即元鳳元年，據相同探方簡及金關漢簡所屬年代來看，該簡應屬始元七年（前 80）或黃龍元年（前 49）曆譜。

骨肉治黍飯，盡貍之壇下，毋使犬得，東鄉席與石俱居騾☒

73EJT26：144+182

【校釋】

姚磊（2016I5）綴，「骨」原作「買」，「盡」原未釋，均綴合後從何有祖說釋。又「騾」字姚磊（2016I5）從黃浩波說釋為「騾」。今按，釋或是。「騾」字圖版作 形。

廿二日丁丑 　☒　　　　　　　　　　　　　　　　73EJT26：153
廿六日辛巳 　☒　　　　　　　　　　　　　　　　73EJT26：223

【校釋】

以上兩簡何茂活（2015I）、程少軒（2015B，135 頁）認為屬同一簡冊曆譜。程少軒（2015B，135 頁）認為兩簡或屬特殊的月曆，該月曆由約 30 支簡編成，自右向左編排，每簡簡端書寫日序與干支，其下留白用以記事。又關於其年代，程少軒（2015B，135 頁）指出該月朔日為丙辰，符合條件者甚多。若此月份為正月，則僅有西漢元帝初元三年（前 46）符合條件。今按，諸說是。兩簡形制、字體筆迹等相同，內容關聯，無疑為同一簡冊曆譜，可編連。但其年代不能確知。

☒　辛　☒
☒　未　☒　　　　　　　　　　　　　　　　　　73EJT26：160

吏入官視事日，取陽前辰陰前日堪對，及歲後星一堪後三四五辰，五行相老曰取辰☒☒☒皆北去☒☒☒☒　　　　　　73EJT26：167+201+296

【校釋】

簡 73EJT26：167+201 原整理者綴，姚磊（2016I5）又綴簡 73EJT26：296。簡首「吏入官視事日取陽前辰陰前日堪」原未釋，其後「歲」原作「前」，「星一」原未釋，「堪」原作「婢」，兩個「辰」原未釋，「老」原作「巷」，「取」原作「發」，均綴合後釋。其中「入、官、視、事、陰、堪、日」等字姚磊（2016I5）從黃浩波釋，「吏、取、陽、辰」姚磊（2016I5）釋，「歲、星、老」姚磊（2016I5）從何有祖釋。

又「☒☒☒皆北去☒☒☒」姚磊（2016I5）釋作「華之……」。今按，釋或可從，但該數字圖版漫漶不清，不能辨識，暫從整理者釋。此外，該簡釋文何茂活

（2016E，193 頁）曾改訂作「□□知□事曰發易占天雜占曰堪對及發後至堪從三四五辰五行相巷曰發辰□□□皆北去□□□」。並認為「從」「辰」「巷」諸字仍可疑。今按，其所釋「事、堪、辰」等字釋讀正確。

　　又「三四五辰」前的「後」原作「從」，王強（2019A，331 頁）釋。又「取辰」前的「曰」姚磊（2016I5）作「日」，王強（2019A，331 頁）改釋「曰」，「取辰」後王強（2019A，331 頁）補釋「若此」。今按，「取辰」前一字整理者即作「曰」。「若此」圖版模糊，不能確知。

　　　　庚　　☑
六日
　　　　辰　　☑　　　　　　　　　　　　　　　　　　73EJT26：178
　　　　　乙　　☑
廿一日
　　　　未　　☑　　　　　　　　　　　　　　　　　　73EJT26：218

【校釋】

　　以上兩簡黃艷萍（2015B，113 頁），羅見今、關守義（2015，110 頁），程少軒（2015B，131 頁），何茂活（2015I），趙葉（2016，28 頁）等均指出屬同冊曆譜。陳侃理（2017，36 頁）歸為曆日類 A 型（年曆型）Ⅲ式（簡首日序十二欄橫讀式）。

　　關於其年代，程少軒（2015B，131 頁）認為兩簡年代最可能是西漢昭帝元鳳六年（前 75）或東漢光武帝建武二十六年（50）。黃艷萍（2015B，113 頁），羅見今、關守義（2015，109 頁），趙葉（2016，28 頁）則認為兩簡為元鳳六年（前 75）曆譜。

　　又何茂活（2015I）認為上述二簡僅見日次和歲首之月的干支，其下空白。據圖版觀察，當屬原貌，並非字迹湮滅所致。並推測這樣的曆譜也許屬於半成品，僅抄寫了歲首之月，其後諸月留待日後抄寫。今按，諸說多是。兩簡形制文理、字體筆迹均同，且「庚辰」及「乙未」的右上角，均有一三角形契口，位置、形狀全同，當屬同冊曆譜無疑，可編連。其當屬元鳳元年曆譜。但簡牘下方明顯有殘留筆畫，或並非半成品而留待日後抄寫。

　　又姚磊（2019D1）綴合簡 73EJT26：218 和簡 73EJT26：293。今按，兩簡茬口不能密合，或不當綴合。

☑申　亥　卯　午　酉　子　辰　未　戌　丑　　　　　73EJT26：205

【校釋】

「亥」「戌丑」原未釋，「辰未」原作「癸亥」，程少軒（2015B，139頁）釋。又程少軒（2015B，139頁）認為所缺神煞，可能也是「地杓」「土禁」之類的名字。今按，其說當是。

☑辰　己　　　　　　　　　　　　　　　　　　　　　73EJT26：234A
☑　丁卯　　　　　　　　　　　　　　　　　　　　　73EJT26：234B

【校釋】

「辰」原作「內印」，「己」原作「弓」，「丁」原作「（圖畫）」，劉釗（2014，359頁）釋。「卯」原漏釋，姚磊（2017D4）釋。

　　　　丙……☑
廿五日
　　　　辰……☑　　　　　　　　　　　　　　　　　73EJT26：254

【校釋】

「丙辰」何茂活（2015I）釋作「辛亥」，且認為該簡和簡73EJT26：6當出同譜，即本始二年曆譜。今按，改釋或可從，但簡文模糊不清，不能確知，暫從整理者釋。又該簡和簡73EJT26：6筆迹似並不同，或不屬同一曆譜。

又關於該簡年代，羅見今、關守義（2015，109頁），趙葉（2016，29頁）考釋為漢成帝永始元年（前16）。程少軒（2015B，131頁）認為屬西漢成帝永始元年（前16）或新莽始建國三年（11）。永始元年，則丙辰下當依次為丙戌、乙卯、乙酉、甲寅。細察圖版，「乙卯」干支尚依稀可見，其下之干支第2字尚存輪廓，似是「酉」。屬永始元年可能性更大。今按，諸說多是。該簡當為永始元年曆譜。

已巳　☑　　　　　　　　　　　　　　　　　　　　　73EJT26：278

☑　甲
　　宋卿之□對曰　☑
☑　子　　　　　　　　　　　　　　　　　　　　　　73EJT26：293

【校釋】

姚磊（2019D1）綴合簡 73EJT26：218 和該簡。今按，兩簡茬口不能密合，或不當綴合。

☑□黑牝豚黍飯酒財□☑　　　　　　　　　　　　　　　　73EJT26：300

肩水金關 T27

甘露二年磨日☑　　　　　　　　　　　　　　　　　　　　73EJT27：71

【校釋】

「磨」字何茂活（2016E，197 頁）認為是「曆（或亦作磿）」的訛寫；何茂活（2015I）逕引作「曆」。張再興（2018，133 頁）亦認為應該是「曆」，其不應看作是訛字，而應處理成異體，在簡帛釋文中寫作「磨（曆）」。今按，說是。該字作![字形]形，據字形釋「磨」不誤，其應是「曆」字異體。

☑己　☑
☑酉　☑　　　　　　　　　　　　　　　　　　　　　　73EJT27：88

肩水金關 T28

☑□□□□□……□□□□寅卯辰，木，青　☑
☑□□□□□……□□□巳午未，火，赤　官□　☑
☑……□□□申酉戌，金，白　☑
☑□□□亥子丑，水，黑　☑　　　　　　　　　　　　　73EJT28：65A
☑　上下☑　　　　　　　　　　　　　　　　　　　　　73EJT28：65B

【校釋】

A 面第一行「寅卯辰」原作「□戌辰」，第二行「巳午未」原作「□己未」，第三行「申酉戌」原未釋，第四行「亥子」原未釋，均程少軒（2015B，141 頁）補釋。又程少軒（2015B，141 頁）認為該木牘書寫的，應是東、南、西、北四方配五行、五色、地支等信息。可惜原牘殘泐嚴重，不知是否有方位名、天干、五味等其他信息。今按，其說是。

□乙　甲
□巳　戌　　　　　　　　　　　　　　　　　　　　73EJT28：76

□……五月　丁―未　朔　丁　丑　朔……　　　　　73EJT28：85

【校釋】

「丑」字原作「巳」，程少軒（2015B，137頁）改釋。

肩水金關 T29

　　　女吉　男吉　男吉　男吉　男吉　女吉　男□□
產子〔1〕
　　　男凶　女凶　女凶　女凶　女凶　男凶　女凶□　　73EJT29：52

【校釋】

　　未釋字何茂活（2015I）、葛丹丹（2019，1794頁）均認為按照文例推斷，當為「吉」字。今按，說是。據文意可補為「吉」，但圖版殘斷，該字已不存。

　　又何茂活（2015I）認為該簡和簡73EJT29：106簡形相似，字體相仿，書寫位置也大體相當，應當出自同一曆譜。當然二者也有不同之處：其一，「血忌」簡右側有三處明顯的契口，而「產子」簡則無；其二，「產子」簡稍寬於「血忌」簡。今按，兩簡字體除簡首二字相仿外，其他字全然不同，又簡牘形制和契口也均有別，當不屬於同一曆譜。

【集注】

〔1〕產子：程少軒（2015B，140頁）：神煞名「產子」，也就是「生子」。秦漢數術簡中以「生子」為主題的內容甚多，睡虎地秦簡、放馬灘秦簡以及孔家坡漢簡《日書》以及香港中文大學藏漢簡皆有「生子」篇……不過，上舉各種據時間貞卜生子吉凶的數術，多是據日期占測，像73EJT29：52這樣據月份占測的，尚屬首見。

　　　　今按，說當是。「產子」為神煞名。

□壬　辛　辛　□
□申　丑　未　□　　　　　　　　　　　　　　　　73EJT29：67

```
        庚  己  己  ☑
廿日
        戌  卯  酉  ☑                          73EJT29：69
```

【校釋】

許名瑲（2015D）認為簡 73EJT27：71 為一《曆日》簡冊篇題簡，其字體及木簡紋路與該簡相仿，若兩探方鄰近，則兩殘簡或恐同屬一《曆日》簡冊。又簡 73EJT27：88「己酉」亦當屬此一《曆日》簡冊。

何茂活（2015I）則認為 73EJT29：67 簡與 73EJT29：69 簡出自同一曆譜，為漢宣帝甘露二年曆譜十三日及廿日殘簡。又第 27 探方簡 73EJT27：71 為甘露二年曆譜簡題首簡。且其將上述三簡綴合為同一曆譜，同時指出此綴合也存在不甚安妥之處。今按，簡 73EJT29：67 與簡 73EJT29：69 無論形制還是筆迹均差別較大，簡 73EJT27：71 和這兩簡不屬同一探方出土，因此三簡似乎不能編綴為同一曆譜。

又該簡陳侃理（2017，37 頁）歸為曆日類 A 型（年曆型）III 式（簡首日序十二欄橫讀式）。關於其年代，黃艷萍（2015B，114 頁），程少軒（2015B，131 頁），羅見今、關守義（2015，107 頁），許名瑲（2015D），趙葉（2016，16 頁），陳侃理（2017，37 頁）等均指出為漢宣帝甘露二年（前 52）。今按，諸說是。該簡當屬甘露二年曆譜。

血忌　寅甲　未寅甲　寅甲〔1〕　申　卯　酉　辰　戌　巳　亥　午　子
73EJT29：106

【集注】

〔1〕寅甲、未寅甲、寅甲：何茂活（2015I）：關於「血忌」簡，一般的規律是，一至十二月各月血忌依次為：丑、未、寅、申、卯、酉、辰、戌、巳、亥、午、子。《御定星曆考原》卷四：「《樞要經》曰：『血忌、血支，其日忌針刺出血。』《曆例》曰：『血忌者，正月丑，二月未，三月寅，四月申，五月卯，六月酉，七月辰，八月戌，九月巳，十月亥，十一月午，十二月子。』」以此對照此處所論 29：106 簡，我們發現該簡除前三個月的血忌「寅申」「未寅申」「寅申」較為特殊外，其他均與定例相合。為何此三月如此特殊，頗費疑猜。我們曾經推擬，歲首之月「寅申」前也許原有「丑未」二字。如此則前四月血忌依次為：「丑未寅申」「未寅申」「寅申」「申」，各月之首字正是一般所知的血忌，其書

寫規律正好比「金蟬脫殼」，層層剝落。但是仔細觀察圖版，「寅申」前並無字跡，上述推擬無法得到證實。因此其間究竟有何玄機，仍不可知。

程少軒（2015B，140頁）：該簡將正月至三月的「丑、未、寅」變更為「寅申、未寅申、寅申」。

今按，諸說是。該簡「寅甲、未寅甲、寅甲」為神煞血忌在一年前三個月中的日期，其和一般的規律「丑、未、寅」有所不同。

十一月甲戌小

九月乙亥小

七月乙亥大

五月丙子大

三月丁丑大

正月戊寅大（上）

己庚辛壬癸甲乙丙丁戊己庚辛壬癸甲乙丙丁戊己庚辛壬

卯辰巳午未申酉戌亥子丑寅卯辰巳午未申酉戌亥子丑寅

　　　　夏　　　冬　　　後　　　　　　立　立

　　　　至　　　至　　　伏　　　　　　夏　冬（左）

十二月癸卯大

十月甲辰大

八月乙巳大

六月丙午小

四月丁未小

二月戊申小（下）

己庚辛壬癸甲乙丙丁戊己庚辛壬癸甲乙丙丁戊己庚辛壬癸甲

酉戌亥子丑寅卯辰巳午未申酉戌亥子丑寅卯辰巳午未申酉戌 [1]

　初　　春　　秋　　　　　　　　立　中　立

　伏　　分　　分　　　　　　　　秋　伏　春

　騰 [2] 　　　到（右）　　　　　　　73EJT29：117A

二月小　　辛未

戊申卩　　壬申

己酉卩　　癸酉

庚戌卩　　甲戌

辛亥卩　　乙亥

壬子卩　　丙子晦

癸丑卩

甲寅卩

乙卯卩到〔3〕

丙辰卩

丁巳卩十日

戊午卩

己未卩

庚申卩

辛酉卩

壬戌卩

癸亥卩

甲子卩

乙丑卩　　　　　　　　　　　　　　　　　　73EJT29：117B

【校釋】

　　A 面魏德勝（2014）指出是一年十二個月 355 天的日曆。使用時，按逆時針方向閱讀。如正月初一為戊寅、初二為己卯……。讀完左欄的干支後，繼續借用下欄月份下的干支，二十六癸卯、二十七甲辰、二十八乙巳、二十九丙午、三十丁未。剛好下面就接著二月初一戊申，初二己酉……。讀完右欄的干支後，同樣借用上欄月份下的干支，二十七甲戌、二十八乙亥、二十九丙子。因為七月、九月朔日的干支相同，所以二月小二十九天。接著用同樣地方法，就可以數完共十二個月的 355 天。

　　羅見今、關守義（2015，108 頁）稱作矩形年曆，指出是在 232×92mm 的一木牘上環列 60 干支。從甲子開始，向左順時針排列：上方 6 奇月朔、左方 24 干支節氣、下方 6 偶月朔、右方 26 干支節氣。其中甲戌、乙亥出現 2 次。

　　何茂活（2015A，88 頁）稱作環讀式曆譜，指出其結構形式及大體原理是：在其上下兩端書寫各月月朔、大小，左右兩側書寫其餘曆日干支。按逆時針方向循環讀取，即得全年各月日之干支。

　　陳侃理（2017，43～44 頁）歸為曆朔類 A 型（單年型）II 式（簡曆式）。指出其寫在長 23.2 釐米，寬 5.1 釐米的一尺木牘上，共有四列文字沿四邊構成環形，所有文字都自外向內書寫。上列從左至右依次書正月、三月、五月、七月、九月、十一月這六個奇數月的朔日干支和月大小，下列則是偶數月。左右兩列分別書 24 和 25 個干支，與上下兩列的朔日干支正好構成一個環形的六十甲子表。從左上角的「正月戊寅大」開始，逆時針讀數，轉過半圈至右下角的「二月戊申小」，再轉半圈至上列的「三月丁丑大」，如此循環將近六圈，至右列上方第二個干支「壬申」（此時代表十二月壬申晦），便數完全年的 354 日。在部分干支下，加註有二分、二至、四立和三伏日，與 I 式比較，知是當時曆書的慣例。

　　又該簡的年代，魏德勝（2014），羅見今、關守義（2015，108 頁），趙葉（2016，21 頁）指出為漢宣帝五鳳三年（前 55）。今按，諸說是。該簡為五鳳三年曆譜。

【集注】

〔1〕甲戌：何茂活（2015A，86 頁）：A 面圖版右上、肩部位置，「癸酉」上邊依稀有上邊依稀有「甲戌」二字。因甲戌日並見於上端右側「十一月甲戌小」，因此「癸酉」旁的「甲戌」應屬一時誤書。細察圖版，似為刮削未盡之迹……我們閱讀使用時須知此二字多餘。

　　　魏德勝（2014）：左欄有 24 個干支，右欄有 26 個干支。而右上角的「甲戌」是誤增的，不應該有。看紅外圖版，可能是原作者誤寫了「甲戌」二字，發現有誤以後，就把這兩字給削掉了，留下一點痕迹。為了對稱，右下角也被削掉了一點。

　　　今按，諸說是。該「甲戌」為多餘的干支。

〔2〕臘：何茂活（2015A，88 頁）：「臘」，同「臘」。臘，指臘祭之日。《說文解字·肉部》：「臘，冬至後三戌，臘祭百神。」是年冬至為丙戌日（十一月十三），臘日庚戌（十二月初八）為冬至之後的第二個戌日（如包括冬至當日之丙戌則可以算作第三個）。

　　　今按，其說是。「臘」即「臘」，本指一種祭祀，有固定日期，曆譜中常注出臘祭之日。

〔3〕乙卯卩到：魏德勝（2014）：這枚木牘的背面（73EJT29：117B）是這一年二月每天的干支表，第一行的 18 天下都畫了「卩」，可能是記事用的。第八日下還有「到」字。第十日丁巳下有「十日」，二十九丙子下標注了「晦」。因左上角被削去一塊，所以十八日乙丑下缺了 5 天的干支。

何茂活（2015A，85～86頁）：B面有同年二月曆日干支，其中「乙卯」
之下正好也書有「到」字。這說明此簡抄寫時間應當正是二月乙卯（初八）。
抄寫者應當是在抄完正面的環讀式曆譜後，又在背後推演出了當月的曆日干
支，並在正反兩面都標出了當時所在的日期。此外，B面二月乙卯前後共十八
日之下標有「卩」字，表示此日已過。乙卯日及其之前共八日之「卩」，應係
抄寫時所書；之後十日之「卩」，應係之後逐日補書。「辛未」至「丙子晦」諸
日無此標記。

陳侃理（2017，44頁）：該曆書背面還抄寫有該年二月的月曆，其中干支
「乙卯」下書「到」字，可能是收到該木牘的記錄。這一情況與周家臺秦二世
元年曆書類似，很可能反映了西漢中期的頒朔情況。此外，干支「戊申」到「乙
丑」的下方有一般用於表示完成某事的記號「卩」，說明該月曆可能還有其他
的用途，現在已不得而知。

今按，諸說多是。B面為抄寫的五鳳三年二月的月曆。其在第八日乙卯下
書有「到」字，何茂活認為是說明了抄寫時間，陳侃理則認為可能是收到木牘
的記錄。似均有可能，但現已不能確知。

肩水金關 T30

為屏圂〔1〕良日：五癸〔2〕及壬申六日。壬辰為屏圂，大富。戊寅、戊辰，大凶
73EJT30：126

【校釋】

簡首「為」字高一致（2014B）認為或當釋「治」。今按，該字圖版作 形，
漫漶不清，又該簡第二個「為」字作 形，比較字形來看，簡首「為」字似釋讀有
誤，或當存疑待考。

【集注】

〔1〕屏圂：高一致（2014B）：本簡記載的是為屏圂的宜忌日。屏，《急就篇》：「屏
廁清圂糞土壤。」顏師古注：「屏，僻宴之名也。」《集韻·徑韻》：「屏，僾廁。」
圂，《說文·口部》：「圂，廁也。」《玉篇·口部》：「豕所居也。」將廁所和豬
圈相連通，在漢代是很普遍的。兩者往往合二為一，養豬與廁清功能兼而有
之。簡文「屏圂」，應即指廁所和豬圈。

今按，其說是。「屏圂」指廁所和豬圈。

〔2〕五癸：高一致（2014B）：本簡為屏圂良日的「五癸」，雖未具體闡述是「六癸」當中的哪五日，卻說明這類為屏圂宜忌日中有「五癸」這種提法。我們注意到，關於睡簡《日書》乙種中「凡癸為屏圂，必富」，劉樂賢先生曾指出：「『凡癸為屏圂』中，『癸』後當脫了一地支，否則『凡癸為屏圂必富』與前文『以癸丑，少者死之』相為矛盾。」這種看法是有合理性的，但睡簡《日書》乙種中似乎也可能存在類似本簡中「五癸」的情況，即「凡癸為屏圂，必富」的「癸」前脫一「五」字，或者「癸」本就指除去癸丑日外的「五癸」。因此，參考睡簡《日書》乙種所述「以癸丑，少者死之」，本簡「五癸」指「六癸」中除去「癸丑」這一忌日後剩下的五日，也有可能。

今按，其說或是。關於為屏圂的宜忌日，睡虎地秦簡《日書》乙種簡 188 貳～190 貳作：「圂忌日，己丑為圂廁，長死之；以癸丑，少者死之。其吉日，戊寅、戊辰、戊戌、戊申。凡癸為屏圂，必富。」

　　　　　　　　庚子　　☑
四年正月己丑朔大
　　　　　　　　辛丑　　☑　　　　　　　　　　　　73EJT30：151A
大陰在辰　　　　☐☐　☑
大時小時南方〔1〕　日☐　☑　　　　　　　　　　73EJT30：151B

【校釋】

B 面首行「辰」字原未釋，許名瑲（2014E）、程少軒（2015B，135 頁）補釋。又許名瑲（2014E）綴合該簡和簡 73EJT24：136。程少軒（2015B，136 頁）則認為兩簡可以綴合的說法是不妥的。其指出這兩支殘簡當分別屬於同一部曆書中相距約 18 日的兩枚簡，一支殘去下半，一支殘去上半。並疑這份曆譜是以八節為定點編排的，因為八節之間相距日數正是 45 日或 46 日。今按，程少軒所說是。兩簡字體筆迹不同，茬口處不能吻合，屬不同探方出土，當不能綴合。

又該簡的年代，黃艷萍（2015B，114 頁），羅見今、關守義（2015，109 頁），許名瑲（2014E），趙葉（2016，34 頁）均指出為漢宣帝元康四年（前 62）。今按，諸說是。該簡當屬元康四年曆譜。

【集注】

〔1〕大時小時在南方：許名瑲（2014E）：大時者，大歲也，咸池也；小時者，月建

也。小滿為四月中氣，月建為「巳」，小時在「巳」，大時在「午」。「巳」「午」並屬南方，此簡文所以云「大時小時在南方」也。

今按，說當是。大時小時為神煞名。

　　　　戊　戊　丁　丁　丙　丙　☑

廿一日

　　　　戊　辰　酉　卯　申　寅　☑（竹簡）　　　　73EJT30：187

【校釋】

該簡陳侃理（2017，37 頁）歸為曆日類 A 型（年曆型）Ⅲ式（簡首日序十二欄橫讀式）。關於其年代，程少軒（2015B，131 頁）認為宣帝五鳳三年（前 55）和東漢明帝永平八年（65）兩個年份符合條件。黃艷萍（2015B，114 頁），羅見今、關守義（2015，107 頁），許名瑲（2015C），趙葉（2016，16 頁）等均指出屬漢宣帝五鳳三年（前 55）。今按，諸說多是。該簡當屬五鳳三年曆譜。

☑……·治寒氣丸蜀椒〔1〕四分、乾薑〔2〕二分〔3〕☑　　　　73EJT30：193

【集注】

〔1〕蜀椒：落葉灌木，產於蜀中，又稱巴椒、川椒。李時珍《本草綱目·果四·蜀椒》：「蜀椒肉厚皮皺，其子光黑，如人之瞳。」

〔2〕乾薑：晾乾的生薑塊莖。中藥的一種。葛洪《抱朴子·至理》：「菖蒲、乾薑之止痹濕，菟絲、蓯蓉之補虛乏……俗人猶謂不然也。」

〔3〕二分：羅振玉、王國維（1993，97 頁）：古醫方傳世最古者為《傷寒》《金匱》諸方，凡言藥劑，皆以兩記其分，兩同者則曰等分，其散藥則言方寸匕。今簡中諸方，皆言幾分，其義與等分之分同，非謂兩以下之幾錢、幾分，蓋漢以前兩以下但云銖，不云錢與分也。

今按，其說當是。二分之「分」為等分之分。

肩水金關 T31

☑九 ﹂·三年不用其田宅 ﹂，須其反也〔1〕。君薨□死　　　73EJT31：101A

☑　　五十八　　　　　　　　　　　　　　　　　　　　73EJT31：101B

【校釋】

　　A面「薨□死」原作「憂臣勞」，劉嬌（2018，299 頁）謂陳劍指出當釋「薨□死」。黃浩波（2019B）從陳劍釋。其中「死」黃浩波（2015）曾作「辱」。今按，該三字圖版分別作 、、 形，右半殘缺，據字形及文義來看，陳劍說可信，此據以改釋。

　　□□天子曰兆民，諸侯曰萬民〔2〕　　　　　　　　　　73EJT31：42A
　　☑　六十八　　　　　　　　　　　　　　　　　　　　73EJT31：42B
上而不驕者，高而不危。制節謹度而能分施者，滿而不溢〔3〕。《易》曰：「亢
龍有每〔4〕。」言驕溢也。亢之為言　　　　　　　　73EJT31：44A+T30：55A
七十二　　　　　　　　　　　　　　　　　　　　　73EJT31：44B+T30：55B

【校釋】

　　「驕」原作「喬」，劉嬌（2015A）釋。「每」原作「悔」，高一致（2014C）、（2016A，23 頁）認為應是「毒」字，本簡「毒」或用作「每」，讀作「悔」；劉嬌（2015A）作「每（悔）」；樂游（劉釗）（2020，607 頁）、董珊（2020，114 頁）等認為其即「每」字。今按，該字作 形，漢簡中「每」字常見此種寫法，不當作「毒」，當從劉嬌、樂游（劉釗）、董珊等作「每」，通「悔」。

　　《詩》曰：「題積令，載鬻載鳴〔5〕，我日斯邁，而月斯延〔6〕，蚤興夜未，毋天璽所生〔7〕。」蚤興夜未，毋天璽所生者，唯病乎，唯病乎，其勉之，勉之
〔8〕。　　　　　　　　　　　　　　　　　　　　　　73EJT31：102A
八十二　　　　　　　　　　　　　　　　　　　　　　73EJT31：102B
☑侯柏子男乎？故得萬國驩心，以事其先王〔9〕。是以天下無畔國也〔10〕，爵
　　　　　　　　　　　　　　　　　　　　　　　　　73EJT31：104A
☑　百四　　　　　　　　　　　　　　　　　　　　　73EJT31：104B
《行葦》，則兄弟具尼矣〔11〕。故曰：先之以博愛，而民莫遺其親〔12〕。‧百
廿七字〔13〕☑　　　　　　　　　　　　　　　　　　73EJT31：141
☑□則民目說矣〔14〕☑　　　　　　　　　　　　　　73EJT31：86

【校釋】

　　「目」原作「自」，張俊民（2015A）、黃浩波（2015）釋。何茂活（2015D，125頁）認為該字圖版作「目」，當係書者筆誤。其說恐非。又未釋字僅存下半部分，劉

嬌（2015A，299 頁）認為殘餘部分是「心」，黃浩波（2015）、（2019B，37）認為據《春秋繁露》可知其當為「恭」字。今按，殘存部分為「心」無疑，該字或為「恭」，但其上半缺損，不能確知。

又該簡劉嬌（2015A，299 頁）認為也許可以跟 73EJT31：104 拼綴。劉嬌（2015B）又引廣瀨薰雄說簡 73EJT31：104 背面下端書有「百四」二字，表明該簡尾部完整，因而此殘簡不當綴於 73EJT31：104 簡之下的意見，認為兩簡的關係需重新考慮。今按，說是。兩簡不能綴合。

愛也，唯有明聖，弗能庸純〔15〕☐　　　　　　　　　　73EJT31：47

【校釋】

「庸」字何茂活（2015D，124 頁）釋作「庚」。今按，該字圖版作 ![庸] 形，當為「庸」字，釋「庚」恐非是。

以上見於第 31 探方的簡 101、42、44+55、102、104、141、86、47 共八枚簡何茂活（2015D）認為當屬同一簡冊。劉嬌（2015A，300～301 頁）認為其中的簡 44+55、104、86、102、141 五枚簡同為第 31 號探方所出；長短相當，字體一致；內容上又都跟《孝經》有關；很可能是對《孝經》的一種傳注或解說。而簡 42、47 兩簡字體、行文跟簡 44+55、104、86、102、141 五枚簡比較相近，從內容上看也可能與《孝經》有關。

又劉嬌（2015B）據廣瀨薰雄先生的指點認為簡 86 當存疑。簡 101 正面書寫的文字似與《孝經》無關，但其字體跟其所討論的這些簡相近，又因尾部完整而保留了簡背下端的簡序號「五十八」。這支簡的存在說明其所討論的幾支所謂與《孝經》相關的簡，它們所在的一篇書或許不是一種專門傳注或解說《孝經》的書。從簡序號看和簡上內容看，這篇書具有相當的篇幅，其內容也比較複雜。

黃浩波（2015）、（2019B，30 頁）認為簡 101、42、44+55、102、104、141、86 七枚簡中，除簡 86 與簡 101 之外，其餘木簡正面的簡文內容能從今傳本《孝經》中找到相關詞句。木簡背面編號「六十八」「七十二」「八十二」「百四」的排列順序則與正面內容所對應的《孝經》篇章次第正相吻合。簡 86 簡與 101 簡雖然未能從《孝經》中找到直接相關的詞句，但是從木簡的質地、形制、書寫字體、簡背編號等信息判斷，其與 42、44+55、102、104、141 五簡應是來自同一簡冊。根據簡文體例，結合簡文內容，可以斷定前述諸簡中與《孝經》詞句相同的部分乃是引述《孝

經》，是出於解經的需要，相異部分則是對《孝經》經文的解說。可以肯定此數簡是「一種《孝經》的傳注或解說」的殘簡。

　　劉樂賢（2016，209 頁）亦認為上述八條簡文應屬同一冊書。而關於簡文的性質，劉樂賢（2016，215～216 頁）指出這幾條簡文的內容雖然與《孝經》存在或多或少的關係，但未必一定就是某種傳注或解說《孝經》的書籍。也有可能是由於簡文的主題或思想傾向與《孝經》存在共同之處，因而需要較多引述《孝經》的文句，或闡發《孝經》的思想。這幾條簡文，也有可能是出自一部與《孝經》性質相近的書籍。因此其推測上述肩水金關漢簡中的八條簡文可能出自王莽的「戒子孫」書八篇。王莽為教育子孫及臣民而作的「戒子孫」書八篇，其內容與性質都應當與《孝經》接近。現在殘存的這八條簡文，其內容顯然與王莽的「戒子孫」書八篇甚為匹配，也很能反映王莽當是的特定寫作意圖。這八條簡文在多次引述《孝經》的同時，也明顯引述過《詩經》《周易》等典籍，符合王莽博覽群書的特點。從《漢書·王莽傳》看，王莽的「戒子孫」書八篇在當時已經頒發全國各地，當然也包括了肩水金關。現在如果在肩水金關遺址發現它的殘存內容，是合乎情理的。而這八條簡文不同尋常的抄寫方式和抄寫規格，也與王莽向全國頒發「戒子孫」書八篇的背景甚為相合。或許可以設想，這些精心抄寫並像詔書一樣下發的簡文，可能正好反映了當時朝廷向全國各地頒發王莽「戒子孫」書八篇時的實況。

　　今按，諸說多可從。以上八枚簡屬同一簡冊應無疑問。而關於其性質，諸家均指出其大部分與《孝經》有關，這一點也是肯定的。但其究竟是否為傳注或解說《孝經》的書則尚不能確知。劉樂賢則推測其有可能屬於王莽的「戒子孫」書八篇。這種觀點值得注意，雖然王莽「戒子孫」書八篇早已不存，無法直接比勘，但據劉先生所論來看，其看法當可信從。

【集注】

〔1〕三年不用其田宅，須其反也：鄔勖（2015，54 頁）：或也是一種勾踐范蠡故事，《國語·越語下》載范蠡在破吳後辭別越王云：「君憂臣勞，君辱臣死，昔者君王辱於會稽，臣所以不死者為此事也，今事已濟矣，蠡請從會稽之罰。」簡文「三年」疑指范蠡入吳三年，「不用其田宅，須其反也」或指保留范蠡的田宅以待其歸來。

　　黃浩波（2015）：「須」當作「等待」解。與此相近的語句，在《孟子·離婁下》中有：「去三年不反，然後收其田里。」

　　黃浩波（2019B，32 頁）：「須」當作「等待」解。

何茂活（2015D，119頁）：此簡所書內容源自《國語・越語下》所記范蠡故事……「須」為等待之意。《尚書・多方》：「天惟五年，須暇子孫。」《篇海類編・身體類・須部》：「須，待也。」

張英梅（2015，114頁）：簡文「三年不用其田宅，須其反也」不見於傳統史料，應是已經散佚的古典籍。該句話意思大致為：農民離開其田宅達三年，如果他們造反，此時國君和大臣都將勞神費力。古代農民長久離開田宅的原因主要是戍邊和長時間打仗，武帝在位時長期對外征戰，導致國庫虧空、民怨載道，所以這句話應該是反戰者提出的思想。

今按，諸說多是，唯張英梅所說明顯錯誤。「三年不用其田宅，須其反也」是說三年不使用其田宅，以等待其返回。

〔2〕天子曰兆民，諸侯曰萬民：鄔勖（2015，53頁）：出自《左傳・閔公元年》引卜偃語。

劉嬌（2015A，302頁）：編號42A的這段簡「天子曰兆民，諸侯曰萬民」，是解說《孝經・天子章》「《甫刑》云：一人有慶，兆民賴之」中的「兆民」一詞的……檢清人所輯《孝經》「鄭注」云：「億萬曰兆。天子曰兆民，諸侯曰萬民。」（輯自《五經算術》）正與此簡內容一致。

黃浩波（2015）、（2019B，33頁）：然而，「天子曰兆民，諸侯曰萬民」一語亦可見於《左傳・閔公元年》，因此，「鄭注」亦可能只是引用《左傳》而已。《孝經・天子章第二》末尾引《尚書・呂刑》「一人有慶，兆民賴之」。本章言天子之孝，故引《左傳》「天子曰兆民」加以解說。

何茂活（2015D，119頁）：據查檢，「天子曰兆民，諸侯曰萬民」之語始見於《左傳・閔公元年》……《禮記・內則》：「后王命冢宰，降德於眾兆民。」鄭玄注：「后，君也。德，猶教也。萬億曰兆，天子曰兆民，諸侯曰萬民。」孔穎達疏：「云『天子曰兆民，諸侯曰萬民』者，閔元年《左傳》文。」可見此語最早見於《左傳》。

今按，諸說多是。簡文「天子曰兆民，諸侯曰萬民」當出自《左傳・閔公元年》，此處用於解說《孝經・天子章》中的「兆民」。

〔3〕上而不驕者，高而不危。制節謹度而能分施者，滿而不溢：鄔勖（2015，53頁）：「上而不驕者，高而不危；制節謹度而能分施者，滿而不溢」一句與今本《孝經・諸侯》的「在上不驕，高而不危；制節謹度，滿而不溢」相似。

　　張英梅（2015，113 頁）：第一句與《孝經・諸侯》之「在上不驕，高而不危，制節謹度，滿而不溢」基本相同，不同之處在於簡文除強調諸侯要制節謹度外，還應該做到能「分施」。結合上面的分析不難理解「分施」的確切含義，即諸侯王應能把自己的封地分給他人。《孝經・諸侯》中並沒有「分施」的要求。考慮西周的分封思想，先秦時期諸侯有權利也有義務將自己的封地分給自己的子弟，這樣他們的勢力就不會擴張太快。但西漢中前期諸侯沒有權利也沒有義務將自己土地分封給子弟，因此其勢力就會不斷擴大，進而威脅中央。所以在《孝經・諸侯》中對諸侯的要求只是做到居高位而戒驕、謹慎節度就可以，而西漢時期的諸侯王只是做到戒驕、謹慎節度是不夠的，所以 73EJT31：44A+T30：55A 簡文還要求諸侯王做到「能分施」。

　　何茂活（2015D，119～120 頁）：上述諸語大意見於《孝經・諸侯章第三》……但語句結構不大相同。《孝經》為「在上不驕，高而不危，制節謹度，滿而不溢」；而本簡為「上而不驕者，高而不危；制節謹度而能分施者，滿而不溢」。前者為四言句式，後者為雜言。

　　黃浩波（2015）、（2019B，33 頁）：簡文應是對《孝經・諸侯章第三》「在上不驕，高而不危；制節謹度，滿而不溢」一句的解說，「《易》曰」之前只是替換、增加文字以疏通經義，「《易》曰」之後則是綜合前文的「不驕」「不溢」而說之，不過「『亢龍有悔』，言驕溢也」是從「不驕」「不溢」的反面說起。

　　今按，諸說多是。簡文與《孝經・諸侯章》「在上不驕，高而不危；制節謹度，滿而不溢」大體相同，其應如黃浩波所說為對《孝經・諸侯章》的解說。

〔4〕亢龍有悔：張英梅（2015，113 頁）：「亢龍有悔」出自《周易・乾》「上九，亢龍有悔」，其中「亢」是指地位至高，「悔」是指災禍，其意為：地位高的人要謹慎、戒驕，否則將招致災禍。整個 T31：44A+55A 簡文的意思是說：諸侯居高位應該戒驕，並能將自己的封地分給他人，這樣才能做到長守富貴，否則就會招致災禍。雖然 T31：44A+55A 簡文的大部分內容來源於《詩經》《周易》，但其中加入了漢王朝「能分施」的思想，可能正是在「分施」思想的推動下，推恩令才得以順利進行下去的。

　　何茂活（2015D，120 頁）：本簡下半部分「易曰『亢龍有悔』，言驕溢也」，引述《易》辭，進一步闡明「驕」「溢」之害，這也是《孝經》所沒有的內容。本簡所據何本，暫不可考，也許是對《孝經》進行疏解的某種著作，當然也有可能是早於《孝經》而後世失傳的某種典籍。

劉嬌（2015A，297 頁）：此章首尾俱完，共 36 字。其內容可能跟《孝經・諸侯章》有關……只是《孝經・諸侯章》章末引《詩》而此簡引《易》。不過「亢」本有驕傲無禮之義，如《穀梁傳・成公二年》：「楚無大夫，其曰公子，何也？嬰齊亢也。」

今按，諸說是。「亢龍有悔」為《易》中的文句，簡文引《易》亦當是用以解說《孝經・諸侯章》。

〔5〕題積令，載鷽載鳴：鄔勖（2015，53 頁）：引《小雅・小宛》，王先謙《詩三家義集疏》認為魯詩「『題』作『相』，『脊令』作『鵬鴿』」，「三家『毋』作『無』」，此外未指出其他差異，而此句異文遠較王氏所指出為大，又脫一「彼」字，可知它所根據的本子應與阜陽漢簡《詩經》的情況類似，並非四家中的任何一家。

何茂活（2015D，120～121 頁）：本簡引《詩》，出自《詩經・小雅・節南山之什・小宛》：「題彼脊令，載飛載鳴。我日斯邁，而月斯征。夙興夜寐，毋忝爾所生。」簡文中，「彼」字漏書，今補入。積令，即脊令。脊令，水鳥名……也作「鵬鴿」……字又作鶺鴒……本簡中「積」通「脊」，同音通假，二字均屬精母錫部。鷽，《漢語大字典・鳥部》收錄有此字……本簡中的「鷽」卻既不同「翡」，也非鳥名。而是通「飛」。古書中「飛」字又多作「蜚」或「蟲」，「鷽」的字理亦與「蜚」「蟲」相同。鳥、蟲連類，故可換用。

今按，諸說多是。「積」通「脊」，「鷽」通「飛」。

〔6〕我日斯邁，而月斯延：何茂活（2015D，121 頁）：延，同「征」。《說文・辵部》：「延，正行也。從辵，正聲。征，延或從彳。」可見在漢代及其以前，「延」為正字，「征」為或體。本簡中「而月斯延」之「延」正為其證。

今按，其說當是。「延」即「征」。

〔7〕蚤興夜未，毋天璽所生：黃浩波（2015）：「蚤興夜未，無天璽所生」謂士人行孝當早起晚睡，孜孜不倦，以求不使父母受辱。然而，不使父母受辱顯然並非行孝的終極。《孝經・開宗明義章第一》即有「立身行道，揚名于後世，以顯父母，孝之終也」，因此，行孝還應當努力做到「立身行道，揚名于後世」，故而還有「其勉之勉之」的勸勉。

何茂活（2015D，121 頁）：蚤興夜未，「蚤」通「早」，此為古書中最常見的通假字。「未」是「寐」的省寫，從語音上看又屬於古音通假現象……毋天璽所生，係「毋忝爾所生」的訛寫。「天」為「忝」之省訛，「璽」為「爾」字誤加偏旁所致。「毋忝爾所生」之大意為不要愧對孳育自己的天地父母。

劉嬌（2015A，299 頁）：此簡首尾據完，共 33 字。該簡所引《詩》出自
《小雅・小宛》篇，其中「夙興夜寐，無忝爾所生」一句，《孝經・士章》亦引
用之：故以孝事君則忠，以敬事長則順。忠順不失，以事其上，然後能保其祿
位而守其祭祀。蓋士之孝也。詩云：「夙興夜寐，無忝爾所生。」又《大戴禮記・
曾子立孝》篇：曾子曰：「『夙興夜寐，無忝爾所生』，言不自舍也。不恥其親，
君子之孝也。」前面說過，曾子與《孝經》的關係十分密切；曾子引《小雅・
小宛》「夙興夜寐」句，謂其「言不自舍也」，這跟本簡所言「其勉之勉之」是
一致的。簡文此段大概就是詳細解說《孝經》所引「夙興夜寐」一句的。

今按，諸說多是。「蚤」通「早」，「未」或通「寐」，「天」或通「忝」。

〔8〕唯病乎，唯病乎，其勉之，勉之：黃浩波（2015）、（2019B，35 頁）：亦可推
知「唯病乎？唯病乎？其勉之勉之」一句中的「病」當訓為「辱」。

何茂活（2015D，121～122 頁）：病，有憂慮、為難之意……這裏說「『蚤
興夜寐，毋忝爾所生』者，唯病乎？」大意是說，人若常常如此勤勉克己，無
愧人生，則一定會心存憂患、感到艱難。因此接著說「唯病乎，其勉之」，正
因為憂慮為難，故須勉力前行。

陳晨（2017）：這裏「＝」顯然不是重文符號，根據「＝」出現的位置，我
們認為書寫者用標識符號的用意是重點提示，以及強調。根據以上對簡文的釋
讀，在第一種讀法中，簡文「病」所表示的「憂患」之義主要是根據「蚤（早）
興夜未（寐），毋天（忝）璽（爾）所生」這兩句詩文。在第二種讀法中所突
出的「勉勵」之意也主要是通過最後兩句詩表達出來的。因此，我們認為抄寫
者乃是強調後兩句詩在理解詩義中的重要作用，並且強調對詩義的理解。這種
表示強調作用的「＝」在戰國秦漢簡帛中也是罕見的。

陳晨（2019，282～283 頁）：「唯=病=乎=」可讀為「唯病乎！雖病乎」。
兩個病皆訓為「勞苦」，例如《孟子・滕文公下》「病于夏畦」，朱熹集注：「病，
勞也。」具體指「蚤興夜寐」這一句詩，言「蚤興夜寐」之辛勤勞苦。後一個
「唯」破讀為「雖」……「唯=病=乎=其勉=之=」讀為「唯病乎！雖病乎，其
勉之。勉之！」大意是：（「早興夜寐」）很辛勞啊！雖然辛勞，但仍然要勤奮
勉勵而行之。應當努力啊！

今按，該簡「蚤興夜未，毋天璽所生，唯病乎，勉之」等字下有符號「＝」，
其無疑為重文符號。陳晨（2017）認為其為標識符號用以提示及強調，這種看
法顯然是有誤的。又「病」字應如何茂活所說為「憂慮」之義。

〔9〕侯柏子男乎？故得萬國驢心，以事其先王：鄔勖（2015，53～54 頁）:「先王」
以上合於今本《孝經·孝治》引孔子語，只略有小異。

　　張英梅（2015，113 頁）：其前部分「而況于公侯伯子男乎？故得萬國歡
心，以事其先王」內容相同，敘述的都是中央和地方（君臣）的關係。

　　何茂活（2015D，122 頁）：此簡前半部分內容出自《孝經·孝治章第八》……
簡文中，「柏」通「伯」，同音通假。「驢」通「懽」「歡」。「驢」本為馬名，但
古書中常假借為「歡」。

　　今按，諸說多是。「柏」通「伯」，「驢」通「歡」。

〔10〕是以天下無畔國也：黃浩波（2015）、（2019B，35 頁）:「是以」之前引《孝經·
孝治章第八》經文，自「是以」起則是解說。歷來解說《孝經·孝治章第八》
「昔者明王以孝治天下也，不敢遺小國之臣，而況於公侯伯子男乎？故得萬國
之歡心以事其先王」，皆認為天子以禮待公侯伯子男，乃至公侯伯子男之臣，
故得萬國之歡心，萬國各以其職來助祭宗廟。簡文說「是以天下無畔國也」則
更為直接，若「得萬國之歡心」，自然「天下無畔國也」。

　　張英梅（2015，113～114 頁）：T31：104A 簡文前半部分與《孝經·孝治
章》相同，但後半部分卻明顯不同，因此目前還無法判斷 T31：104A 簡文是
否出自《孝經·孝治章》。如果是出自《孝經·孝治章》，那麼西漢時期《孝經·
孝治章》的流行版本與我們目前所見傳世本的內容並不相同。由於當時多以口
授的方式傳授文本內容，人們受理解和記憶方式的影響，會出現不同的版本，
而 T31：104A 簡文中出現的版本與傳世本屬於不同的版本，所以其內容並不
相同；也有一種可能是 T31：104A 簡文中出現的版本在流傳過程中不斷被後
人修改以至出現差別；還有一種可能是 T31：104A 簡文中出現的內容是另外
一種佚名典籍，該典籍引用了《孝經·孝治章》中的一句話，但並未流傳下來。
通過上文分析可知漢代人們有將不同典籍結合使用的習慣，所以此處是兩種
典籍結合使用的可能性較大。

　　劉嬌（2015A，298 頁）：我們感到第三種推測是比較合理的，所謂「佚名
典籍」，可能是一種關於《孝經》的傳注或解說。

　　何茂活（2015D，122 頁）:「畔」通「叛」。《國語·魯語下》:「卞人將畔，
臣討之，既得之也。」朱駿聲《說文通訓定聲·乾部》:「畔，叚借為叛。」

　　今按，諸說多是。「畔」當通「叛」。

〔11〕《行葦》，則兄弟具尼矣：鄔勗（2015，54頁）：所引是對《大雅·行葦》詩義
的評述，文體與上博簡《詩論》頗有相似之處。

　　張英梅（2015，112頁）：其中「行葦則兄弟具尼矣」是對《詩經·大雅·
行葦》中「敦彼行葦，牛羊勿踐履。方苞方體，維葉泥泥。戚戚兄弟，莫遠具
爾」的改寫。其意主要為：兄弟之間不能疏遠，應該重情義，主要傳播了悌的
思想。兩相比較可以發現，T31：141簡文的語言簡短，更加便於記憶和傳播。

　　何茂活（2015D，123～124頁）：《行葦》，為《詩經》之一篇，出自《詩
經·大雅·生民之什》……尼，為親近之意，亦即「昵」的本字。《說文·尸
部》：「尼，從後近之。」

　　劉嬌（2015A，300頁）：簡文所謂「行葦」應即《詩·大雅·行葦》篇，
其首章及次章云：「敦彼行葦，牛羊勿踐履。方苞方體，維葉泥泥。戚戚兄弟，
莫遠具爾。或肆之筵，或授之几。」所以簡文說「《行葦》則兄弟俱暱矣。」
這是闡釋其下句「先之以博愛而民莫遺其親」的。

　　劉嬌（2015B）：蔡偉先生指出：漢簡「兄弟具尼」即化用《詩經·行葦》
之「戚戚兄弟，莫遠具爾」，「尼」與「爾」古音極近（例證可見高亨、董治安
《古字通假會典》549頁），「尼」與「爾」義皆為「近」，「尼」即《尸子》「悅
尼而來遠」之「尼」，「爾」通作「邇」。若暱為入聲字或為職部或為質部，雖
有與昵通用之例（昵亦為質部），倒不如不改讀，亦自然可通。

　　今按，諸說多是。「尼」劉嬌（2015A，299頁）認為通「暱」，當非是。

〔12〕先之以博愛，而民莫遺其親：張英梅（2015，112頁）：「先之以博愛，而民莫
遺其親」源自《孝經·三才》中的「先王見教之可以化民也。是故先之以博愛，
而民莫遺其親」。其大意為：聖人見教育可以教化民眾，就以身作則，倡導博
愛，民眾都效法他的行為，最終實現沒有親人被遺棄的和睦社會。T31：141簡
文將《詩經》中的悌思想與《孝經》中的孝思想結合在一起，認為兄弟之間應
該相互愛護，就像聖人博愛一樣，不能遺棄親人。

　　何茂活（2015D，124頁）：「先之以博愛，而民莫遺其親」，句出《孝經·
三才章第七》：「先王見教之可以化民也，是故先之以博愛，而民莫遺其親。」

　　今按，諸說是。

〔13〕百廿七字：黃浩波（2015）、（2019B，31頁）：若以每簡容字36個計算，73EJT31：
141簡所記「百廿七字」只是四支木簡的容字量。因此，「百廿七字」，顯然應
該只是一章的字數統計。

何茂活（2015D，124 頁）：本簡末尾的「·百廿七字」應是對簡冊中一節內容的收束……因本簡部分文字出自《孝經·三才章第七》，而 31：104 簡出自《孝經·孝治章第八》，因此推想本簡位置也許當在 31：104 簡之前。並且推測，本簡背面應有序號，因下端殘斷而不能得見。

今按，諸說當是。「百廿七字」當為對一章內容字數的統計。

〔14〕則民目說矣：黃浩波（2015）、（2019B，36～37）：與「則民目說（悅）矣」相近的語句，在漢代典籍中亦是屢見。《春秋繁露》有「故君子衣服中而容貌恭，則目悅矣；言理應對遜，則耳悅矣；好仁厚而惡淺薄，就善人而遠僻鄙，則心悅矣。故曰：行思可樂，容止可觀。此之謂也。」……最可注意者，《春秋繁露》所引「行思可樂，容止可觀」即源於《孝經·聖治章第九》。《孝經·聖治章第九》「君子則不然，言思可道，行思可樂，德義可尊，作事可法，容止可觀，進退可度，以臨其民」，涉及君子之言行、德義、容止等，前述《春秋繁露》等三段所涉亦是類似。因此，據此可以推斷，73EJT31：86 簡當是對《孝經·聖治章第九》的解說。

今按，其說當是。

〔15〕愛也，唯有明聖，弗能庸純：劉嬌（2015A，302～303 頁）：編號 47 的這段簡有「愛」「明聖」之語，有可能跟《孝經·聖治章》相關。《聖治章》云：「聖人因嚴以教敬，因親以教愛。」簡文「唯（雖）有明聖，弗能庸（用）純」，「純」或即「純一」之義。《聖治章》末引《詩·曹風·鳲鳩》云「淑人君子，其儀不忒」，考慮到此詩前一章云「淑人君子，其儀一兮」，簡文的「用純」與《聖治章》引《詩》之「其儀不忒」或可相參。《聖治章》又云：「故不愛其親而愛他人者，謂之悖德；不敬其親而敬他人者，謂之悖禮。以順則逆，民無則焉。不在於善，而皆在於凶德。雖得之，君子不貴也。」簡文「雖有明聖，弗能用純」表達的意思，大概跟這段話是一致的。我們還注意到，這段簡也用「弗」字，不避昭帝諱，跟上舉八角廊漢簡《儒家者言》第 22 章的情況相似。

今按，其說當是。

☐遷怒，不貳過，不幸短命死矣。·今　　　　　　　　　73EJT31：75

☐於齋冉子，為其母請粟　　　　　　　　　　　　　73EJT31：77

【校釋】

簡 73EJT31：77 中的「齋」原作「齊」，劉嬌（2018，294 頁）從陳劍說認為其當釋「齋」，讀為「齊」。今按，其說當是，該字作 形，顯為「齋」字。

以上兩簡鄔勖（2015，50 頁）指出見於今本《論語・雍也》，今本二句相接。且認為簡 73EJT31：77 和 73EJT15：20 中的「子」字寫法基本相同，它們有相同的書手，屬同一種簡冊的可能性很大。何茂活（2015D，125 頁）指出此二簡俱出於《論語・雍也》。據傳世文獻，此二句相隔不遠，「今」與「於齊」之間，僅隔 12 字。此二簡均存下半段，31：77 簡上半段恰好約有十一二字的空間。二者書寫風格一致，出土編號也十分鄰近，因此可以認定其為同一簡冊中的相鄰二簡。

王楚寧、張予正（2017），王楚寧、張予正、張楚蒙（2017）亦指出上兩簡為今本《論語》中《雍也第六》篇中的章句。姚磊（2017D5）則認為以上兩簡從書寫風格、文意關聯、相同探方來看，當是同一書手所寫。但鄔勖所謂簡 73EJT31：77 和 73EJT15：20 中「子」字寫法基本相同的觀點則存在問題，它們有相同的書手的結論恐不能成立。

今按，諸說多是。以上兩簡形制、字體筆迹等一致，內容關聯，無疑屬同一簡冊，當可繫連。但鄔勖又認為簡 73EJT31：77 和簡 73EJT15：20 有相同的書手，可能屬於同一簡冊的看法則顯然有誤，姚磊已指出其誤。

子公辱幸臨〔1〕蓋眾　　☒　　　　　　　　　　73EJT31：103

【集注】

〔1〕辱幸臨：「辱」為謙詞，相當於說承蒙。如司馬遷《報任安書》：「曩者辱賜書。」「幸臨」為敬詞，表示對方來臨是自己的榮幸。《漢書・灌夫傳》：「將軍乃肯幸臨況魏其侯，夫安敢以服為解？」

・子曰：自愛，仁之至也；自敬，知之至也〔1〕　　☒　　　73EJT31：139

【校釋】

該簡鄔勖（2015，50～51 頁）歸為《齊論》殘冊，指出其有位於簡首的較大的墨釘「・」，則是用於標記一章之首的符號。王楚寧、張予正（2017），王楚寧、張予正、張楚蒙（2017）認為章首冠以「子曰」，當屬《齊論語》。文前有分章符號「・」，文後大量留白，應是完整章句。今按，諸說多是。該簡所記或屬《齊論》內容。

【集注】

〔1〕自愛，仁之至也；自敬，知之至也：張英梅（2015，114 頁）：與《孟子・告子》中的「自愛仁之至也，自敬禮之至也」極為相似，不同之處在於前者「自敬」之至是「知」，此處的「知」通「智」，其意為尊敬自己是最大的智慧。而後者「自敬」之至是「禮」。其目的就是表達對受禮者的尊敬，「自敬禮之至」的意思即為尊重自己是「禮」的極致。

何茂活（2015D，126 頁）：其一，簡文有「子曰」二字，且在之前標有「・」號，表示篇章的開頭，而《揚子法言》中，此句並非篇首；其二，簡文作「自敬，知之至也」（「知」為「智」之本字），而《揚子法言》作「自敬，禮之至也」，二者語意稍異……本簡所稱「子」也許並非揚雄，《揚子法言》中與本簡內容相近的句子，或許只是承襲先賢之語。

王楚寧、張予正（2017），王楚寧、張予正、張楚蒙（2017）：揚雄《法言・君子》「自愛，仁之至也；自敬，禮之至也」或即引述此章；《荀子・子道》「子曰：『回，知者若何？仁者若何？』顏淵對曰：『知者自知，仁者自愛。』」《孔子家語・三恕》「孔子曰：『智者若何？仁者若何？』……顏回入，問亦如之。對曰：『智者自知，仁者自愛。』」或均與此章有關。

今按，諸說多是。簡文與《揚子法言》「自愛，仁之至也；自敬，禮之至也」一句相似。又張英梅說該句見於《孟子・告子》，然檢《孟子》似並無此句，其說恐誤。

朱濡〔1〕行，三日行三里，不日行一里，日倍昨。今問：初日行幾何？曰：初日行七分里三，明□〔2〕✓　　　　　　　　　　73EJT31：140

【校釋】

簡末未釋字何茂活（2015D，126 頁）補作「日」。今按，補釋可從，但簡牘殘斷，未釋字僅存一點墨迹，當從整理者釋。

【集注】

〔1〕朱濡：高一致（2014B）：這裏「朱濡」，或亦可指「侏儒」。《禮記・王制》：「瘖聾、跛躃、斷者、侏儒、百工，各以其器食之。」鄭玄注：「侏儒，短人也。」侏儒，亦作「朱儒」。《漢書・東方朔傳》東方朔云：「朱儒長三尺餘，奉一囊粟，錢二百四十。臣朔長九尺餘，亦奉一囊粟，錢二百四十。朱儒飽

欲死，臣朔飢欲死。」或許本簡「朱濡」正是指「侏儒」這類身體短小有別於常人之人，才使算題中假設的慢行情景看起來合理。

何茂活（2015D，126 頁）：《漢書‧刑法志》：「三年復下詔曰：『高年老長，人所尊敬也；鰥寡不屬逮者，人所哀憐也。其著令：年八十以上，八歲以下，及孕者未乳，師、朱儒當鞠繫者，頌繫之。』」如淳曰：「師，樂師盲瞽者；朱儒，短人不能走者。」這裏釋「朱儒」為「短人不能走者」，可見「不能走」為「朱儒」身材短小之外的一大顯著特徵。因此算題中「朱濡」慢行合情合理；「朱濡」與「朱儒」一樣，均為「侏儒」的異寫。

方勇（2016）：以上金關漢簡所載的內容不僅僅是一道簡單的計算行程的算術題，更準確地說它是古代一道典型的數學「衰分」題。「衰分」就是按比例分配的意思……簡文是以「侏儒」行路為例來說明「衰分」之術的，此「朱濡」即「侏儒」，亦作「朱儒」，它本指身材特別矮小之人……此外，「侏儒」亦可引申指雜技藝人或者未成年的人……簡文中「侏儒」指身材矮小之人的可能性較大，它不大可能是人名。因「侏儒」身材矮小，走路緩慢，以此為對象設立數學問題，十分形象。

今按，諸說是。「濡」通「儒」，「朱濡」即「侏儒」。

〔2〕三日行三里，不日行一里，日倍昨。今問：初日行幾何？曰：初日行七分里三，明□：高一致（2014B）：簡文大意指「朱濡行三日總里程三里，按每日為前日兩倍的速度行進，問第一天行進的里程？答：第一天行進了七分之三里，第二天……」。據此，我們假設本簡初日行進里數為未知量 x，列出方程式作 $x+2x+4x=3$，可知 $x=3／7$，無疑簡文中計算是正確的。

何茂活（2015D，126～127 頁）：如將本簡所記算題加以補足和翻譯，則為：某侏儒走路，三天走了三里，但他不是每天走一里，而是第二天所走路程為前一天的兩倍。問：此人第一天走了多少路（三天各走了多少）？答：第一天走了 3／7 里，第二天走了 6／7 里，第三天走了 1 又 5／7 里。

方勇（2016）：簡文說侏儒三天走了三里路，並且三天平均每天不是都走一里路，而是第二天走路的里程是前一天的兩倍，所以按照這樣 1：2：4 的比例換算出來就是：第一天（初日）走了三里路的七分之一；第二天（明日）走了三里路的七分之二；第三天走了三里路的七分之四。（或者說第一天走了七分之三里；第二天走了七分之六里；第三天走了七分之十二

里。）其實，這種演算法和上引高一致先生運用方程運算得出的結果是一樣的。

今按，諸說當是。

八月土音東食寅卯地　治東方吉、治西方自食　戌丑子可起☑

73EJT31：157

☑　丁

☑　巳

73EJT31：204

肩水金關 T32

	壬	辛	辛	辛	庚	
廿五日				夏至☑		
	戌	卯	酉	卯	申	73EJT32：8

【校釋】

該簡陳侃理（2017，37 頁）歸為曆日類 A 型（年曆型）Ⅲ式（簡首日序十二欄橫讀式）。關於其年代，黃艷萍（2015B，115 頁），羅見今、關守義（2015，107 頁），許名瑲（2015B），程少軒（2015B，132 頁），趙葉（2016，14 頁），陳侃理（2017，37 頁）等均指出為漢元帝初元元年（前 48）。今按，諸說是。

	丙	乙	乙	甲	甲	癸	癸	壬	壬	辛	辛		庚
廿四日		德〔1〕										冬至	
	申	丑	未	子	午	亥	巳	戌	辰	酉	卯		申

73EJT32：9

【校釋】

該簡陳侃理（2017，37 頁）歸為曆日類 A 型（年曆型）Ⅲ式（簡首日序十二欄橫讀式）。關於其年代，黃艷萍（2015B，115 頁），羅見今、關守義（2015，107 頁），程少軒（2015B，132 頁），許名瑲（2015B），趙葉（2016，14 頁）等均指出為漢宣帝五鳳四年（前 54）。今按，諸說是。該簡當屬五鳳四年曆譜，所記為是年各個月份中二十四日的干支日期。

【集注】

〔1〕德：程少軒（2015B，132 頁）：漢代數術文獻中的神煞「德」之運行，若與具

體日期相關，一般都應與中氣緊密聯繫。二月乙丑日與其最靠近的中氣春分（當年春分為二月十六日丁巳）相差 9 日，似難有關聯。所以，此處「德」字不一定為曆注。

今按，其說是。該字圖版漫漶不清，或釋讀有誤。

七月八日庚戌，後伏　　☒
八月八日己卯，秋分　　☒
九月三日甲子，立冬　　☒　　　　　　　　　73EJT32：40

【校釋】

該簡年代黃艷萍（2015B，115 頁），羅見今、關守義（2015，107 頁），許名瑲（2015B），程少軒（2015B，136 頁），趙葉（2016，15 頁）等均指出為西漢元帝永光五年（前 39）。今按，諸說是。該簡當屬永光五年曆譜。

肩水金關 T33

十五　夜大半〔1〕　夜過半　夜過半　雞前鳴　雞中鳴☒　　73EJT33：81
十六　□□　雞鳴　雞鳴　雞後鳴　雞後鳴　雞□☒　　　　73EJT33：19

【校釋】

以上兩簡姚磊（2017D7，207 頁）認為屬同一冊書，當可編連。今按，其說是。兩簡形制、字體筆迹均同，內容相關，當原屬同一簡冊。

【集注】

〔1〕夜大半：陳夢家（1980，248 頁）：漢簡的「夜半盡時」或是「夜大半」盡時，或指整個夜半的盡時。

張德芳（2004，205 頁）：「夜大半」沒有像「夜半」和「夜少半」那樣一分為三，說明「夜過半」之後人們的活動相對要稀少一些，沒有再將此一分為三的必要。

冨谷至（2018，93 頁）：夜大半為凌晨一時半左右，是「夜半」之後連續的時稱。

今按，諸說當是。據此簡則夜大半為夜過半之前一個時段的稱謂。

卅步　得六　自如　負七　　☒　　　　　　　73EJT33：82

肩水金關 T34

☑豪期二月朝旰〔1〕而豪期二月，其吉凶皆至　　　　　　73EJT34：21

【集注】

〔1〕朝旰：早晚。《說文・日部》：「旰，晚也。」《後漢書・儒林傳・尹敏》：「與班
彪親善，每相遇，輒日旰忘食，夜分不寢。」

肩水金關 T35

☑大一王〔1〕・大吉小吉☑（削衣）　　　　　　　　73EJT35：16

【集注】

〔1〕太一王：王強（2019B，27 頁）：按「大一」即太一（天乙、天一、太乙），「太
一王」即以太一為王、為中心，即上引《六壬式經》所說的「以天一為主」。
頗疑此簡所記是上文討論的「推天乙所理法」的簡省形式，「大吉、小吉」為
「甲（或甲、戊、庚）晝治大吉、夜治小吉」的省略寫法，其下殘缺內容為其
他天干太乙晝夜所理之月神名。

今按，說當是。

肩水金關 T37

☑廿一吉，可以行作〔1〕，所求得　　☑　　　　　　　73EJT37：492

【集注】

〔1〕行作：王強（2019A，330 頁）：占辭「行作」，李家浩先生認為是出門勞作之
義。原簡當是講一月中哪些日子吉利，可以出門勞作，所求之物也能得到。

今按，其說當是。

☑兩脅下支滿，少氣溫欼水☑得☑☑☑　　　　　　　　73EJT37：942A
☑☑☑酒飲之會分散☑田中　　　　　　　　　　　　　73EJT37：942B

肩水金關 H1

十一月☑己卯　庚辰　辛巳　壬午　癸未　甲申　乙酉　丙戌　丁亥　戊子
己丑　庚寅　辛卯　壬辰☑　　　　　　　　　　　　　73EJH1：2

【校釋】

　　第一行未釋字許名瑲（2016G）、（2017A，111 頁）補「大」。今按，補釋可從，但簡文漫漶不清，不能辨識，當從整理者釋。該簡陳夢家（1980，235 頁）歸為編冊直讀式。一年曆譜用十二簡組成，每簡為一月（閏月當多出一簡）。每簡上端為月名，下列廿九或三十日干支。又許名瑲（2016G）、（2017A，111 頁）推定其為《五鳳二年曆日》簡冊殘斷散簡。今按，諸說是。

☑□	辛	辛	庚		庚		庚	己	己	戊	丞相史陳		戊
					初伏		後伏						
☑□	酉	卯	申		寅		申	丑	未	子	卿從居延來		午

73EJH1：4

【校釋】

　　簡首未釋二字許名瑲（2017A，115 頁）補作「壬辰」。今按，補釋可從，但該兩字幾全部殘缺，僅存一點墨迹，暫從整理者釋。該簡陳侃理（2017，37 頁）歸為曆日類 A 型（年曆型）Ⅲ式（簡首日序十二欄橫讀式）。又關於其年代，許名瑲（2016E）、（2016G）、（2017A，116 頁），陳侃理（2017，37 頁）均指出為永光元年（前 43）。今按，諸說是。該簡當屬永光元年曆譜。

☑　久守天門，人主絕祀，各為其居國野占 [1]　　　　73EJH1：17

【集注】

〔1〕久守天門，人主絕祀，各為其居國野占：劉樂賢（2017，182 頁）：《開元占經》卷三十一「熒惑犯角一」引《海中占》說：「熒惑起芒角，赤色而光，久守天門，王者絕嗣，各以占其國。」簡文與上引《海中占》的用字雖然略有差異，但大意相當一致。據此可以斷定，簡文「久守天門」的主語也應當是「熒惑」，可能被寫在簡的上部，也可能被寫在另一支簡上。也就是說，這是一條根據熒惑的運行以占測吉凶的文字。

　　　　今按，其說當是。

☑□丘不喜也它　　　　　　　　　　　　　　　　　73EJH1：33

☑之方也；思理自外，可以知□ 〔1〕 ☑　　　　　　73EJH1：58

【集注】

〔1〕之方也；思理自外，可以知□：黃浩波（2016A）：《說文解字・玉部》「玉」字之下的解說有「石之美有五德者：潤澤以溫，仁之方也；䚡理自外，可以知中，義之方也；其聲舒揚，專以遠聞，智之方也；不橈而折，勇之方也；銳廉而不忮，絜之方也」，簡文與其中「之方也；䚡理自外，可以知」數字，僅有「䚡」與「思」之差。然而，「䚡」從「思」得聲，可以通假，當無疑義……從時間上可以排除 73EJH1：58 簡是《說文解字》殘簡的可能性。因此，73EJH1：58 簡雖存字無多，然所存數字幾與《說文解字・玉部》「玉」字解說的部分文句全同，而未見於他書，窺斑見豹，足以說明《說文解字》「玉」字之下「有五德」的解說乃是引述自某一現已佚失的典籍。

劉樂賢（2017，184 頁）：簡文雖然殘缺嚴重，但所存十字除一個為通假寫法以外，與《說文解字》關於玉的仁、義二德的相關文字完全一致。由此可知，在漢代或漢代以前確實有與《說文解字》完全一致的玉德學說存在。

王楚寧、張予正（2017），王楚寧、張予正、張楚蒙（2017）：此章見《說文・玉部》……《說文》釋義時多引《論語》《逸論語》，此章或亦為《說文》引用《齊論語》。另見《孔子家語・問玉》《禮記・聘義》與《荀子・法行》，三書所載內容較《說文》為多，在引述此句前有「子貢問於孔子曰」及「孔子曰」，故此章或當屬《齊論》。

今按，諸說多是。「思」通「䚡」。

肩水金關 F1

　　　　甲☒
二十三日
　　　　□☒　　　　　　　　　　　　　　　　　　　　73EJF1：52

【校釋】

未釋字許名瑲（2016D）、（2016G）、（2017A，120 頁）補作「戌」。今按，當為據文義補，補釋可從，但簡牘圖版該字不存，當從整理者釋。該簡陳侃理（2017，38 頁）歸為曆日類 A 型（年曆型）Ⅲ式（簡首日序十二欄橫讀式）。關於其年代，許名瑲（2016D）（2016G）、（2017A，120 頁），陳侃理（2017，38 頁）指出為始建國天鳳五年（18）。今按，諸說是。該簡當屬始建國天鳳五年曆譜。

　　　　　□▨

二十九日

　　　　　卯▨　　　　　　　　　　　　　　　73EJF1：53

【集注】

　　未釋字許名瑲（2016D）、（2016G）、（2017A，120 頁）補作「己」。今按，當
為據文義補，補釋可從，但簡牘圖版該字不存，當從整理者釋。又該簡許名瑲
（2016D）（2016G）、（2017A，120 頁）認為屬《始建國天鳳五年曆日》簡冊之散
簡。今按，其說當是。該簡年代為始建國天鳳五年。

肩水金關 F2

地黃〔1〕七分　术〔2〕□分　　乾□四分　　▨
黃芩〔3〕六分　人參〔4〕六分　石□三分　·凡十物白密一升、橐脂一升　▨
　　　　　　　　　　　　　　　　　　　　　　　　　73EJF2：47A

……▨
……九日四……▨　　　　　　　　　　　　　　73EJF2：47B

【校釋】

　　A 面第二行「芩」原作「葵」，方勇、張越（2017，71 頁），丁媛（2018，9 頁）
釋。「密」原未釋，丁媛（2018，10 頁）、程少軒（2018，90 頁）釋。

　　又「乾」下一字方勇、張越（2017，71 頁）認為是「㯤」或「漆」，程少軒（2018，
90 頁）認為或是「薑」。今按，說或是，但該字模糊不可辨識。

　　又方勇、張越（2017，71 頁）釋「石□三分」的「三」為「二」，「橐脂」為「石
脂」。「石」下一字程少軒（2018，90 頁）認為或是「膏」。今按，「三」和「橐」字
整理者釋讀當不誤，「石」下一字模糊不可辨識。

【集注】

〔1〕地黃：方勇、張越（2017，71 頁）：據《本草綱目》其可分為乾地黃、生地黃、
　　熟地黃。

　　　今按，其說是。中醫以地黃根莖入藥。

〔2〕术：方勇、張越（2017，72 頁）：《爾雅·釋草》：「术，白薊。」據《神農本
　　草經》記載：一名山薊。味苦，溫，無毒。治風寒濕痺，死肌，痙，疸。止汗，
　　除熱，消。作煎餌，久服輕身，延年，不饑。生山谷。

今按，其說當是。术為藥草名。

〔3〕黃芩：方勇、張越（2017，72頁）：簡文中的「黃芩」，《神農本草經》云：「一名腐腸。味苦，平，無毒。治諸熱，黃疸，腸澼，泄利，逐水，下閉血，惡瘡，疽蝕，火瘍。生川谷。」

今按，其說當是。黃芩為藥草，中醫用作清涼解熱劑。

〔4〕人參：方勇、張越（2017，72頁）：「人參」，《神農本草經》云：「一名人銜。一名鬼蓋。味甘，微寒。無毒。主補五臟，安精神，定魂魄，止驚悸，除邪氣，明目，開心益智。久服輕身，延年。生山谷。」

今按，其說是。人參為貴重藥草，有滋補作用。

肩水金關 F3

	丙	乙	乙	乙	甲	甲	癸	癸	壬	壬		辛	辛	庚
三日			建				建			秋分〔1〕				
	申	丑	未	丑	午	子	巳	亥	辰	戌		卯	酉	寅

73EJF3：176

	癸	壬	壬	壬	辛	辛	庚	庚	☑
☑日									
	巳	戌	辰	戌	卯	酉	．寅	申	☑

73EJF3：453

【校釋】

以上兩簡許名瑲（2016M）、（2018，350頁），羅見今、關守義（2018，71頁），程少軒（2018，76頁）均認為屬同冊曆譜。73EJF3：453簡首許名瑲（2016M）、程少軒（2018，76頁）補作「一日」。關於兩簡的年代，許名瑲（2016M）、（2018，350頁），紀寧（2017，51頁），羅見今、關守義（2018，71頁）、程少軒（2018，75頁）均指出為始建國天鳳三年。今按，諸說是。兩簡當原屬同一簡冊。

【集注】

〔1〕建、建、秋分：許名瑲（2016M）、（2018，350頁）：簡文顯示《曆日》簡冊具注建除、八節。新莽時行丑正，第二月為二月建寅。簡文於日序「四日」下第三欄「乙丑」下具注「建」日，顯係書手竄行誤抄。將本當具注於下一枚「五日」簡下第三欄「丙寅」下，而竄行易位誤植於「乙丑」；第八欄「癸巳」下

具注「建」日，又係書手誤書。將本當具注於六月六日「乙未」下，而誤植於
六月四日「癸巳」下。簡文兩「建日」皆致誤，殊為可怪。

今按，其說或是。

戊晝治大吉　夜治小吉　丙丁晝治徵明　夜治從魁　壬癸☒
己晝治神後　夜治傳送　辛晝治滕☐　　夜治功曹　　☒　　　73EJF3：447A
後部治所收責☐　伏見音☐致肩水候鄣☒
……☒　　　　　　　　　　　　　　　　　　　　　　73EJF3：447B

【校釋】

A面第一行「戊晝治大吉」原作「戊☐治吏所」，「小吉」的「吉」、「徵明」原
未釋，「夜治魁」原作「☐治☐」；第二行「神後」原作「細☐」、「傳送」的「傳」
原未釋，均程少軒（2016A）釋。

又A面第一行「丙丁」原作「庚」，「從」原缺釋，「癸」原作「晝」，均王強
（2019B，26頁）釋。

又A面第二行「滕☐」的「滕」程少軒（2016A）作「勝」，並據相關文獻補
作「勝光」，但指出或作「勝先」，未知孰是。「滕」王強（2019B，27頁）認為當通
假為「勝」。今按，「滕」字釋讀當不誤，其下一字圖版磨滅，已看不出究竟是何字，
暫從整理者釋。

又關於該簡的性質，程少軒（2016A）、（2018，86頁）認為據殘剩之「功曹」
諸字，可斷定該木牘內容為「天干治十二月神」。「功曹」等為式占十二月神，一般
認為屬六壬式或太乙式，傳世文獻及出土漢代式盤中較為常見。今按，其說當是。

　　　　　☐　　　　　　甲　甲　☒
廿一日
　　　午　亥　巳　亥　辰　戌　☒　　　　　　73EJF3：494

【校釋】

該簡年代羅見今、關守義（2018，72頁），許名瑲（2018，349），程少軒（2018，
76頁）認為是始建國四年。今按，諸說當是。

肩水金關 73EJD

·老人有遺言：甚可悲栽，髮齒隨洛〔1〕，飲食不耐持報隋禮當莊麥之子紓蒲
酌飲食也　　　　　　　　　　　　　　　　　　　73EJD：26A
粟　　　　　　　　　　　　　　　　　　　　　　73EJD：26B

【集注】

〔1〕甚可悲栽，髮齒隨洛：「栽」當通「哉」，「隨洛」通「墮落」。《漢書·宣帝紀》：
　　　「朕惟耆老之人，髮齒墮落，血氣衰微。」

建始四年正月廿九日……　　十二月卅日　　　　六月卅日☐
　　　　　　　　　　　　　河平元年正月廿九日　七月廿九日☐
　　　　　　　　　　　　　二月卅日　　　　　　八月卅日☐　73EJD：50

【校釋】

　　該簡許名瑲（2016O）、（2018，341 頁）指出備載成帝建始四年及河平元年各
月大小，所載合於曆表。今按，其說是。

止行所道名之，朝日起或，夕日起衛；朝以支決，夕以餘惡；陰事春月善，陽
事春日　·　丿　　　　　　　　　　　　　　　73EJD：277+116A
卅一　　　　　　　　　　　　　　　　　　　　73EJD：116B

【校釋】

　　姚磊（2016G5）綴，綴合處補釋「衛」字。「惡」韓鵬飛（2019，1753 頁）作
「蒽」。今按，該字作☐形，為漢簡中「惡」字普遍寫法。

☐問子夏☐　　　　　　　　　　　　　　　　　73EJD：183
☐壬　辛　☐　
☐戌　卯　☐　　　　　　　　　　　　　　　　73EJD：220
☐　惡　南方☐　　　　　　　　　　　　　　　73EJD：263
☐東方　東方☐　　　　　　　　　　　　　　　73EJD：286A
☐大　人☐☐　　　　　　　　　　　　　　　　73EJD：286B
☐☐幼子承詔　　　　　　　　　　　　　　　　73EJD：385

肩水金關 72EJC 73EJC

```
　　　　　癸 癸　　壬 壬 辛 辛 庚　　庚 己 己 戊 戊
十九日　　　　春分　　　　　　　後伏
　　　　　未 丑　　午 子 巳 亥 辰　　戌 卯 酉 寅 申
```
　　　　　　　　　　　　　　　　　　　　　　72EJC：12

```
☑戊 丁　　丁 ☑
　　　冬至
☑午 亥　　巳 ☑
```
　　　　　　　　　　　　　　　　　　　　　　72EJC：195

```
☑　庚　　己 己 ☑
　　　中伏
☑　申　　丑 未 ☑
```
　　　　　　　　　　　　　　　　　　　　　　72EJC：269

【校釋】

　　簡 72EJC：269「己丑」原作「庚寅」，許名瑲（2018，345 頁）釋。以上三簡許名瑲（2018，343）認為屬同一簡冊，為建始元年曆日，且其中 72EJC：195、72EJC：269 兩簡可遙綴。又羅見今、關守義（2018，72 頁），程少軒（2018，86 頁）認為簡 72EJC：195 和簡 72EJC：12 屬同一簡冊，為漢成帝建始元年曆譜簡。今按，諸說多是。簡 72EJC：195、72EJC：269 當可遙綴，綴合後和 72EJC：12 可編連為同一簡冊。

☑中尼居，曾子寺。子曰：先王〔1〕☑　　　　　　　　72EJC：37

【集注】

〔1〕中尼居，曾子寺。子曰：先王：郝樹聲（2012，66 頁）：今本作：「仲尼居，曾子侍。子曰：『先王有至德要道，以訓天下，民用和睦，上下無怨，汝知之乎？』」簡本「仲」作「中」，「侍」作「寺」，同音假借。

　　　　今按，其說是。簡文見於今本《孝經・開宗明義》，為第一章。「中」通「仲」，「寺」通「侍」。

曾子曰：「敢問聖人之德，無以加於孝乎？」子曰：「天地之閒，莫貴于人〔1〕；人之行，莫大于孝；孝莫大于嚴父，嚴父」　　　72EJC：176

【集注】

〔1〕天地之閒，莫貴于人：郝樹聲（2012，66頁）：今本《聖治章》全句是：「曾子曰：『敢問聖人之德，無以加于孝乎？』子曰：『天地之性，惟人為貴。人之行，莫大於孝。孝莫大于嚴父，嚴父莫大于配天，則周公其人也……』」其中「天地之性，惟人為貴」，簡文作「天地之間，莫貴于人」。

今按，其說是。簡文見於今本《孝經·聖治》，為第九章。

不及者，未之有也。曾子曰：甚哉□〔1〕☑　　　　　　　72EJC：179

【集注】

〔1〕不及者，未之有也。曾子曰：甚哉□：郝樹聲（2012，66頁）：連續抄錄了《庶人章》的末尾幾字和《三才章》的開頭幾字。

今按，其說是。《孝經》中《庶人》和《三才》分別為第六和第七章。該簡抄寫不分章，「不及者，未之有也」屬《庶人》，「曾子曰：甚哉」屬《三才》。

☑敬其父，則子說；敬其兄，則弟說；敬其君，則〔1〕☑　　　72EJC：180

【校釋】

以上72EJC：37、72EJC：176、72EJC：179、72EJC：180四枚《孝經》簡郝樹聲（2012，66頁）指出是1973年發掘時採集的散簡，其中30多枚紀年簡中從元鳳六年（前75）到元始四年（4）前後跨越80年時間。雖然難以再縮範圍，確切年代不得而知，但是僅從出土地而言，說明它的出現與邊疆的軍事活動密切相關，是邊防將士一邊駐守邊關一邊學習文化知識和進行思想教育的產物。漢代以孝治天下，《論語》和《孝經》在邊遠地區的流布和發現，說明在軍隊內部，除了習武操練等軍事科目外，還要進行思想教育，所謂始於孝悌而終於忠君報國，與凝聚陶鑄軍人的精神和士氣有直接關係，也與鞏固邊疆有直接關係。

今按，其說當是。從簡文的書寫來看，簡176、179、180三簡形制、字體筆迹等較為相似，其中簡179、180完全一致，應當原屬同一簡冊，或可編連。而簡176似與其他兩簡有所不同。黃浩波（2019B，23頁）則認為四簡或是由三個書手寫就，但不足以因此排除四簡出自同一簡冊的可能性。

【集注】

〔1〕敬其父，則子說；敬其兄，則弟說；敬其君，則：郝樹聲（2012，66頁）：今本全句為：「安上治民，莫善於禮。禮者，敬而已矣。故敬其父，則子悅。敬

其兄，則弟悅。敬其君，則臣悅。敬一人而千萬人悅。所敬者寡而悅者眾，此謂之要道也。」今本「悅」簡文作「說」，二字通。

今按，其說是。簡文見於《孝經・廣要道》，為第十二章。

☑小人也，富與貧　　　　　　　　　　　　　　　　　　72EJC：181

【集注】

該簡王楚寧、張予正（2017），王楚寧、張予正、張楚蒙（2017）認為屬《齊論》，且從文意與字形來看，其和簡 73EJT14：7 應屬同一章句，或可綴合。今按，其說或是。兩簡字體筆迹較一致，內容相似，或存同屬一簡的可能，但茬口處不能吻合。

☑……☑
☑□德在術、刑在庭。　日加卯、月加午，下弦〔1〕□☑　　72EJC：79A
☑二月大丁巳朔，重〔2〕春分，戊午可食社稷，己未血忌☑
☑□酉，小時在辰〔3〕　……☑　　　　　　　　　　　72EJC：79B

【校釋】

A 面「月」原未釋，張文瀚、劉鳳麗（2019，277 頁）補釋。B 面末行簡首未釋字許名瑲（2016N）、（2018，334 頁）疑為「癸」或「乙」字殘筆。今按，該字殘缺，僅存右下半部，或是「癸」或「乙」字，此暫從整理者釋。

關於該簡年代，許名瑲（2016N）、（2018，331 頁）認為屬章帝建除九年。羅見今、關守義（2018，73 頁）則認為屬本始二年（前 72）或永光三年（前 41），且指出這兩年二月皆應為小月，因此「二月大丁巳朔」的「大」應為「小」字書誤。今按，如簡文無誤，則當為章帝建除九年。

【集注】

〔1〕日加卯、月加午，下弦：張文瀚、劉鳳麗（2019，277 頁）：「日加卯月加午下弦」應指下弦月月相發生時，日在卯位（正東位，亦即卯時太陽的方位），月亮在午位（正南位），大致是可以肯定的。這樣看來，「日加卯月加午下弦」指二月二十三日己卯（或二十二日戊寅）下弦月的月相。

今按，其說當是。

〔2〕重：許名瑲（2016N）、（2018，332 頁）：重，重日也。巳、亥二日為重日，簡文「丁巳朔」下具注「重」日，合於曆例。

今按，其說當是。

〔3〕小時在辰：許名瑲（2016N）、（2018，334頁）：《淮南子・天文》：「斗杓為小
歲，正月建寅，月從左行十二辰。」「小時者，月建也。」《星歷考原・月建十
二神》：「從月建上起建，與斗杓所指相應。如正月建寅，則寅日起建，順行十
二辰是也。」章帝建初九年二月十六日壬申穀雨，《漢書・律歷志下》1005：
「大梁，初胃七度，穀雨。今曰清明。」謹案：《太初曆》行用期間，「穀雨」
相當於其後至今之「清明」。「穀雨」為天文月（星命月）辰三月節氣。二月廿
九日乙酉，曆法月屬二月，但天文月已交辰三月節氣，故簡文云「〔癸（乙）〕
酉小時在辰」。

今按，其說當是。

☒入天市，五官有憂☐〔1〕☒　　　　　　　　　　　　　　72EJC：102

【集注】

〔1〕入天市，五官有憂☐：劉樂賢（2017，182頁）：《開元占經》卷三十五「熒惑
犯天市垣十三」引郗萌曰：「熒惑入天市中，為將凶。一曰：五官有憂。一曰：
赦。」據此推測，72EJC：102號簡的主語也可能就是「熒惑」……實際上，
該簡的占測對象也有可能是別的星宿。《開元占經》卷二十八「歲星犯天市十
三」引郗萌曰：「歲星入天市中，五官有憂。一曰：赦。」又引《海中占》曰：
「歲星入天市，五官有憂，若市驚。一曰：易市。」《開元占經》卷五十一「太
白犯天市垣十三」引郗萌曰：「太白入天市中，五官有憂。一曰：將有憂。一
曰：大臣戮，若糴貴。」《開元占經》卷五十八「辰星犯天市垣十二」引郗萌
曰：「辰星入天市中，皆為將相凶。一曰：五官有憂。一曰：赦。又曰：辰星
入若守天市，蠻夷之君戮。又曰：為驚。一曰：更市。」如果只從文字內容推
測，72EJC：102號也有可能以「歲星」「太白」或「辰星」為占測對象。

今按，其說當是。

☒☐父而飲子安得毋出　　　　　　　　　　　　　　　　　72EJC：116A
☒☐三分，桂四分，伏令〔1〕、卑解〔2〕、半夏〔3〕　　　　72EJC：116B

【集注】

〔1〕伏令：方勇、張越（2017，73頁）：簡文中的「伏令」即「茯苓」，《神農本草
經》云：一名茯菟。味甘，平，無毒。治胸脅逆氣，憂恚，驚邪，恐悸，心下

結痛，寒熱，煩滿，咳逆。止口焦，舌乾，利小便。久服安魂魄，養神，不饑，
延年。生山谷大松下。

今按，其說是。「茯苓」為菌類植物，中醫以入藥。

〔2〕方勇、張越（2017，73 頁）：「卑解」即是「萆薢」，《神農本草經》云：一名赤
節。味苦，平，無毒。治腰背痛，強骨節，風寒濕周痹，熱氣。生山谷。

今按，其說是。「萆薢」為多年生纏繞藤本植物，可供藥用。

〔3〕半夏：方勇、張越（2017，73 頁）：半夏：《神農本草經》云：半夏，一名地
文，一名水玉。味辛，平，有毒。治傷寒，寒熱，心下堅，下氣，喉嚨腫痛，
頭眩，胸脹，咳逆，腸鳴，止汗。生山谷。

今按，其說當是。「半夏」為藥草。

☒　丙☒	
☒　戌☒	72EJC：127
☒丙　丙	
☒辰　戌	72EJC：168

庚	己	己	戊	戊	丁☒	
子	巳	亥	辰	戌	卯☒	72EJC：228+264
			☒	☒		

廿五日
　　　戌　　☒　　　　　　　　　　　　　　　　72EJC：229
屈然不救無厚至□□☒　　　　　　　　　　　　　72EJC：230
☒知之為郭孚也，今子服是之子於　　　　　　　　73EJC：557

・小時者，大一之在將也〔1〕。常在角，角者，倉龍也〔2〕。故行戰舉百事，
欲在小時而吉〔3〕，小時常主斗轂，逆之大敗〔4〕　　　73EJC：600

【校釋】

「在將」「欲在」的「在」字原均作「左」，程少軒（2016B）認為當釋「在」，
但「在」是「左」誤寫。「左將」讀為「佐將」。但其後程少軒（2018，92 頁）又認
為「在」不必解釋為「左」的誤字，「在」訓為「居」。今按，該兩字分別作 〔圖〕、
〔圖〕形，當為「在」字。

【集注】

〔1〕小時者，大一之在將也：張文瀚、劉鳳麗（2019，274 頁）：簡文中「小時，太一之左將」，從字面看，小時是至高神「太一」的左將。

今按，「大一」即「太一」，當指星名，即帝星，又名北極二。《星經》：「太一星，在天一南半度。」

〔2〕常在角，角者，倉龍也：張文瀚、劉鳳麗（2019，275 頁）：簡文中的「常在角」，意為「小時」作為神煞，有較為固定的居所，常在角宿。

今按，說當是。角為星宿名。二十八星宿之一，東方蒼龍七宿的第一宿。《晉書・天文志上》：「東方。角二星為天關，其間天門也，其內天庭也。」倉龍即「蒼龍」。二十八星宿中東方七宿的總稱。《史記・天官書》：「東宮蒼龍，房、心。」

〔3〕故行戰舉百事，欲在小時而吉：張文瀚、劉鳳麗（2019，275 頁）：此舉意為，出行、戰爭勝敗、興舉百事，等等，常與小時有關……「欲左小時而吉」，正確的語序應為「欲吉而左小時」。意為小時運轉時居處其左方則吉祥。

今按，說恐非是。「左」為「在」字誤釋。

〔4〕小時常主斗轂，逆之大敗：張文瀚、劉鳳麗（2019，276 頁）：小時本來就是北斗斗杓運轉形成的，此句意為小時常指代北斗斗柄指向的方位，迎接此方位行事，將招致大敗。

程少軒（2018，92 頁）：「欲在小時而吉」「逆之大敗」，與《淮南子・天文》「北斗所擊，不可與敵」類似，都是說「小時」所居處的方位最吉利，與之相逆對衝的位置則不利。

今按，諸說多是。

・子贛曰：「九變復貫，知言之纂〔1〕。居而俟合〔2〕。憂心慄慄，念國之虐〔3〕。」子曰：「念國者慄慄呼？衡門之下〔4〕」　　　　　　73EJC：607

【集注】

〔1〕九變復貫，知言之纂：王楚寧、張予正（2017），王楚寧、張予正、張楚蒙（2017）：「九變復貫，知言之纂」見於《漢書・武帝紀》「詩云『九變復貫，知言之選』」，顏師古《漢書注》引應劭語「逸詩也」。

尉侯凱（2017A，36 頁）：簡文中子贛所言「九變復貫，知言之纂」，亦為逸詩。纂從算得聲，《說文》：「纂，艸而奪取曰纂。從厶，算聲。」而「算」

與「選」通，《論語・子路》「何足算也」，《鹽鐵論・雜事》《漢書・公孫劉田王楊蔡陳鄭傳贊》「算」皆作「選」，故「篹」「選」可以通用。

　　陳晨（2017）、（2019，286～287 頁）：結合兩句逸詩的出處及歷代注家的注釋，這兩句的大概意思是主政者命令雖然多變，卻要因循常道，對於各方言論需擇善而從之。

　　胡平生（2018，276 頁）：武帝詔書引詩的「選」字，在金關簡中作「篹」。上古音「選」為心母元部字，「篹」為初母元部字，二字音近可通。

　　今按，諸說多是。「篹」當通「選」。

〔2〕居而俟合：陳晨（2017）：簡文「居而俟合」頗疑是「居而俟命」之訛。「合」「命」形近易混。

　　劉嬌（2018，288 頁）：「居而俟合」之「合」疑為「命」字之訛。

　　陳晨（2019，287 頁）：俟，待也。「俟命」猶言「待命」，意為等待命令，或聽任天命。

　　今按，諸說當是。

〔3〕憂心慄慄，念國之虐：尉侯凱（2017A，36 頁）：簡文的「慄慄」與今《小雅・正月》的「慘慘」，當為異文的關係。《爾雅・釋詁》：「慘，憂也。」《釋訓》：「慘慘，慍也。」可知「慘慘」亦有憂、怒的含義。顧炎武早已指出，漢人文多以「杲」作「參」。這從側面驗證從參之字並非都是從杲之字的訛誤，而可能是當時的習慣使然。從聲音上來看，慘、慄雙聲，二字通假應該沒有問題。

　　陳晨（2017）：簡文「慄」當讀為「慄」，《說文・心部》「慄，愁不安也」，《詩・小雅・白華》「念子慄慄」，陸德明《釋文》：「亦作慘慘」，《小雅・北山》「或慘慘劬勞」，陸德明《釋文》「慘，字亦作慄」。可知「慘」「慄」乃異文，慘、慄二者古音同屬清母，韻母一屬侵部、一屬宵部，韻母相隔甚遠，或不當為音近通假，可能屬形近訛混。

　　胡平生（2018，277 頁）：「憂心慘慘」，簡文作「憂心慄慄」，在典籍中從參之字與從杲之字常想混，通常認為是轉抄中的誤書。

　　今按，諸說多是。「慄」通「慄」。

〔4〕念國者慄慄呼？衡門之下：王楚寧、張予正（2017），王楚寧、張予正、張楚蒙（2017）：「衡門之下」見於《詩經・陳風・衡門》「衡門之下，可以棲遲」。

　　陳晨（2017）：「衡門」本指簡陋的房屋，後世文獻中借指隱者所居。原詩首章後兩句「泌之洋洋，可以樂饑」，「棲遲」「樂饑」皆指賢者在亂世不被重

用，仍能夠自得其樂。子貢的態度是哀慟憂勞，而孔子則進一步教誨子貢，固然需要心懷天下，但是賢者能夠在陋室中自得其樂。

胡平生（2018，278 頁）：至於「子曰念國者橾呼」中的「橾」，可能也要讀為「慘」，「呼」應讀為語助詞「乎」，其文自前面的《正月》脫出，似仍是「憂心慘慘，念國之為虐」的意思。

今按，諸說多是。關於該簡的屬性，王楚寧、張予正（2017），王楚寧、張予正、張楚蒙（2017）認為章首冠以「子贛曰」，文中出現「子曰」，當屬《齊論》。陳晨（2017）則認為有待探討，胡平生（2018，279 頁）亦認為「子贛（貢）曰」一句為《齊論》之說，目前尚缺少明確的證據。又簡首的「子贛曰」及後面的「子曰」，胡平生（2018，278 頁）指出應該都是胡亂編出來的，簡文既引用《詩》句，自然不會是子贛或孔子的話。

☑蒼蒼弓☐☐☑（削衣）　　　　　　　　　　　　72EJC：253
蒼頡作書，以教☑　　　　　　　　　　　　　　　73EJC：634

居延大灣 72EDAC

甲　☑　　　　　　　　　　　　　　　　　　　72EDAC：3A
乙　☑　　　　　　　　　　　　　　　　　　　72EDAC：3B

居延查科爾帖 72ECC　　附：72ECNC

☑總領煩亂決疑文〔1〕，辨鬭煞☐〔2〕☑　　　　　72ECC：3

【校釋】

簡文張傳官（2016）指出見於今本《急就篇》三十四章本的第二十八章（即三十一章本的第二十七章）。「鬭」字作 鬭 形，張傳官（2016）指出其實從「斤」。「煞」字張傳官（2016）作「殺」，指出「煞」字是由「殺」演變而來的，此字寫法已近於「煞」。今按，說是。「煞」字圖版作 煞 形，此暫從整理者作「煞」。

【集注】

〔1〕總領煩亂決疑文：《急就篇》：「總領煩亂決疑文。」顏師古注曰：「煩亂則領理，疑議則詳決，此獄官之職也。」王應麟補曰：「《朱博轉》廷尉職典決疑。」

〔2〕辨鬭煞□：張傳官（2016）：「變」「辨」二字當為通假關係。上古音「變」為
　　　幫母元部字，「辨」為並母元部字，韻母相同，聲母皆為唇音，音近可通，典
　　　籍中亦不乏通假之例。「鬭變」為兩漢魏晉習語，指私鬥，亦作「變鬭」。如《漢
　　　書・尹翁歸傳》：「奴客持刀兵入市鬭變，吏不能禁。」顏師古注：「變，亂也。」
　　　《孔子家語・五刑》：「鬭變者生於相陵，相陵者生於長幼無序。」《急就篇》
　　　「變鬭殺傷捕伍鄰」顏師古注：「變鬭者，為變難而相鬭也。殺傷，相傷及相
　　　殺也。捕，收掩也，有犯變鬭傷殺者，則同伍及鄰居之人皆被收掩也。」而「鬭
　　　辨」則多指爭鬥、爭吵，亦作「鬭辯」……此處似當以「變」為正，「辨」為
　　　「變」之借字。不過，「鬭變」亦可寫作「鬭辨」，如《大戴禮記・盛德》：「凡
　　　鬭辨生於相侵陵也，相侵陵生於長幼無序，而教以敬讓也。故有鬭辨之獄，則
　　　飾鄉飲酒之禮也。」正可與上文所引《孔子家語》對讀。此處之「鬭辨」表示
　　　的也是私鬥之義，與「鬭變」義同。
　　　　　今按，其說甚是。不過該簡「辨」或通「辯」。

□羝羭〔1〕，六畜蕃殖豚㹦豬〔2〕，貑㹠狡狗野雞雛〔3〕　　　　72ECC：5A
□　　第六十一　　　　　　　　　　　　　　　　　　　　　　　72ECC：5B

【校釋】

　　　簡文張傳官（2016）指出見於今本《急就篇》三十四章本的第二十一章（即三
十一章本的第二十章）。「豚」高一致（2016C）認為應釋「豚」，此處用作「豚」。張
傳官（2016）指出傳世本亦皆作「豚」。今按，諸說是。該字作█ █形，據字形看
當作「豚」。

　　　B面「第」韓鵬飛（2019，1804頁）作「弟」。今按，說當是，但漢簡中「第」
「弟」的使用常存在混同的情況，暫從整理者釋。又該簡和簡72ECC：6兩簡形制、
字體筆迹一致，且其背面均有編號，應當原屬同一簡冊，或可編連。

【集注】

〔1〕羝羭：《急就篇》：「羘殺羯狋羠羝羭。」顏師古注：「羝，羘羊之牡也。羭，夏
　　　羊之牡也。」

〔2〕六畜蕃殖豚㹦豬：張傳官（2016）：「殖」，傳世本皆作「息」。今按：「蕃殖」
　　　「蕃息」義近，廁此皆可。

　　　　　今按，其說是。《急就篇》：「六畜蕃息豚豕豬。」顏師古注：「六畜，牛馬
　　　羊豕雞犬，人所畜養者也。蕃，滋也。息，生也。豚，謂豕之始生者也。豕者，

豕之總名也。豕之三毛聚者曰豬也，而《春秋左氏傳》曰：『既定爾婁豬。』《爾雅》曰：『豕子豬。』然則亦其通稱也。」

〔3〕豰貐狡狗野雞雛：張傳官（2016）：「狗」，松江本等章草本同，顏王注本作「犬」。

今按，說是。《急就篇》：「豰貐狡犬野雞雛。」顏師古注：「豰，牡豕也。貐，牯豕。亦謂之豯。狡犬，匈奴中大犬也。鉅口赤身。一曰：狡，少犬也。謂狗之有懸蹄者也。野雞生在山野。鷮雞、鷩雞、天雞、山雞之類，皆是也。凡鳥子生而啄食者，皆曰雛。」

☑疾狂失鄉〔1〕，瘧瘶積癗麻溫病〔2〕   72ECC：6A

☑ 第六十六 甲子乙丑☐☐   72ECC：6B

【校釋】

簡文張傳官（2016）指出見於今本《急就篇》三十四章本的第二十三章（即三十一章本的第二十二章）。今按，其說是。

B面「第」字韓鵬飛（2019，1804 頁）作「弟」。今按，說當是，但漢簡中「第」「弟」的使用常存在混同的情況，暫從整理者釋。又該簡和簡 72ECC：5 兩簡形制、字體筆迹一致，且其背面均有編號，應當原屬同一簡冊，或可編連。

【集注】

〔1〕疾狂失鄉：張傳官（2016）：「鄉」，顏王注本作「響」……「失響」一語，顏師古注謂：「失響者，失音不能言也。」王應麟補注謂：「《國語》：『瘖瘂不可使言。』《文子》《淮南子》曰：『皋陶瘖。』」據此則此處當以作「響」為是，而《金關伍》之「鄉」當為「響」之借字。

今按，其說是。該簡「鄉」當通「響」。

〔2〕瘧瘶積癗麻溫病：《急就篇》：「瘧瘶瘀痛瘼溫病。」顏師古注：「瘧，寒熱休作之病。言其酷虐也。瘶者，氣從下起，上行又心脇也。瘀，積血之病也。痛，揔謂諸痛也。瘼者，無名之病，常漠漠然也。一曰：齊人謂瘵病曰瘼。溫病，病於溫氣者也。」

☑讀，江水涇渭街術曲〔1〕☑　　　　　　　　　　72ECC：17

【校釋】

　　簡文張傳官（2016）指出見於今本《急就篇》三十四章本的第三十一章（即三十一章本的第三十章）。今按，其說是。

【集注】

〔1〕江水涇渭街術曲：《急就篇》：「涇水注渭街術曲。」顏師古注：「此說京畿之內也。涇水出安定汧頭山，至陽陵而入渭。四達之道曰街。邑中之道曰術。里中之道曰曲。」

☑癉麻溫病　　　　　　　　　　　　　　　　72ECC：19

【校釋】

　　「癉」字張傳官（2016）指出僅存下部之「心」旁，當為據傳世本和《金關伍》72ECC：6A 擬補。今按，其說是，該字圖版作，僅存下部「心」字殘筆。

親└孝行成└夫然☑　　　　　　　　　　　72ECC：35
汝何誨朝鄉日而豕為乎　☑　　　　　　　72ECNC：1A
……八☑　　　　　　　　　　　　　　　72ECNC：1B

參考文獻

A

1. 安忠義《漢簡中的官文書補考》,《簡牘學研究》第四輯,甘肅人民出版社,2004 年 11 月。(安忠義 2004)

2. 安忠義《從漢簡等資料看漢代的食品加工技術》,《魯東大學學報》2006 年第 3 期。(安忠義 2006)

3. 安忠義《秦漢簡牘中的「致書」與「致籍」考辨》,《江漢考古》2012 年第 1 期。(安忠義 2012)

4. 安忠義、強生斌《河西漢簡中的蔬菜考釋》,《魯東大學學報》2008 年第 6 期。(安忠義、強生斌 2008)

5. 安作璋、熊鐵基《秦漢官制史稿》,齊魯書社,2007 年 1 月。(安作璋、熊鐵基 2007)

B

1. 白海燕《讀西北邊塞漢簡瑣記》,《古文字研究》第三十二輯,中華書局,2018 年 8 月。(白海燕 2018)

2. 白軍鵬《習字簡中的〈蒼頡篇〉首章及相關問題》,《古文字研究》第三十二輯,中華書局,2018 年 8 月。(白軍鵬 2018)

3. 白軍鵬《漢人名字與漢簡釋讀》,《簡帛》第二十一輯,上海古籍出版社,2020 年 11 月。(白軍鵬 2020)

4. 白於藍師《簡帛古書通假字大系》,福建人民出版社,2017 年 11 月。(白於藍師 2017)

C

1. 曹方向《初讀〈肩水金關漢簡（壹）〉》，簡帛網 2011 年 9 月 16 日。（曹方向 2011）

2. 曹懷玉《「大石」「小石」考辨——兼論「大」「少」二字之含義》，《寧夏大學學報》1981 第 1 期。（曹懷玉 1981）

3. 曹天江《甘肅省金塔縣 A32 遺址出土兩方功次木牘試探》，《簡帛研究二〇二〇（春夏卷）》，廣西師範大學出版社，2020 年 6 月。（曹天江 2020）

4. 蔡慧瑛《釋居延漢簡之「署」》，《簡牘學報》第七期，簡牘學會，1980 年。（蔡慧瑛 1980）

5. 陳安然《西北漢簡所見「城官系統」》，《簡帛研究二〇二〇（春夏卷）》，廣西師範大學出版社，2020 年 6 月。（陳安然 2020）

6. 陳邦懷《「居延漢簡甲編」校語》，《考古》1960 年第 10 期。（陳邦懷 1960）

7. 陳邦懷《居延漢簡考略》，《歷史教學》1964 年第 2 期。（陳邦懷 1964）

8. 陳邦懷《居延漢簡考略》，《中華文史論叢》1980 年第二輯，上海古籍出版社，1980 年 5 月。（陳邦懷 1980）

9. 陳晨《肩水金關漢簡所見〈詩〉類文獻輯證》，簡帛網 2017 年 10 月 20 日。（陳晨 2017）

10. 陳晨《肩水金關漢簡所見〈詩〉類文獻輯考》，《簡帛研究二〇一八（秋冬卷）》，廣西師範大學出版社，2019 年 1 月。（陳晨 2019）

11. 陳公柔、徐蘋芳《關於居延漢簡的發現和研究》，《考古》1960 年第 1 期。（陳公柔、徐蘋芳 1960）

12. 陳公柔、徐蘋芳《大灣出土的西漢田卒簿籍》，《考古》1963 年第 3 期。（陳公柔、徐蘋芳 1963）

13. 陳公柔、徐蘋芳《瓦因托尼出土廩食簡的整理與研究》，《文史》第十三輯，中華書局，1982 年 3 月。（陳公柔、徐蘋芳 1982）

14. 陳公柔《居延出土漢律散簡釋義》，《先秦兩漢考古學論叢》，文物出版社，2005 年 5 月。（陳公柔 2005）

15. 陳侃理《出土秦漢曆書綜論》，《簡帛研究二〇一六（秋冬卷）》，廣西師範大學出版社，2017 年 1 月。（陳侃理 2017）

16. 陳練軍《居延漢簡量詞研究》，西南師範大學碩士學位論文，2003 年 4 月。（陳練軍 2003）

17. 陳夢家《漢簡綴述》，中華書局，1980 年 12 月。（陳夢家 1980）

18. 陳乃華《從漢簡看漢朝對地方基層官吏的管理》，《山東師大學報》1992 年第 3 期。（陳乃華 1992）

19. 陳槃《漢晉遺簡識小七種》，上海古籍出版社，2009 年 11 月。（陳槃 2009）

20. 陳文豪《「文德」地名考釋》，《簡牘學研究》第二輯，甘肅人民出版社，1998 年 10 月。（陳文豪 1998）

21. 陳直《「關於居延漢簡的發現和研究」一文的商榷》，《考古》1960 年第 8 期。（陳直 1960）

22. 陳直《漢晉過所通考》，《歷史研究》1962 年第 6 期。（陳直 1962）

23. 陳直《漢書新證》，天津人民出版社，1979 年 3 月。（陳直 1979）

24. 陳直《居延漢簡研究》，中華書局，2009 年 6 月。（陳直 2009）

25. 陳仲安《關於〈粟君責寇恩簡〉的一處釋文》，《文史》第七輯，中華書局，1979 年 12 月。（陳仲安 1979）

26. 程少軒《〈肩水金關漢簡（壹）曆譜簡初探〉》，復旦大學出土文獻與古文字研究中心網 2011 年 9 月 1 日。（程少軒 2011）

27. 程少軒《肩水金關漢簡「元始六年（居攝元年）曆日」復原（摘要）》，簡帛網 2014 年 6 月 22 日。（程少軒 2014A）

28. 程少軒《肩水金關漢簡「元始六年（居攝元年）曆日」復原》，《出土文獻》第五輯，中西書局，2014 年 10 月。（程少軒 2014B）

29. 程少軒《〈肩水金關漢簡（壹）曆譜簡初探〉》，《簡帛文獻與古代史——第二屆出土文獻青年學者國際論壇論文集》，中西書局，2015 年 4 月。（程少軒 2015A）

30. 程少軒《〈肩水金關漢簡（叁）〉數術類簡牘初探》，《簡帛研究二〇一五（秋冬卷）》，廣西師範大學出版社，2015 年 10 月。（程少軒 2015B）

31. 程少軒《〈肩水金關漢簡（伍）〉「天干治十二月將」復原》，復旦大學出土文獻與古文字研究中心網 2016 年 8 月 26 日。（程少軒 2016A）

32. 程少軒《肩水金關漢簡「元始六年（居攝元年）曆日」的最終復原》，復旦大學出土文獻與古文字研究中心網 2016 年 8 月 27 日。（程少軒 2016B）

33. 程少軒《肩水金關漢簡中的端午節》,《文匯報》,2016 年 6 月 3 日第 W15 版。(程少軒 2016C)

34. 程少軒《漢簡無「零」》,《文匯報》,2017 年 7 月 28 日第 W13 版。(程少軒 2017)

35. 程少軒《〈肩水金關漢簡(伍)〉方術類零簡輯校》,《出土文獻與中國古典學》,中西書局,2018 年 3 月。(程少軒 2018)

36. 程喜霖《漢唐烽堠制度研究》,三秦出版社,1990 年 6 月。(程喜霖 1990)

37. 初仕賓《居延簡冊〈甘露二年丞相御史律令〉考述》,《考古》1980 年 2 期。(初仕賓 1980)

38. 初師賓、伍德煦《居延甘露二年御史書冊考述補》,《考古與文物》1984 年 4 期。(初師賓、伍德煦 1984)

39. 初師賓《漢邊塞守禦器備考略》,甘肅省文物工作隊、甘肅省博物館編《漢簡研究文集》,甘肅人民出版社,1984 年 9 月。(初師賓 1984A)

40. 初師賓《居延烽火考述——兼論古代烽號的演變》,甘肅省文物工作隊、甘肅省博物館編《漢簡研究文集》,甘肅人民出版社,1984 年 9 月。(初師賓 1984B)

41. 初世賓《懸泉漢簡羌人資料補述》,《出土文獻研究》第六輯,上海古籍出版社,2004 年 12 月。(初師賓 2004)

42. 初世賓《懸泉漢簡拾遺》,《出土文獻研究》第八輯,上海古籍出版社,2007 年 11 月。(初世賓 2007)

43. 初世賓《懸泉漢簡拾遺(二)》,《出土文獻研究》第九輯,中華書局,2010 年 1 月。(初世賓 2010)

44. 初昉、世賓《懸泉漢簡拾遺(三)》《出土文獻研究》第十輯,中華書局,2011 年 7 月。(初昉、世賓 2011)

45. 初昉、世賓《懸泉漢簡拾遺(四)》,《出土文獻研究》第十一輯,中西書局,2012 年 12 月。(初昉、世賓 2012)

46. 初昉、世賓《懸泉漢簡拾遺(五)》,《出土文獻研究》第十二輯,中國文化遺產研究院編,中西書局,2013 年 12 月。(初昉、世賓 2013)

47. 初昉、世賓《懸泉漢簡拾遺(六)》,《出土文獻研究》第十三輯,中國文化遺產研究院編,中西書局,2014 年 12 月。(初昉、世賓 2014)

D

1. 〔日〕大庭脩著，姜鎮慶譯《漢代的嗇夫》，《簡牘研究譯叢》第一輯，中國社會科學出版社，1983 年 4 月。（大庭脩 1983A）

2. 〔日〕大庭脩著，姜鎮慶譯《爰書考》，《簡牘研究譯叢》第一輯，中國社會科學出版社，1983 年 4 月。（大庭脩 1983B）

3. 〔日〕大庭脩著，姜鎮慶譯《論肩水金關出土的〈永始三年詔書〉簡冊》，《敦煌學輯刊》1984 年 2 期。（大庭脩 1984）

4. 〔日〕大庭脩著，姜鎮慶譯《居延出土的詔書冊與詔書斷簡》，《簡牘研究譯叢》第二輯，中國社會科學出版社，1987 年 5 月。（大庭脩 1987A）

5. 〔日〕大庭脩著，姜鎮慶譯《論漢代的論功升遷》，《簡牘研究譯叢》第二輯，中國社會科學出版社，1987 年 5 月。（大庭脩 1987B）

6. 〔日〕大庭脩著，林劍鳴等譯《秦漢法制史研究》，上海人民出版社，1991 年 3 月。（大庭脩 1991）

7. 〔日〕大庭脩著，徐世虹、郗仲平譯《〈建武五年遷補牒〉和功勞文書》，《簡帛研究譯叢》第一輯，湖南出版社，1996 年 6 月。（大庭脩 1996）

8. 〔日〕大庭脩著，徐世虹譯《與漢爵相關的漢簡》，《簡帛研究譯叢》第二輯，湖南人民出版社，1998 年 8 月。（大庭脩 1998）

9. 〔日〕大庭脩著，徐世虹譯《漢簡研究》，廣西師範大學出版社，2001 年 9 月。（大庭脩 2001）

10. 〔日〕大西克也《秦漢楚地隸書及關於「史書」的考察》，《簡帛》第六輯，上海古籍出版社，2011 年 11 月。（大西克也 2011）

11. 代國璽《試論西北漢簡所見大小石的幾個問題》，《考古》2019 年第 3 期。（代國璽 2019）

12. 代劍磊《論西漢太常的行政空間問題——兼談「是郡、似郡、非郡」》，《秦漢研究》2020，西北大學出版社，2020 年 9 月。（代劍磊 2020）

13. 丁義娟《〈肩水金關漢簡〉（肆）73EJT37：653 簡釋文訂正一則》，簡帛網 2017 年 7 月 9 日。（丁義娟 2017A）

14. 丁義娟《〈肩水金關漢簡〉（壹）73EJT10：314 簡簡文試解》，簡帛網 2017 年 8 月 31 日。（丁義娟 2017B）

15. 丁義娟《〈肩水金關漢簡〉（貳）73EJT22：27 簡釋文訂正一則》，簡帛網 2018 年 5 月 5 日。（丁義娟 2018A）

16. 丁義娟《肩水金關漢簡釋文淺談一則》，簡帛網 2018 年 5 月 27 日。（丁義娟 2018B）

17. 丁義娟《肩水金關漢簡初探》，中國農業科學技術出版社，2019 年 9 月。（丁義娟 2019）

18. 丁媛《肩水金關漢簡中的涉醫資料》，《出土文獻綜合研究集刊》第七輯，巴蜀書社，2018 年 11 月。（丁媛 2018）

19. 董珊《玉門花海七棱觚校釋》，《出土文獻》2020 年第 4 期。（董珊 2020）

20. 杜鵬姣《試論漢簡中的「致」和「致籍」》，《牡丹江大學學報》2013 年 9 期。（杜鵬姣 2013）

21. 敦煌縣文化館《敦煌酥油土漢代烽燧遺址出土的木簡》，甘肅省文物工作隊、甘肅省博物館編《漢簡研究文集》，甘肅人民出版社，1984 年 9 月。（敦煌縣文化館 1984）

F

1. 凡國棟《秦漢出土法律文獻所見「令」的編序問題——由松柏 1 號墓〈令〉丙第九木牘引發的思考》，《出土文獻研究》第十輯，中華書局，2011 年 7 月。（凡國棟 2011）

2. 方勇《讀肩水金關漢簡札記二則》，簡帛網 2011 年 9 月 16 日。（方勇 2011）

3. 方勇《讀〈肩水金關漢簡〉札記二則》，《魯東大學學報》2012 年 2 期。（方勇 2012）

4. 方勇《讀〈肩水金關漢簡（壹）〉小札（二則）》，簡帛網 2013 年 6 月 10 日。（方勇 2013）

5. 方勇、周小芸《讀金關漢簡小札二則》，《金塔居延遺址與絲綢之路歷史文化研究》，甘肅教育出版社，2014 年 12 月。（方勇、周小芸 2014）

6. 方勇《談一道金關漢簡所載的數學「衰分」題》，簡帛網 2016 年 2 月 2 日。（方勇 2016）

7. 方勇、張越《讀金關漢簡醫類簡札記五則》，《魯東大學學報》2017 年第 1 期。（方勇、張越 2017）

8. 馮西西《釋肩水金關漢簡 73EJC∶446 的「歸故縣」》，簡帛網 2019 年 10 月 25 日。（馮西西 2019）

9. 〔日〕冨谷至著，周天游譯《史書考》，《西北大學學報》1983 年第 1 期。
（冨谷至 1983）

10. 〔日〕冨谷至著，楊振紅譯《從額濟納河流域的食糧配給論漢代穀倉制
度》，《簡帛研究譯叢》第二輯，湖南人民出版社，1998 年 8 月。（冨谷
至 1998）

11. 〔日〕冨谷至著，胡平生、陳青譯《秦漢二十等爵制和刑罰的減免》，《簡
帛研究二〇〇一》，廣西師範大學出版社，2001 年 9 月。（冨谷至 2001）

12. 〔日〕冨谷至著，劉恆武譯《木簡竹簡述說的古代中國——書寫材料的
文化史》，人民出版社，2007 年 5 月。（冨谷至 2007）

13. 〔日〕冨谷至《漢代邊境關所考——圍繞玉門關所在地》，《簡帛研究二
〇一〇》，廣西師範大學出版社，2012 年 3 月。（冨谷至 2012）

14. 〔日〕冨谷至著，劉恆武譯《文書行政的漢帝國》，江蘇人民出版社，2013
年 9 月。（冨谷至 2013）

15. 〔日〕冨谷至編，張西艷譯《漢簡語彙考證》，中西書局，2018 年 9 月。
（冨谷至 2018）

G

1. 甘肅居延考古隊《居延漢代遺址的發掘和新出土的簡冊文物》，《文物》
1978 年第 1 期。（甘肅居延考古隊 1978）

2. 甘肅省博物館漢簡整理組《〈永始三年詔書〉簡冊釋文》，《西北師院學報》
1983 年 4 期。（甘肅省博物館漢簡整理組 1983）

3. 甘肅省文物工作隊居延簡整理組《居延漢簡〈永始三年詔書〉冊釋文》，
《敦煌學輯刊》1984 年 2 期。（甘肅省文物工作隊居延簡整理組 1984）

4. 甘肅居延漢簡整理小組《居延漢簡「候史廣德坐罪行罰檄」》，《文物》
1979 年第 1 期。（甘肅居延漢簡整理小組 1979）

5. 甘肅省文物考古研究所《敦煌馬圈灣漢代烽燧遺址發掘報告》，《敦煌漢
簡》，中華書局，1991 年 6 月。（甘肅省文物考古研究所 1991）

6. 〔日〕高村武幸著，楊振紅譯《關於漢代材官、騎士的身份》，《簡帛研
究二〇〇四》，廣西師範大學出版社，2006 年 10 月。（高村武幸 2006）

7. 高大倫《居延漢簡中所見疾病和疾病文書考述》，《簡牘學研究》第二輯，
甘肅人民出版社，1998 年 10 月。（高大倫 1998）

8. 高恆《漢律篇名新箋》,《吉林大學社會科學學報》1988 年第 2 期。(高恆 1988)

9. 高恆《讀秦漢簡牘札記》,《簡帛研究》第一輯,法律出版社,1993 年 8 月。(高恆 1993)

10. 高恆《漢簡中所見法漢律論考》,《簡帛研究》第二輯,法律出版社,1996 年 9 月。(高恆 1996)

11. 高恆《漢簡牘中所見令文輯考》,《簡帛研究》第三輯,廣西教育出版社,1998 年 12 月。(高恆 1998)

12. 高恆《漢簡中所見舉、劾、案驗文書輯釋》,《簡帛研究二〇〇一》,廣西師範大學出版社,2001 年 9 月。(高恆 2001)

13. 高佳莉《「第五丞別田令史」初探》,簡帛網 2020 年 9 月 16 日。(高佳莉 2020)

14. 高敏《從江陵鳳凰山十號漢墓出土簡牘看漢代的口錢、算賦制度》,《文史》第二十輯,中華書局,1983 年 9 月。(高敏 1983)

15. 高敏《釋「爰書」——讀秦、漢簡牘札記》,《益陽師專學報》1987 年第 2 期。(高敏 1987)

16. 高敏《從居延漢簡看內蒙額濟納旗的古代社會經濟狀況》,《秦漢史探討》,中州古籍出版社,1998 年 9 月。(高敏 1998)

17. 高榮《西漢居延郡縣建置考》,《甘肅省第三屆簡牘學國際學術研討會論文集》,上海辭書出版社,2017 年 12 月。(高榮 2017)

18. 高榮《漢代「傳驛馬名籍」簡若干問題考述》,《魯東大學學報》2008 年第 6 期。(高榮 2008)

19. 高榮、張榮芳《漢簡所見的「候史」》,《中國史研究》2004 年 2 期。(高榮、張榮芳 2004)

20. 高天霞、何茂活《漢代「守令」「令史」「守令史」考辨——兼論〈肩水金關漢簡〉中的相關官稱》,《西華師範大學學報》2015 年第 5 期。(高天霞、何茂活 2015)

21. 高維剛《從漢簡管窺河西四郡市場》,《四川大學學報》1994 年第 2 期。(高維剛 1994)

22. 高一致《讀〈肩水金關漢簡(叁)〉筆記(一)》,簡帛網 2014 年 8 月 12 日。(高一致 2014A)

23. 高一致《讀〈肩水金關漢簡（叁）〉筆記（二）》，簡帛網 2014 年 8 月 23 日。（高一致 2014B）

24. 高一致《讀〈肩水金關漢簡（叁）〉筆記（三）》，簡帛網 2014 年 9 月 5 日。（高一致 2014C）

25. 高一致《讀〈肩水金關漢簡（叁）〉札記（十八則）》，《珞珈史苑》（2015 年卷），武漢大學出版社，2016 年。（高一致 2016A）

26. 高一致《初讀〈肩水金關漢簡（肆）〉筆記》，簡帛網 2016 年 1 月 14 日。（高一致 2016B）

27. 高一致《讀〈肩水金關漢簡（伍）〉小札》，簡帛網 2016 年 8 月 26 日。（高一致 2016C）

28. 高自強《漢代大小斛（石）問題》，《考古》1962 年第 2 期。（高自強 1962）

29. 高震寰《試論秦漢簡牘中「守」「假」「行」》，《出土文獻與法律史研究》第四輯，上海人民出版社，2015 年。（高震寰 2015）

30. 葛紅麗《居延新簡「辨告」考》，《中國文字研究》2007 年第一輯，大象出版社，2007 年 6 月。（葛紅麗 2007）

31. 葛丹丹《〈肩水金關漢簡（貳）（叁）〉文字編》，吉林大學碩士學位論文，2019 年 5 月。（葛丹丹 2019）

32. 〔日〕廣瀬薰雄《秦漢時代律令辨》，《中國古代法律文獻研究》第七輯，社會科學文獻出版社，2013 年 12 月。（廣瀬薰雄 2013）

33. 郭俊然《漢官叢考——以實物資料為中心》，華中師範大學博士學位論文，2013 年 5 月。（郭俊然 2013）

34. 郭浩《秦漢時期現金管理芻議——以嶽麓秦簡、居延漢簡「稍入錢」為例》，《中國社會經濟史研究》2013 年第 3 期。（郭浩 2013）

35. 郭浩《西漢地方郵政「財助」問題芻議》，《中國社會經濟史研究》2014 年第 4 期。（郭浩 2014）

36. 郭洪伯《稗官與諸曹——秦漢基層機構的部門設置》，《簡帛研究二〇一三》，廣西師範大學出版社，2014 年 7 月。（郭洪伯 2014）

37. 郭麗華、張顯成《西北屯戍漢簡中的「就人」及其相關詞語考論》，《中國社會經濟史研究》2016 年 2 期。（郭麗華、張顯成 2016）

38. 郭偉濤《漢代肩水金關關吏編年及相關問題》，《出土文獻》第十輯，中西書局，2017 年 4 月。（郭偉濤 2017A）

39. 郭偉濤《漢代肩水塞東部候長駐地在 A32 遺址考》,《簡帛研究二〇一七（春夏卷）》,廣西師範大學出版社,2017 年 6 月。(郭偉濤 2017B)

40. 郭偉濤《漢代肩水候駐地移動初探》,《簡帛》第十四輯,上海古籍出版社,2017 年 5 月,又簡帛網 2017 年 7 月 9 日。(郭偉濤 2017C)

41. 郭偉濤《漢代張掖郡廣地塞部隧設置考》,《出土文獻研究》第十六輯,中西書局,2017 年 10 月。(郭偉濤 2017D)

42. 郭偉濤《漢代肩水塞東部候長繫年初編》,《甘肅省第三屆簡牘學國際學術研討會論文集》,上海辭書出版社,2017 年 12 月。(郭偉濤 2017E)

43. 郭偉濤《漢代的通關致書與肩水金關》,《絲路文明》第二輯,上海古籍出版社,2017 年 12 月。(郭偉濤 2017F)

44. 郭偉濤《漢代肩水塞部隧設置研究》,《文史》2018 年第一輯。(郭偉濤 2018A)

45. 郭偉濤《漢代的出入關符與肩水金關》,《簡牘學研究》第七輯,甘肅人民出版社,2018 年 9 月。(郭偉濤 2018B)

46. 郭偉濤《漢代的傳與肩水金關》,《簡帛研究二〇一八（春夏卷）》,廣西師範大學出版社,2018 年 6 月。(郭偉濤 2018C)

47. 郭偉濤《漢代橐他塞部隧設置研究》,《敦煌研究》2019 年第 1 期。(郭偉濤 2019A)

48. 郭偉濤《肩水金關漢簡研究》,上海古籍出版社,2019 年 5 月。(郭偉濤 2019B)

49. 郭偉濤《漢代弱水中下游流域邊防系統中的「置」》,《中國文化研究所學報》第 68 期,2019 年。(郭偉濤 2019C)

50. 郭偉濤《金關簡始建國二年騎士通關冊書整理與研究》,《出土文獻研究》第十八輯,中西書局,2019 年 12 月。(郭偉濤 2019D)

51. 郭在貽《〈漢書〉字義札記》,《杭州大學學報》1979 年第 1～2 期。(郭在貽 1979)

H

1. 韓華《金關漢簡中的幾個農業問題考論》,《金塔居延遺址與絲綢之路歷史文化研究》,甘肅教育出版社,2014 年 12 月。(韓華 2014)

2. 韓華《肩水金關遺址所出封檢形制小考》,《甘肅省第三屆簡牘學國際學術研討會論文集》,上海辭書出版社,2017 年。(韓華 2017)

3. 韓華《西北漢簡中的「牛」資料再探討》,《石家莊學院學報》2019 年第 2 期。(韓華 2019A)

4. 韓華《肩水金關遺址所出封檢及相關問題考證》,《地方文化研究》2019 年第 4 期。(韓華 2019B)

5. 韓鵬飛《〈肩水金關漢簡(肆·伍)〉文字整理與釋文校訂》,吉林大學碩士學位論文,2019 年 4 月。(韓鵬飛 2019)

6. 郝二旭《「肩水」小考》,《中國歷史地理論叢》2010 年第 1 輯。(郝二旭 2010)

7. 郝樹聲《從西北漢簡和朝鮮半島出土〈論語〉簡看漢代儒家文化的流布》,《敦煌研究》2012 年 3 期。(郝樹聲 2012)

8. 賀昌群《〈流沙墜簡〉校補》,《賀昌群文集》第一卷《史學叢論》,商務印書館,2003 年 12 月。(賀昌群 2003A)

9. 賀昌群《烽燧考》,《賀昌群文集》第一卷《史學叢論》,商務印書館,2003 年 12 月。(賀昌群 2003B)

10. 何茂活《肩水金關漢簡〈所寄張千人舍器物記〉名物詞語考釋——兼補胡永鵬〈讀《肩水金關漢簡(貳)》札記〉文意》,《魯東大學學報》2014 年第 6 期。(何茂活 2014A)

11. 何茂活《肩水金關漢簡(貳)疑難字形義考辨》,《簡帛研究二○一四》,廣西師範大學出版社,2014 年 12 月。(何茂活 2014B)

12. 何茂活《〈肩水金關漢簡(壹)〉殘斷字釋補》,復旦大學出土文獻與古文字研究中心網 2014 年 11 月 20 日。(何茂活 2014C)

13. 何茂活《〈肩水金關漢簡(壹)〉釋文訂補》,復旦大學出土文獻與古文字研究中心網 2014 年 11 月 28 日。(何茂活 2014D)

14. 何茂活《肩水金關出土的環讀式曆譜》,《文史知識》2015 年第 1 期。(何茂活 2015A)

15. 何茂活《肩水金關出土〈漢居攝元年曆譜〉綴合與考釋》,《考古與文物》2015 年 2 期。(何茂活 2015B)

16. 何茂活《〈肩水金關漢簡(貳)〉殘斷字釋補》,《出土文獻綜合研究集刊》第二輯,巴蜀書社,2015 年 10 月。(何茂活 2015C)

17. 何茂活《肩水金關第 24、31 探方所見典籍殘簡綴聯與考釋》,《簡帛研究二○一五（秋冬卷）》,廣西師範大學出版社,2015 年 10 月。(何茂活 2015D)

18. 何茂活《肩水金關漢簡綴合校釋一則》,復旦大學出土文獻與古文字研究中心網 2015 年 1 月 7 日。(何茂活 2015E)

19. 何茂活《金關漢簡綴合補釋一例——伊強先生文意申補》,簡帛網 2015 年 10 月 26 日。(何茂活 2015F)

20. 何茂活《金關漢簡削衣重綴一例》,簡帛網 2015 年 11 月 3 日。(何茂活 2015G)

21. 何茂活《肩水金關 T25 斷簡綴合四則》,簡帛網 2015 年 11 月 6 日。(何茂活 2015H)

22. 何茂活《〈肩水金關漢簡（叁）〉曆譜簡零綴》,復旦大學出土文獻與古文字研究中心網 2015 年 12 月 9 日。(何茂活 2015I)

23. 何茂活《肩水金關漢簡（壹）殘斷字釋補》,《中國文字》新四十二期,2016 年 3 月。(何茂活 2016A)

24. 何茂活《肩水金關 23 探方 917、919 簡綴合及粗解》,簡帛網 2016 年 4 月 17 日。(何茂活 2016B)

25. 何茂活《〈肩水金關漢簡（壹）〉釋文訂補》,《簡帛語言文字研究》第八輯,巴蜀書社,2016 年 8 月。(何茂活 2016C)

26. 何茂活《〈肩水金關漢簡（叁）〉釋文商訂（之一）》,《出土文獻研究》第十五輯,中西書局,2016 年 8 月。(何茂活 2016D)

27. 何茂活《〈肩水金關漢簡（叁）〉釋文商訂（之二）》,《簡帛》第十三輯,上海古籍出版社,2016 年 11 月。(何茂活 2016E)

28. 何茂活《「近衣」考論兼訂相關諸簡釋文》,《簡牘學研究》第六輯,甘肅人民出版社,2016 年 6 月。(何茂活 2016F)

29. 何茂活《〈肩水金關漢簡（伍）〉綴合補議一則》,簡帛網 2017 年 2 月 20 日。(何茂活 2017A)

30. 何茂活《河西漢簡所見「墟」字釋讀商兌》,《簡帛研究二○一六（秋冬卷）》,廣西師範大學出版社,2017 年 1 月。(何茂活 2017B)

31. 何茂活《居延漢簡所見燧名命意證解（之一）》,《甘肅省第三屆簡牘學國際學術研討會論文集》,上海辭書出版社,2017 年 12 月。(何茂活 2017C)

32. 何茂活《〈肩水金關漢簡（貳）〉釋文訂補》，《敦煌研究》2018 年第 4 期。
（何茂活 2018A）

33. 何茂活《居延漢簡所見燧名命意證解（之二）》，《簡牘學研究》第七輯，
甘肅人民出版社，2018 年 9 月。（何茂活 2018B）

34. 何雙全《敦煌漢簡釋文補正》，甘肅省文物工作隊、甘肅省博物館編《漢
簡研究文集》，甘肅人民出版社，1984 年 9 月。（何雙全 1984）

35. 何雙全《居延漢簡所見農作物小考》，《農業考古》1986 年第 2 期。（何
雙全 1986）

36. 何雙全《〈漢簡・鄉里志〉及其研究》，甘肅省文物考古研究所編《秦漢
簡牘論文集》，甘肅人民出版社，1989 年 12 月。（何雙全 1989）

37. 何有祖《讀〈肩水金關漢簡〉札記（一則）》，簡帛網 2016 年 1 月 9 日。
（何有祖 2016A）

38. 何有祖《讀〈肩水金關漢簡〉札記（二則）》，簡帛網 2016 年 1 月 11 日。
（何有祖 2016B）

39. 何有祖《讀〈肩水金關漢簡〉札記（三則）》，簡帛網 2016 年 1 月 12 日。
（何有祖 2016C）

40. 何有祖《讀〈肩水金關漢簡〉札記（四則）》，簡帛網 2016 年 1 月 14 日。
（何有祖 2016D）

41. 何有祖《讀〈肩水金關漢簡（叄）〉札記（一）》，簡帛網 2016 年 1 月 19
日。（何有祖 2016E）

42. 何有祖《讀〈肩水金關漢簡（叄）〉札記（二）》，簡帛網 2016 年 1 月 20
日。（何有祖 2016F）

43. 何有祖《天長漢墓所見書信牘管窺》，《簡帛》第三輯，上海古籍出版社，
2008 年 10 月。（何有祖 2008）

44. 洪德榮《說「陳」》，《古文字研究》第三十二輯，中華書局，2018 年 8
月。（洪德榮 2018）

45. 侯燦《勞榦〈居延漢簡考釋・簡牘之制〉平議》，甘肅省文物考古研究所
編《秦漢簡牘論文集》，甘肅人民出版社，1989 年 12 月。（侯燦 1989）

46. 侯丕勳《「塞天田」制度考述》，《簡牘學研究》第一輯，甘肅人民出版社，
1997 年 1 月。（侯丕勳 1997）

47. 侯旭東《西漢張掖郡肩水候繫年初編——兼論候行塞時的人事安排與用印》,《簡牘學研究》第五輯,甘肅人民出版社,2014 年 8 月。(侯旭東 2014A)

48. 侯旭東《西北所出漢代簿籍冊書簡的排列與復原——從東漢永元兵物簿說起》,《史學集刊》2014 年第 1 期。(侯旭東 2014B)

49. 侯旭東《西漢張掖郡肩水候官騂北亭位置考》,《湖南大學學報》2016 年第 4 期。(侯旭東 2016)

50. 侯旭東《寵:信——任型君臣關係與西漢歷史的展開(下)》,《清華大學學報》2017 年第 1 期。(侯旭東 2017A)

51. 侯旭東《漢代西北邊塞他官兼行候事如何工作》,《甘肅省第三屆簡牘學國際學術研討會論文集》,上海辭書出版社,2017 年 12 月。(侯旭東 2017B)

52. 侯曉旭《〈肩水金關漢簡(壹)〉補釋一則》,簡帛網 2019 年 6 月 24 日。(侯曉旭 2019)

53. 侯宗輝《肩水金關漢簡所見「從者」探析》,《敦煌研究》2014 年 2 期。(侯宗輝 2014)

54. 侯宗輝《肩水金關漢簡中的「作者」考》,《甘肅省第三屆簡牘學國際學術研討會論文集》,上海辭書出版社,2017 年。(侯宗輝 2017)

55. 胡平生、張德芳《敦煌懸泉漢簡釋粹》,上海古籍出版社,2001 年 8 月。(胡平生、張德芳 2001)

56. 胡平生《木簡出入取予券書制度考》,《文史》第三十六輯,中華書局,1992 年 8 月。(胡平生 1992)

57. 胡平生《居延漢簡中的「功」與「勞」》,《文物》1995 年第 4 期。(胡平生 1995)

58. 胡平生《「扁書」「大扁書」考》,《敦煌懸泉月令詔條》,中華書局,2001 年。(胡平生 2001)

59. 胡平生《里耶秦簡 8～445 號木方性質芻議》,《簡帛》第四輯,上海古籍出版社,2009 年 10 月。(胡平生 2009)

60. 胡平生《讀〈里耶秦簡(壹)〉筆記》,《出土文獻研究》第十一輯,中西書局,2012 年 12 月。(胡平生 2012)

61. 胡平生《讀簡筆記三則》，《出土文獻研究》第十七輯，中西書局，2018年12月。（胡平生 2018）

62. 胡永鵬《讀〈肩水金關漢簡（貳）〉札記》，簡帛網 2013 年 9 月 17 日。（胡永鵬 2013）

63. 胡永鵬《讀〈肩水金關漢簡（貳）〉札記》，《中國文字》新四十期，藝文印書館，2014 年 7 月。（胡永鵬 2014A）

64. 胡永鵬《〈肩水金關漢簡（貳）〉中與曆表不合諸簡考證》，《簡帛》第九輯，上海古籍出版社，2014 年 10 月。（胡永鵬 2014B）

65. 胡永鵬《肩水金關漢簡校讀札記》，《漢字文化》2015 年 3 期。（胡永鵬 2015）

66. 胡永鵬《西北邊塞漢簡編年及相關問題研究》，吉林大學博士學位論文，2016 年 6 月。（胡永鵬 2016A）

67. 胡永鵬《肩水金關漢簡校讀兩則》，《出土文獻綜合研究集刊》第四輯，巴蜀書社，2016 年 10 月。（胡永鵬 2016B）

68. 胡永鵬《西北漢簡編年》，福建人民出版社，2017 年 10 月。（胡永鵬 2017A）

69. 胡永鵬《西北邊塞漢簡中曆日的整理與研究》，《甘肅省第三屆簡牘學國際學術研討會論文集》，上海辭書出版社，2017 年 12 月。（胡永鵬 2017B）

70. 胡永鵬《肩水金關漢簡校讀四則》，《安陽師範學院學報》2020 年第 6 期。（胡永鵬 2020）

71. 胡永鵬《西北漢簡校讀叢札》，《出土文獻》2021 年第 1 期。（胡永鵬 2021）

72. 黃東洋、鄔文玲《新莽職方補考》，《簡帛研究二○一二》，廣西師範大學出版社，2013 年 10 月。（黃東洋、鄔文玲 2013）

73. 黃浩波《讀〈肩水金關漢簡（壹）〉釋文札記一則》，簡帛網 2011 年 9 月 30 日。（黃浩波 2011A）

74. 黃浩波《〈肩水金關漢簡（壹）〉所見淮陽簡》，簡帛網 2011 年 11 月 25 日。（黃浩波 2011B）

75. 黃浩波《〈肩水金關漢簡（壹）〉所見郡國縣邑鄉里》，簡帛網 2011 年 12 月 1 日。（黃浩波 2011C）

76. 黃浩波《〈肩水金關漢簡（壹）〉所見卒閣錢簿》，簡帛網 2012 年 3 月 13 日。（黃浩波 2012）

77. 黃浩波《〈肩水金關漢簡（壹）〉所見淮陽簡》，《歷史地理》第二十七輯，上海人民出版社，2013 年 6 月。（黃浩波 2013A）

78. 黃浩波《肩水金關所見典籍殘簡》，簡帛網 2013 年 8 月 1 日。（黃浩波 2013B）

79. 黃浩波《〈肩水金關漢簡（貳）〉所見郡國縣邑鄉里》，簡帛網 2013 年 9 月 18 日。（黃浩波 2013C）

80. 黃浩波《〈肩水金關漢簡（貳）〉所見「河東定陽」簡試釋》，《歷史地理》第二十九輯，上海人民出版社，2014 年 7 月。（黃浩波 2014A）

81. 黃浩波《〈肩水金關漢簡（叁）〉所見郡國縣邑鄉里》，簡帛網 2014 年 7 月 22 日。（黃浩波 2014B）

82. 黃浩波《〈肩水金關漢簡（叁）〉所見〈孝經〉解說殘簡》，復旦大學出土文獻與古文字研究中心網 2015 年 4 月 22 日。（黃浩波 2015）

83. 黃浩波《〈肩水金關漢簡（肆）〉73EJH1：58 簡試說》，簡帛網 2016 年 1 月 14 日。（黃浩波 2016A）

84. 黃浩波《肩水金關關嗇夫李豐簡考》，簡帛網 2016 年 2 月 26。（黃浩波 2016B）

85. 黃浩波《〈肩水金關漢簡（肆）〉所見郡國縣邑鄉里表》，簡帛網 2016 年 3 月 9 日。（黃浩波 2016C）

86. 黃浩波《〈肩水金關漢簡（伍）〉所見郡國縣邑鄉里表》，簡帛網 2016 年 9 月 7 日。（黃浩波 2016D）

87. 黃浩波《〈肩水金關漢簡（肆）〉所見甘延壽相關簡文考釋》，《出土文獻研究》第十六輯，中西書局，2017 年 10 月。（黃浩波 2017A）

88. 黃浩波《肩水金關漢簡文字釋讀札記五則》，第七屆出土文獻研究與比較文字學全國博士生學術論壇論文，2017 年 10 月。（黃浩波 2017B）

89. 黃浩波《西漢左馮翊「徵」本作「澂邑」補證——兼論「澄城」的得名》，《出土文獻》第十一輯，中西書局，2017 年 10 月。（黃浩波 2017C）

90. 黃浩波《〈肩水金關漢簡（伍）〉釋地五則》，《簡帛》第十五輯，上海古籍出版社，2017 年 11 月。（黃浩波 2017D）

91. 黃浩波《肩水金關漢簡地名簡考（八則）》，《簡帛研究二〇一七（秋冬卷）》，廣西師範大學出版社，2018 年 1 月。（黃浩波 2018A）

92. 黃浩波《蒲封：秦漢時期簡牘文書的一種封緘方式》,《考古》2019 年第 10 期。(黃浩波 2019A)

93. 黃浩波《肩水金關漢簡所見〈孝經〉經文與解說》,《中國經學》第二十五輯,廣西師範大學出版社,2019 年 12 月。(黃浩波 2019B)

94. 黃今言《秦漢軍制史論》,江西人民出版社,1993 年 7 月。(黃今言 1993)

95. 黃今言《漢代西北邊塞的「塢」》,《江西師範大學學報》2012 年第 2 期。(黃今言 2012)

96. 黃今言《西漢「都吏」考略》,《簡帛研究二〇一五(春夏卷)》,廣西師範大學出版社,2015 年 6 月。(黃今言 2015)

97. 黃盛璋《江陵鳳凰山漢墓簡牘及其在歷史地理研究上的價值》,《文物》1974 年第 6 期。(黃盛璋 1974)

98. 黃艷萍《初讀〈肩水金關漢簡(壹)〉箚記》,復旦大學出土文獻與古文字研究中心網 2013 年 5 月 30 日。(黃艷萍 2013)

99. 黃艷萍《〈肩水金關漢簡(壹)〉紀年簡校考》,《敦煌研究》2014 年第 2 期。(黃艷萍 2014A)

100. 黃艷萍《肩水金關漢簡(貳)紀年簡校考》,《簡帛研究二〇一三》,廣西師範大學出版社,2014 年 7 月。(黃艷萍 2014B)

101. 黃艷萍《〈肩水金關漢簡(壹)〉紀年簡校釋》,《簡牘學研究》第五輯,甘肅人民出版社,2014 年 8 月。(黃艷萍 2014C)

102. 黃艷萍《漢代邊境的家屬出入符研究——以西北漢簡為例》,《理論月刊》2015 年第 1 期。(黃艷萍 2015A)

103. 黃艷萍《〈肩水金關漢簡(叁)〉紀年簡校考》,《敦煌研究》2015 年第 2 期。(黃艷萍 2015B)

104. 黃艷萍《西北漢簡中的「坐前」小釋》,《昆明學院學報》2015 年第 2 期。(黃艷萍 2015C)

105. 黃艷萍《〈肩水金關漢簡〉字體概述》,《出土文獻綜合研究集刊》第二輯,巴蜀書社,2015 年 10 月。(黃艷萍 2015D)

106. 黃艷萍《〈肩水金關漢簡〉所見「燧」及其命名探析》,《敦煌研究》2016 年第 1 期。(黃艷萍 2016A)

107. 黃艷萍《〈肩水金關漢簡〉(壹—肆)異體字研究》,華東師範大學博士學位論文,2016 年 6 月。(黃艷萍 2016B)

108. 黃艷萍《〈肩水金關漢簡（肆）〉中的紀年問題》,《敦煌研究》2017 年第 6 期。（黃艷萍 2017）

109. 黃艷萍《〈肩水金關漢簡（壹—肆）〉釋文校補》,《簡牘學研究》第七輯,甘肅人民出版社,2018 年 9 月。（黃艷萍 2018）

110. 黃艷萍、張再興《肩水金關漢簡校讀叢札》,《簡帛》第十七輯,上海古籍出版社,2018 年 11 月。（黃艷萍、張再興 2018）

111. 黃悦《〈肩水金關漢簡（肆）〉釋文試校五則》,簡帛網 2017 年 3 月 1 日。（黃悦 2017）

112. 黃悦《〈肩水金關漢簡（肆）〉釋文校正五則》,《出土文獻綜合研究集刊》第 8 輯,巴蜀書社,2019 年 4 月。（黃悦 2019）

113. 黃悦、袁倫強《釋肩水金關漢簡中的「㵳」字》,第七屆出土文獻研究與比較文字學全國博士生學術論壇論文,2017 年 10 月。（黃悦、袁倫強 2017）

J

1. 〔德〕紀安諾《漢代張掖都尉考》,《簡牘學研究》第三輯,甘肅人民出版社,2002 年 10 月。（紀安諾 2002）

2. 〔日〕吉村昌之著,索介然譯《漢代邊郡的田官組織——以見於簡牘的「閒田」為線索》,《簡帛研究譯叢》第一輯,湖南出版社,1996 年 6 月。（吉村昌之 1996）

3. 紀寧《〈肩水金關漢簡（五）〉非紀年新莽簡輯證 20 例》,《長江大學學報》2017 年第 2 期。（紀寧 2017）

4. 賈麗英《西北漢簡「葆」及其身份釋論》,《魯東大學學報》2014 年第 5 期。（賈麗英 2014）

5. 賈麗英《庶人：秦漢社會爵制身份與徒隸身份的銜接》,《山西大學學報》2019 年第 6 期。（賈麗英 2019A）

6. 賈麗英《秦漢所見司寇》,《簡帛研究二〇一九（春夏卷）》,廣西師範大學出版社,2019 年 6 月。（賈麗英 2019B）

7. 賈一平《西漢張掖郡部都尉所轄司馬類職官考——以居延漢簡為中心》,上海師範大學博士學位論文,2015 年 4 月。（賈一平 2015）

8. 賈一平、曾維華《居延漢簡「左部司馬」考》,《河南大學學報》2014 年第 6 期。(賈一平、曾維華 2014)

9. 蔣波《秦漢簡「文毋害」一詞小考》,《史學月刊》2012 年第 5 期。(蔣波 2012)

10. 蔣波、周世霞《〈肩水金關漢簡(肆)〉中的「南陽簡」試釋》,《洛陽考古》2016 年第 4 期。(蔣波、周世霞 2016)

11. 蔣非非《漢代功次制度初探》,《中國史研究》1997 第 1 期。(蔣非非 1997)

12. 江滿琳《〈肩水金關漢簡(壹)—(伍)〉文書分類及相關問題研究》,華東師範大學碩士學位論文,2019 年 5 月。(江滿琳 2019)

13. 〔日〕角谷常子《木簡背書考略》,《簡帛研究譯叢》第一輯,湖南出版社,1996 年 6 月。(角谷常子 1996)

14. 〔日〕角谷常子《中國古代下達文書的書式》,《簡帛研究二〇〇七》,廣西師範大學出版社,2010 年 3 月。(角谷常子 2010)

15. 金發根《塢堡溯源及兩漢的塢堡》,《中研院歷史語言所集刊論文類編‧歷史編‧秦漢卷》,中華書局,2009 年。(金發根 2009)

16. 〔韓〕金慶浩《漢代文書行政和傳遞體系——以「元康五年詔書冊」為中心》,《簡帛研究二〇〇六》,廣西師範大學出版社,2008 年 11 月。(金慶浩 2008)

17. 金蓉、侯宗輝《漢簡所見河西邊郡「作者」考》,《敦煌研究》2019 年第 1 期。(金蓉、侯宗輝 2019)

18. 金少英《漢簡臆談》,《簡牘學研究》第四輯,甘肅人民出版社,2004 年 11 月。(金少英 2004)

19. 均和、劉軍《漢簡舉書與行塞舉》,《簡牘學研究》第二輯,甘肅人民出版社,1998 年 10 月。(均和、劉軍 1998)

K

1. 孔德眾、張俊民《漢簡釋讀過程中的幾類問題字》,《敦煌研究》2013 年第 6 期。(孔德眾、張俊民 2013)

2. 孔祥軍《肩水金關漢簡所見「太常郡」初探》,《中國歷史地理論叢》2012 年第 3 輯。(孔祥軍 2012)

L

1. 勞榦《從漢簡所見之邊郡制度》，歷史語言研究所集刊第八本第二分，商務印書館，1939 年。（勞榦 1939）

2. 勞榦《漢代兵制及漢簡中的兵制》，歷史語言研究所集刊第十本，商務印書館，1948 年。（勞榦 1948A）

3. 勞榦《論漢代之陸運與水運》，歷史語言研究所集刊第十六本，商務印書館，1948 年。（勞榦 1948B）

4. 勞榦《釋漢代之亭障與烽燧》，歷史語言研究所集刊第十九本，商務印書館，1948 年。（勞榦 1948C）

5. 勞榦《居延漢簡考證補正》，歷史語言研究所集刊第十四本，商務印書館，1949 年。（勞榦 1949）

6. 勞榦《龍崗雜記——大石與小石》，《大陸雜誌》第一卷 11 期，1950 年。（勞榦 1950）

7. 勞榦《漢代的雇傭制度》，歷史語言研究所集刊第二十三本，1951 年。（勞榦 1951）

8. 勞榦《漢代常服述略》，歷史語言研究所集刊第二十四本，1953 年。（勞榦 1953）

9. 勞榦《居延漢簡·考釋之部·居延漢簡考證》，歷史語言研究所專刊之四十，1960 年。（勞榦 1960）

10. 勞榦《從漢簡中的嗇夫令史候史和士吏論漢代郡縣吏的職務和地位》，歷史語言研究所集刊第五十五本第一分，1984 年 3 月。（勞榦 1984）

11. 樂游《河西漢簡所見候望簽牌探研》，《簡帛研究二○一四》，廣西師範大學出版社，2014 年 12 月。（樂游 2014）

12. 樂游《漢簡「折傷兵物楬」試探——兼論漢邊塞折傷兵器的管理》，《簡帛》第十一輯，上海古籍出版社，2015 年 11 月。（樂游 2015）

13. 樂游（劉釗）《河西漢簡研讀札記五則》，《出土文獻綜合研究集刊》第三輯，巴蜀書社，2016 年 4 月。（樂游 2016）

14. 樂游（劉釗）《玉門花海出土漢代七棱觚新考》，《古文字研究》第三十三輯，中華書局，2020 年 8 月。（樂游 2020）

15. 雷海龍《〈肩水金關漢簡（貳）〉斷簡試綴（一）》，簡帛網 2016 年 2 月 6 日。（雷海龍 2016A）

16. 雷海龍《〈肩水金關漢簡（肆）〉斷簡試綴（一）》，簡帛網 2016 年 2 月 8 日。（雷海龍 2016B）

17. 雷海龍《〈肩水金關漢簡（肆）〉斷簡試綴（二）》，簡帛網 2016 年 2 月 10 日。（雷海龍 2016C）

18. 雷海龍《肩水金關漢簡綴合一則》，簡帛網 2016 年 8 月 25 日。（雷海龍 2016D）

19. 雷海龍《〈肩水金關漢簡（伍）〉釋文補正及殘簡新綴》，《簡帛》第十四輯，上海古籍出版社，2017 年 5 月。（雷海龍 2017）

20. 李炳泉《漢代的「將屯」與「將田」小考》，《史學月刊》2004 年第 4 期。（李炳泉 2004）

21. 李峰、張焯《西漢「太常郡」考述》，《中國古都研究》第十輯，天津人民出版社，1992 年 9 月。（李峰、張焯 1992）

22. 李洪財《肩水金關漢簡（壹）校讀札記》，復旦大學出土文獻與古文字研究中心網 2012 年 9 月 17 日。（李洪財 2012）

23. 李洪財《漢簡草字整理與研究》，吉林大學博士學位論文，2014 年 6 月。（李洪財 2014）

24. 李洪財《〈肩水金關漢簡》（伍）〉校讀記（一）》，簡帛網 2017 年 2 月 25 日。（李洪財 2017）

25. 李洪財《肩水金關漢簡 73EJT21：131 校釋》，簡帛網 2020 年 6 月 1 日。（李洪財 2020A）

26. 李洪財《漢簡文字中的合文與連寫現象》，《古文字研究》第三十三輯，中華書局，2020 年 8 月。（李洪財 2020B）

27. 李洪財《談談漢簡草字的考釋方法》，《文獻》2021 年第 1 期。（李洪財 2021）

28. 李建平《漢代「菁」之制度補正》，《農業考古》2010 年第 1 期。（李建平 2010）

29. 李潔瓊《西北漢簡文字考釋二則》，《古漢語研究》2020 年第 2 期。（李潔瓊 2020）

30. 李解民《漢郡太守丞省稱辨》，《文史》第四十四輯，中華書局，1998 年 9 月。（李解民 1998）

31. 李均明《〈流沙墜簡〉釋文校正》，《文史》第十二輯，中華書局，1981 年 9 月。（李均明 1981）

32. 李均明《居延漢簡「南北嗇夫」解》，《文史》第十五輯，中華書局，1982 年 7 月。（李均明 1982A）

33. 李均明《〈居延漢簡甲編〉七一四號漢簡「主吏」解》，《文史》第十五輯，中華書局，1982 年 9 月。（李均明 1982）

34. 李均明《漢簡所見出入符、傳及出入名籍》，《文史》第十九輯，中華書局，1983 年 8 月。（李均明 1983）

35. 李均明《漢簡所見一日十八時、一時十分記時制》，《文史》第二十二輯，中華書局，1984 年 6 月。（李均明 1984）

36. 李均明《居延漢簡「變事」解》，《文史》第二十七輯，中華書局，1986 年 12 月。（李均明 1986）

37. 李均明《漢簡「過書刺」解》，《文史》第二十八輯，中華書局，1987 年 3 月。（李均明 1987）

38. 李均明《漢簡所見「行書」文書述略》，甘肅省文物考古研究所編《秦漢簡牘論文集》，甘肅人民出版社，1989 年 12 月。（李均明 1989）

39. 李均明《居延漢簡「適」解》，《文史》第三十二輯，中華書局，1990 年 3 月。（李均明 1990）

40. 李均明《漢代甲渠候官規模考（上）》，《文史》第三十四輯，中華書局，1992 年 5 月。（李均明 1992A）

41. 李均明《漢代甲渠候官規模考（下）》，《文史》第三十五輯，中華書局，1992 年 6 月。（李均明 1992B）

42. 李均明《漢簡遣書考述》，《簡帛研究》第一輯，法律出版社，1993 年 8 月。（李均明 1993）

43. 李均明《漢代屯戍遺簡「葆」解》，《文史》第三十八輯，中華書局，1994 年 2 月。（李均明 1994）

44. 李均明《漢簡所見車》，《簡牘學研究》第一輯，甘肅人民出版社，1997 年 1 月。（李均明 1997）

45. 李均明《「車父」簡考辨》，《簡牘學研究》第二輯，甘肅人民出版社，1998 年 10 月。（李均明 1998A）

46. 李均明《簡牘文書稿本四則》,《簡帛研究》第三輯,廣西教育出版社,
    1998 年 12 月。(李均明 1998B)

47. 李均明《漢簡「會計」考(上)》,《出土文獻研究》第三輯,中華書局,
    1998 年 10 月。(李均明 1998C)

48. 李均明《漢簡「會計」考(下)》,《出土文獻研究》第四輯,中華書局,
    1998 年 11 月。(李均明 1998D)

49. 李均明《漢簡所反映的關津制度》,《歷史研究》2002 年 3 期。(李均明
    2002)

50. 李均明《張家山漢簡〈行書律〉考》,《中國古代法律文獻研究》第二輯,
    中國政法大學出版社,2004 年 6 月。(李均明 2004A)

51. 李均明《張家山漢簡法律文書研討綜述·關於八月案比》,《出土文獻研
    究》第六輯,上海古籍出版社,2004 年 12 月。(李均明 2004B)

52. 李均明《居延漢簡編年——居延編》,新文豐出版公司,2004 年 7 月。
    (李均明 2004C)

53. 李均明《漢邊塞「縣索」考》,《中國文物報》2005 年 5 月 6 日。(李均
    明 2005)

54. 李均明《漢代烽隧守禦術略考》,《秦漢研究》第二輯,三秦出版社,2007
    年 11 月。(李均明 2007)

55. 李均明《秦漢簡牘文書分類輯解》,文物出版社,2009 年。(李均明 2009)

56. 李均明《張家山漢簡所反映的包庇犯罪》,《簡牘法制論稿》,廣西師範大
    學出版社,2011 年 4 月。(李均明 2011A)

57. 李均明《居延漢簡所見行政召會》,《簡牘法制論稿》,廣西師範大學出版
    社,2011 年 4 月。(李均明 2011B)

58. 李均明《額濟納漢簡「行政條規」冊論考》,《簡牘法制論稿》,廣西師範
    大學出版社,2011 年 4 月。(李均明 2011C)

59. 李均明《張家山漢簡所見刑罰等序及相關問題》,《簡牘法制論稿》,廣西
    師範大學出版社,2011 年 4 月。(李均明 2011D)

60. 李均明《通道廄考——與敦煌懸泉廄的比較研究》,《出土文獻》第二輯,
    中西書局,2011 年 11 月。(李均明 2011E)

61. 李均明《漢簡所見時限與延期》,《中國古代法律文獻研究》第十輯,社
    會科學文獻出版社,2016 年 12 月。(李均明 2016)

62. 李均明、劉軍《居延漢簡居延都尉與甲渠候人物志》,《文史》第三十六輯,中華書局,1992 年 8 月。(李均明、劉軍 1992)

63. 李均明、劉軍《簡牘文書學》,廣西教育出版社,1999 年 6 月。(李均明、劉軍 1999)

64. 李力《關於秦漢簡牘所見「稍入錢」一詞的討論》,《國學學刊》2015 年第 4 期。(李力 2015)

65. 李明曉《西北漢簡中的烽火信號「表」》,《簡帛語言文字研究》第五輯,巴蜀書社,2010 年 6 月。(李明曉 2010)

66. 李艷玲《漢代「穬麥」考》,《敦煌學輯刊》2018 年第 4 期。(李艷玲 2018)

67. 黎明釗《士吏的職責與工作:額濟納河漢簡讀記》,《中國文化研究所學報》第 48 期,2008 年。(黎明釗 2008)

68. 黎明釗《肩水金關漢簡的趙地戍卒》,《邯鄲學院學報》2014 年第 4 期。(黎明釗 2014)

69. 李天虹《居延漢簡所見候官少吏的任用與罷免》,《史學集刊》1996 年第 3 期。(李天虹 1996)

70. 李天虹《居延漢簡吏卒「廩名籍」探析》,《簡帛研究》第三輯,廣西教育出版社,1998 年 12 月。(李天虹 1998)

71. 李天虹《居延漢簡簿籍分類研究》,科學出版社,2003 年 9 月。(李天虹 2003)

72. 李天虹《漢簡「致籍」考辨——讀張家山漢簡〈津關令〉札記》,《文史》2004 年第 2 期。(李天虹 2004)

73. 李學勤《談「張掖都尉棨信」》,《文物》1978 年第 1 期。(李學勤 1978)

74. 李岩雲《敦煌漢簡「私從者」與「從者」再議》,《金塔居延遺址與絲綢之路歷史文化研究》,甘肅教育出版社,2014 年 12 月。(李岩雲 2014)

75. 李燁《「秦胡」別釋》,《內江師範學院學報》2012 年第 5 期。(李燁 2012)

76. 李燁《〈金關漢簡(壹)〉研究三題》,西南大學碩士學位論文,2013 年。(李燁 2013)

77. 李燁《漢簡所見「過所」考》,《簡帛語言文字研究》第七輯,巴蜀書社,2015 年 3 月。(李燁 2015)

78. 李燁、張顯成《〈肩水金關漢簡(壹)〉校勘記》,《古籍整理研究學刊》2015 年 4 期。(李燁、張顯成 2015)

79. 李迎春《漢代的尉史》，《簡帛》第五輯，上海古籍出版社，2010 年 10 月。（李迎春 2010）

80. 李迎春《漢簡「小府」考——兼談簡牘詞彙語義的辨析》，《石家莊學院學報》2012 年第 5 期。（李迎春 2012）

81. 李迎春《讀居延漢簡札記六則》，《簡牘學研究》第五輯，甘肅人民出版社，2014 年 8 月。（李迎春 2014A）

82. 李迎春《論居延漢簡「主官」稱謂——兼談漢代「掾」「史」稱謂之關係》，《金塔居延遺址與絲綢之路歷史文化研究》，甘肅教育出版社，2014 年 12 月。（李迎春 2014B）

83. 李迎春《論卒史一職的性質、來源與級別》，《簡牘學研究》第六輯，甘肅人民出版社，2016 年 6 月。（李迎春 2016）

84. 李迎春《試論肩水金關漢簡中出入關符的類型和作用》，《簡帛研究二〇一九（春夏卷)》，廣西師範大學出版社，2019 年 6 月。（李迎春 2019A）

85. 李迎春《金關漢簡〈甘露二年丞相御史書〉政治史信息再探——兼論漢代貴族奴婢的政治參與》，《簡牘學研究》第八輯，甘肅人民出版社，2019 年 7 月。（李迎春 2019B）

86. 李銀良《漢代「過所」考辨》，《簡帛研究二〇一七（春夏卷)》，廣西師範大學出版社，2017 年 6 月。（李銀良 2017）

87. 李穎梅《〈肩水金關漢簡（貳)〉校釋六則》，《昆明學院學報》2018 年第 1 期。（李穎梅 2018）

88. 李玥凝《漢簡中的「方相車」補說》，《魯東大學學報》2015 年 3 期。（李玥凝 2015）

89. 李振宏《小議居延漢簡中的「私去署」問題》，《鄭州大學學報》2001 年第 9 期。（李振宏 2001）

90. 李振宏《居延漢簡與漢代社會》，中華書局，2003 年 10 月。（李振宏 2003）

91. 連劭名《西域木簡所見〈漢律〉中的「證不言請」律》，《文物》1986 第 11 期。（連劭名 1986）

92. 連劭名《漢簡中的債務文書及「貰賣名籍」》，《考古與文物》1987 年第 3 期。（連劭名 1987A）

93. 連劭名《居延漢簡中的有方》，《考古》1987 年第 11 期。（連劭名 1987B）

94. 連劭名《西域木簡所見〈漢律〉》,《文史》第二十九輯,中華書局,1988 年 1 月。(連劭名 1988)

95. 梁靜《〈蒼頡篇〉首章的發現與研究》,《簡帛研究二〇一三》,廣西師範大學出版社,2014 年 7 月。(梁靜 2014)

96. 林宏明《漢簡試綴第二則》,社科院歷史研究所先秦史研究室網站 2016 年 11 月 6 日。(林宏明 2016A)

97. 林宏明《漢簡試綴第三則》,社科院歷史研究所先秦史研究室網站 2016 年 11 月 10 日。(林宏明 2016B)

98. 林宏明《漢簡試綴第四則》,社科院歷史研究所先秦史研究室網站 2016 年 11 月 15 日。(林宏明 2016C)

99. 林宏明《漢簡試綴第五則》,社科院歷史研究所先秦史研究室網站 2016 年 11 月 18 日。(林宏明 2016D)

100. 林宏明《漢簡試綴第四則(代替)》,社科院歷史研究所先秦史研究室網站 2016 年 12 月 3 日。(林宏明 2016E)

101. 林宏明《漢簡試綴第六則》,社科院歷史研究所先秦史研究室網站 2016 年 12 月 3 日。(林宏明 2016F)

102. 林宏明《漢簡試綴第七則》,社科院歷史研究所先秦史研究室網站 2016 年 12 月 9 日。(林宏明 2016G)

103. 林宏明《漢簡試綴第八到十一則》,社科院歷史研究所先秦史研究室網站 2016 年 12 月 9 日。(林宏明 2016H)

104. 林宏明《漢簡試綴第 12～14 則》,社科院歷史研究所先秦史研究室網站 2016 年 12 月 15 日。(林宏明 2016I)

105. 林宏明《漢簡試綴第 15 則》,社科院歷史研究所先秦史研究室網站 2016 年 12 月 29 日。(林宏明 2016J)

106. 林宏明《漢簡試綴第 17 則》,社科院歷史研究所先秦史研究室網站 2017 年 6 月 28 日。(林宏明 2017)

107. 林劍鳴《秦漢時代的丞相和御史——居延漢簡解讀筆記》,《蘭州大學學報》1983 年 3 期。(林劍鳴 1983)

108. 林劍鳴《簡牘概述》,陝西人民出版社,1984 年 9 月。(林劍鳴 1984)

109. 林獻忠《讀〈肩水金關漢簡(貳)〉札記》,復旦大學出土文獻與古文字研究中心網 2014 年 12 月 20 日。(林獻忠 2014)

110. 林獻忠《〈肩水金關漢簡（貳）〉考釋六則》，《敦煌研究》2016 年 5 期。（林獻忠 2016）

111. 〔韓〕林炳德《秦漢時期的庶人》，《簡帛研究二〇〇九》，廣西師範大學出版社，2011 年 11 月。（林炳德 2011）

112. 林永強《「葆塞蠻夷」相關問題考論——以「葆為行政機構說」等問題的探討為中心》，《西北民族大學學報》2009 年第 1 期。（林永強 2009）

113. 凌文超《漢晉賦役制度識小》，《簡帛》第六輯，上海古籍出版社，2011 年 11 月。（凌文超 2011）

114. 凌文超《漢、吳簡官牛簿整理與研究》，《簡帛研究二〇一一》，廣西師範大學出版社，2013 年 6 月。（凌文超 2013）

115. 凌文超《肩水金關漢簡罷卒名籍與庸之身份》，《甘肅省第三屆簡牘學國際學術研討會論文集》，上海辭書出版社，2017 年 12 月。（凌文超 2017）

116. 凌雲《「墨將名籍」謎題新解》，簡帛網 2007 年 3 月 7 日。（凌雲 2007）

117. 劉光華《漢代西北屯田研究》，蘭州大學出版社，1988 年。（劉光華 1988）

118. 劉光華《西漢西北邊塞》，《簡牘學研究》第四輯，甘肅人民出版社，2004 年 11 月。（劉光華 2004）

119. 劉國勝《秦漢簡牘中的「秫米」考》，《簡帛》第十九輯，上海古籍出版社，2019 年 11 月。（劉國勝 2019）

120. 劉國勝、馮西西《漢代「家屬」辨析》，《簡帛》第二十一輯，上海古籍出版社，2020 年 11 月。（劉國勝、馮西西 2020）

121. 劉嬌《漢簡所見〈孝經〉之傳注或解說初探》，《出土文獻》第六輯，中西書局，2015 年 4 月。（劉嬌 2015A）

122. 劉嬌《漢簡所見〈孝經〉之傳注或解說初探》，復旦大學出土文獻與古文字研究中心網 2015 年 4 月 8 日。（劉嬌 2015B）

123. 劉嬌《讀肩水金關漢簡「馬禖祝辭」小札》，《文匯報》2016 年 8 月 19 日第 W11 版。（劉嬌 2016）

124. 劉嬌《居延漢簡所見六藝諸子類資料輯釋》，《出土文獻與古文字研究》第七輯，上海古籍出版社，2018 年 5 月。（劉嬌 2018）

125. 劉軍《甲渠塞臨木部候長考——兼論候長的職責》，《簡帛研究》第一輯，法律出版社，1993 年 8 月。（劉軍 1993）

126. 劉軍《漢簡人事管理研究之一——行塞舉與離署申報》，《簡牘學研究》
第一輯，甘肅人民出版社，1997 年 1 月。（劉軍 1997）

127. 劉軍《尹灣木牘長吏除遷考——漢簡人事研究之二》，《出土文獻研究》
第四輯，中華書局，1998 年 11 月。（劉軍 1998）

128. 劉寒青《釋漢簡中的「記」》，《煙臺大學學報》2017 年第 3 期。（劉寒青
2017）

129. 劉海年《秦漢訴訟中的「爰書」》，《法學研究》1980 年 1 期。（劉海年
1980）

130. 劉樂賢《「學大夫奉聖里附城滿昌」考》，《出土文獻研究》第八輯，上海
古籍出版社，2007 年 11 月。（劉樂賢 2007）

131. 劉樂賢《肩水金關漢簡補釋一則》，簡帛網 2013 年 7 月 28 日。（劉樂賢
2013）

132. 劉樂賢《金關漢簡中的瞿義同黨陳伯陽及相關問題》，《中國史研究》2014
年第 1 期。（劉樂賢 2014A）

133. 劉樂賢《東牌樓漢簡「府卿」試釋》，《簡帛研究二〇一三》，廣西師範大
學出版社，2014 年 7 月。（劉樂賢 2014B）

134. 劉樂賢《金關漢簡〈譚致丈人書〉校釋》，《古文字論壇（第一輯）——
曾憲通教授八十慶壽專號》，中山大學出版社，2015 年 1 月。（劉樂賢
2015A）

135. 劉樂賢《肩水金關漢簡中的王莽登基詔書》，《文物》2015 年第 3 期。（劉
樂賢 2015B）

136. 劉樂賢《釋金關漢簡中與「過大公」有關的兩枚封檢》，《出土文獻》第
七輯，中西書局，2015 年 10 月。（劉樂賢 2015C）

137. 劉樂賢《王莽「戒子孫」書考索——也談金關漢簡中一種與〈孝經〉有
關的文獻》，《出土文獻》第九輯，中西書局，2016 年 10 月。（劉樂賢
2016）

138. 劉樂賢《肩水金關漢簡所見書籍簡例釋》，《甘肅省第三屆簡牘學國際學
術研討會論文集》，上海辭書出版社，2017 年 12 月。（劉樂賢 2017）

139. 劉樂賢《談漢簡中的「雪」字》，《古文字研究》第三十二輯，中華書局，
2018 年 8 月。（劉樂賢 2018A）

140. 劉樂賢《讀肩水金關漢簡〈張宣與稚萬書〉》,《出土文獻研究》第十七輯,
中西書局,2018 年 12 月。(劉樂賢 2018B)

141. 劉鳴《西漢的都試與秋射》,《簡帛研究二〇一九(秋冬卷)》,廣西師範
大學出版社,2020 年 1 月。(劉鳴 2020)

142. 劉倩倩《〈甘露二年丞相御史律令〉校注》,復旦大學出土文獻與古文字
研究中心網 2015 年 1 月 12 日。(劉倩倩 2015A)

143. 劉倩倩《〈肩水金關漢簡(壹)〉注釋及相關問題研究》,華東師範大學碩
士學位論文,2015 年 4 月。(劉倩倩 2015B)

144. 劉濤《長沙東配樓東漢簡牘的書體、書法與書寫者——兼談漢朝課吏之
法、「史書」與「八體六書」》,《長沙東牌樓東漢簡牘》,文物出版社,2006
年。(劉濤 2006)

145. 劉欣寧《漢代「傳」中的父老與里正》,《早期中國史研究》第八卷第二
期,2016 年 12 月。(劉欣寧 2016)

146. 劉釗《古文字中的人名資料》,《吉林大學社會科學學報》,1999 年第 1
期。(劉釗 1999)

147. 劉釗《說秦簡「右剽」一語並論歷史上的官馬標識制度》,《出土文獻與
古文字研究》第四輯,上海古籍出版社,2011 年 12 月。(劉釗 2011)

148. 劉釗《漢簡「堊」字小考》,《文史》2012 年第四輯,又復旦大學出土文
獻與古文字研究中心網 2013 年 8 月 15 日。(劉釗 2013)

149. 劉釗《近出西北屯戍漢簡研讀四則》,《出土文獻研究》第十三輯,中西
書局,2014 年。(劉釗 2014)

150. 劉釗《漢簡所見官文書研究》,吉林大學博士學位論文,2015 年 6 月。
(劉釗 2015)

151. 劉釗、譚若麗《漢簡所見竇融時期「治所書」新探——建武初年河西官
文書研究之一》,《簡帛》第十四輯,上海古籍出版社,2017 年 5 月。(劉
釗、譚若麗 2017)

152. 劉釗《河西漢簡零拾四則》,《中國文字研究》第二十八輯,上海書店出
版社,2018 年 12 月。(劉釗 2018)

153. 路方鴿《居延漢簡「稍入」是邊塞的財政收入之一》,《南都學壇》2012
年第 4 期。(路方鴿 2012)

154. 路方鴿《〈居延新簡〉語詞札記》,《西南交通大學學報》,2013 年第 1 期。
（路方鴿 2013）

155. 魯家亮《肩水金關漢簡釋文校讀六則》,《古文字研究》第二十九輯,中
華書局,2012 年 10 月。（魯家亮 2012）

156. 陸錫興《釋「尸」》,《考古》1987 年第 12 期。（陸錫興 1987）

157. 陸錫興《說彊》,《湖南省博物館館刊》第九輯,嶽麓書社,2013 年 4 月。
（陸錫興 2013）

158. 羅見今、關守義《〈肩水金關漢簡（壹）〉八枚曆譜散簡年代考釋》,《敦
煌研究》2012 年第 5 期。（羅見今、關守義 2012）

159. 羅見今、關守義《〈肩水金關漢簡（壹）〉紀年簡考釋》,《敦煌研究》2013
年第 5 期。（羅見今、關守義 2013）

160. 羅見今、關守義《〈肩水金關漢簡（貳）〉曆簡年代考釋》,《敦煌研究》
2014 年第 2 期。（羅見今、關守義 2014）

161. 羅見今、關守義《〈肩水金關漢簡（叁）〉曆簡年代考釋》,《敦煌研究》
2015 年第 4 期。（羅見今、關守義 2015）

162. 羅見今、關守義《〈肩水金關漢簡（伍）曆簡考釋〉》,《中原文化研究》
2018 年第 6 期。（羅見今、關守義 2018）

163. 羅振玉、王國維《流沙墜簡》,中華書局,1993 年。（羅振玉、王國維 1993）

164. 呂健《漢代封泥封緘形制的考古學研究》,出土文獻與中國古代文明研究
協同創新中心中國人民大學分中心編《出土文獻的世界：第六屆出土文
獻青年學者論壇論文集》,中西書局,2018 年 9 月。（呂健 2018）

M

1. 馬彪《試論漢簡所見「大石」「小石」的問題》,《金塔居延遺址與絲綢之
路歷史文化研究》,甘肅教育出版社,2014 年 12 月。（馬彪 2014）

2. 馬彪、林力娜《秦、西漢容量「石」諸問題研究》,《中國史研究》2018
年第 4 期。（馬彪、林力娜 2018）

3. 馬曼麗《從漢簡看漢代西北邊塞守禦制度》,《中國邊疆史地研究》1992
年第 1 期。（馬曼麗 1992）

4. 馬孟龍《談肩水金關漢簡中的幾個地名》,《中國歷史地理論叢》2012 年
第 3 輯。（馬孟龍 2012）

5. 馬孟龍《西漢侯國地理》，上海古籍出版社，2013 年 11 月。（馬孟龍 2013A）

6. 馬孟龍《西漢存在「太常郡」嗎？——西漢政區研究視野下與太常相關的幾個問題》，《中國歷史地理論叢》2013 年第 3 輯。（馬孟龍 2013B）

7. 馬孟龍《談肩水金關漢簡中的幾個地名（二）》，《中國歷史地理論叢》2014 年第 2 輯。（馬孟龍 2014）

8. 馬怡《扁書試探》，《簡帛》第一輯，上海古籍出版社，2006 年 10 月。（馬怡 2006）

9. 馬怡《讀東牌樓漢簡〈侈與督郵書〉——漢代書信格式與形制的研究》，《簡帛研究二〇〇五》，廣西師範大學出版社，2008 年 9 月。（馬怡 2008）

10. 馬怡《居延簡〈宣與幼孫少婦書〉——漢代邊吏的私人通信》，《南都學壇》2010 年第 3 期。（馬怡 2010）

11. 馬怡《〈趙憲借襦書〉與〈趙君劵存物書〉——金關漢簡私文書考釋二則》，《簡牘學研究》第五輯，甘肅人民出版社，2014 年 8 月。（馬怡 2014）

12. 馬智全《〈肩水金關漢簡（壹）〉校讀記》，《考古與文物》2012 年 6 期。（馬智全 2012）

13. 馬智全《肩水金關漢簡中的「葆」探論》，《西北師大學報》2013 年 1 期。（馬智全 2013）

14. 馬智全《肩水金關漢簡〈論語〉及相關儒家簡牘探論》，《金塔居延遺址與絲綢之路歷史文化研究》，甘肅教育出版社，2014 年 12 月。（馬智全 2014）

15. 馬智全《居延漢簡中的「河渠卒」應是「治渠卒」》，《中國農史》2015 年第 4 期。（馬智全 2015A）

16. 馬智全《肩水金關漢簡所見罷卒》，《絲綢之路》2015 年第 20 期。（馬智全 2015B）

17. 馬智全《漢簡「學師」小考》，《魯東大學學報》2017 年第 2 期。（馬智全 2017A）

18. 馬智全《肩水金關關嗇夫紀年考》，《甘肅省第三屆簡牘學國際學術研討會論文集》，上海辭書出版社，2017 年 12 月。（馬智全 2017B）

19. 馬智全《說「僵落」》，《敦煌研究》2018 年第 1 期。（馬智全 2018）

20. 〔英〕M·魯惟一著，張書生譯《漢代的一些軍事文書》，《簡牘研究譯叢》第一輯，中國社會科學出版社，1983 年 4 月。（M·魯惟一 1983）

21. 〔英〕邁克爾・魯惟一著，于振波、車今花譯《漢代行政記錄》，廣西師範大學出版社，2005 年 12 月。（邁克爾・魯惟一 2005）

22. 孟志成《候長、燧長的任用和獎懲》，《簡牘學研究》第三輯，甘肅人民出版社，2002 年 10 月。（孟志成 2002）

23. 〔日〕米田賢次郎著，余太山譯《秦漢帝國的軍事組織》，《簡牘研究譯叢》第二輯，中國社會科學出版社，1987 年 5 月。（米田賢次郎 1987）

N

1. 南玉泉《讀秦漢簡牘再論贖刑》，《中國古代法律文獻研究》第五輯，社會科學文獻出版社，2012 年 1 月。（南玉泉 2012A）

2. 南玉泉《秦漢式的種類與性質》，《中國古代法律文獻研究》第六輯，社會科學文獻出版社，2012 年 12 月。（南玉泉 2012B）

3. 〔日〕籾山明著，謝新平、東山譯《爰書新探——兼論漢代的訴訟》，《簡帛研究譯叢》第一輯，湖南出版社，1996 年 6 月。（籾山明 1996）

4. 〔日〕籾山明著，胡平生譯《刻齒簡牘初探——漢簡形態論》，《簡帛研究譯叢》第二輯，湖南人民出版社，1998 年 8 月。（籾山明 1998）

5. 〔日〕籾山明《削衣、觚、史書》，汪濤、胡平生、吳芳思主編《英國國家圖書館藏斯坦因所獲未刊漢文簡牘》，上海辭書出版社，2007 年 12 月。（籾山明 2007）

6. 轟丹《說「慈其」》，《繼承與創新——慶祝西南大學漢語言文獻研究所建立三十週年論文集》，西南師範大學出版社，2014 年 9 月。（轟丹 2014）

7. 轟菲《文牘套語中的「足下」考辨》，簡帛網 2016 年 5 月 13 日。（轟菲 2016）

P

1. 裴永亮《肩水金關漢簡中的漢文帝樂府詔書》，《音樂研究》2018 年第 3 期。（裴永亮 2018）

2. 彭浩《河西漢簡中的「獄計」及相關文書》，《簡帛研究二〇一八（春夏卷）》，廣西師範大學出版社，2018 年 6 月。（彭浩 2018）

3. 彭浩《肩水金關漢簡所見漢景帝初年的一條令文》，《出土文獻》2021 年第 2 期。（彭浩 2021）

Q

1. 秦鳳鶴《〈肩水金關漢簡〉（壹）（貳）釋文校訂》，《漢語漢字研究》2018年第 2 期。（秦鳳鶴 2018A）

2. 秦鳳鶴《〈肩水金關漢簡〉（肆）釋文校訂》，《古文字研究》第三十二輯，中華書局，2018 年 8 月。（秦鳳鶴 2018B）

3. 秦鳳鶴《〈肩水金關漢簡（伍）〉釋文校讀》，《簡帛研究二〇一八（春夏卷）》，廣西師範大學出版社，2018 年 6 月。（秦鳳鶴 2018C）

4. 秦進才《肩水金關「趙國尉文」簡探微》，《金塔居延遺址與絲綢之路歷史文化研究》，甘肅教育出版社，2014 年 12 月。（秦進才 2014）

5. 〔日〕青木俊介著，蘇俊林譯《漢代關所中馬的通行規制及其實態——來自肩水金關漢簡的分析》，《法律史譯評》第七卷，中西書局，2019 年 11 月。（青木俊介 2019）

6. 裘錫圭《湖北江陵鳳凰山十號漢墓出土簡牘考釋》，《文物》1974 年第 7 期。（裘錫圭 1974）

7. 裘錫圭《考古發現的秦漢文字資料對於校讀古籍的重要性》，《中國社會科學》1980 年第 5 期。（裘錫圭 1980）

8. 裘錫圭《關於新出甘露二年御史書》，《考古與文物》1981 年第 1 期。（裘錫圭 1981A）

9. 裘錫圭《漢簡零拾》，《文史》第十二輯，中華書局，1981 年。（裘錫圭 1981B）

10. 裘錫圭《嗇夫初探》，中華書局編輯部編《雲夢秦簡研究》，中華書局，1981 年 7 月。（裘錫圭 1981C）

11. 裘錫圭《〈居延漢簡甲乙編〉釋文商榷（一）——讀考古發現文字資料札記之二》，《人文雜誌》1982 年第 2 期。（裘錫圭 1982A）

12. 裘錫圭《〈居延漢簡甲乙編〉釋文商榷（續一）》，《人文雜誌》1982 年第 2 期。（裘錫圭 1982B）

13. 裘錫圭《〈居延漢簡甲乙編〉釋文商榷（續二）》，《人文雜誌》1982 年第 4 期。（裘錫圭 1982C）

14. 裘錫圭《〈居延漢簡甲乙編〉釋文商榷（續四）》，《人文雜誌》1983 年第 1 期。（裘錫圭 1983）

15. 裘錫圭《〈關於新出甘露二年御史書〉一文的更正信》,《考古與文物》1984 年第 3 期。(裘錫圭 1984)

16. 裘錫圭《再談甘露二年御史書》,《考古與文物》1987 年第 1 期。(裘錫圭 1987)

17. 裘錫圭《新發現的居延漢簡的幾個問題》,《古文字論集》,中華書局,1992 年 8 月。(裘錫圭 1992)

18. 裘錫圭《讀漢簡札記》,《簡帛研究》第二輯,法律出版社,1996 年 9 月。(裘錫圭 1996)

19. 裘錫圭《居延漢簡中所見的疾病名稱和醫藥情況》,《中醫藥文化》2008 年第 6 期。(裘錫圭 2008)

20. 裘錫圭《為〈中國大百科全書〉撰寫的辭條》,《裘錫圭學術文集·雜著卷》,復旦大學出版社,2012 年 6 月。(裘錫圭 2012A)

21. 裘錫圭《從出土文字資料看秦和西漢時代官有農田的經營》,《裘錫圭學術文集·古代歷史、思想、民俗卷》,復旦大學出版社,2012 年 6 月。(裘錫圭 2012B)

22. 裘錫圭《漢簡零拾》,《裘錫圭學術文集·簡牘帛書卷》,復旦大學出版社,2012 年 6 月。(裘錫圭 2012C)

R

1. 饒宗頤、李均明《敦煌漢簡編年考證》,新文豐出版公司,1995 年 9 月。(饒宗頤、李均明 1995A)

2. 饒宗頤、李均明《新莽簡輯證》,新文豐出版公司,1995 年 9 月。(饒宗頤、李均明 1995B)

3. 任達《〈肩水金關漢簡(壹)〉文字編》,吉林大學碩士學位論文,2014 年。(任達 2014)

4. 〔韓〕任仲爀《秦漢律中的庶人》,《簡帛研究二〇〇九》,廣西師範大學出版社,2011 年 11 月。(任仲爀 2011)

5. 〔韓〕任仲爀《秦漢律的贖刑》,《簡帛研究二〇一〇》,廣西師範大學出版社,2012 年 3 月。(任仲爀 2012)

6. 〔日〕日比野丈夫《漢簡所見地名考》,《簡牘研究譯叢》第二輯,中國社會科學出版社,1987 年 5 月。(日比野丈夫 1987)

S

1. 〔日〕森鹿三著，姜鎮慶譯《居延出土的王莽簡》，《簡牘研究譯叢》第一輯，中國社會科學出版社，1983 年 4 月。森鹿三（1983A）

2. 〔日〕森鹿三著，姜鎮慶譯《論居延簡所見的馬》，《簡牘研究譯叢》第一輯，中國社會科學出版社，1983 年 4 月。森鹿三（1983B）

3. 〔日〕森鹿三著，金立新譯《論居延出土的卒家屬廩名籍》，《簡牘研究譯叢》第一輯，中國社會科學出版社，1983 年 4 月。森鹿三（1983C）

4. 〔日〕森鹿三著，姜鎮慶譯《論敦煌和居延出土的漢曆》，《簡牘研究譯叢》第一輯，中國社會科學出版社，1983 年 4 月。森鹿三（1983D）

5. 〔日〕森鹿三著，姜鎮慶譯《關於令史弘的文書》，《簡牘研究譯叢》第一輯，中國社會科學出版社，1983 年 4 月。森鹿三（1983E）

6. 上官緒智、黃今言《漢代烽燧中的信息器具與烽火品約置用考論》，《社會科學輯刊》2004 年第 5 期。（上官緒智、黃今言 2004）

7. 尚穎《〈肩水金關漢簡（1～2）〉所見各類符號及其作用》，復旦大學出土文獻與古文字研究中心網 2015 年 1 月 11 日。（尚穎 2015）

8. 單印飛《〈肩水金關漢簡（肆）〉綴合一則》，簡帛網 2016 年 1 月 13 日。（單印飛 2016）

9. 沈剛《西北漢簡所見騎士簡二題》，《出土文獻研究》第十一輯，中西書局，2012 年 12 月。（沈剛 2012）

10. 沈剛《西北漢簡中的「葆」》，《簡帛研究二〇一一》，廣西師範大學出版社，2013 年 6 月。（沈剛 2013）

11. 沈剛《西北漢簡中的「從者」與「私從者」》，《漢晉時期國家與社會論集》，廣西師範大學出版社，2016 年 10 月。（沈剛 2016）

12. 沈剛《也談漢代西北邊亭——以張掖太守府轄區為中心》，《簡帛》第十五輯，上海古籍出版社，2017 年 11 月。（沈剛 2017）

13. 沈培《釋甲骨文、金文與傳世典籍中跟「眉壽」的「眉」相關的字詞》，復旦大學出土文獻與古文字研究中心網 2009 年 10 月 13 日。（沈培 2009）

14. 沈思聰《讀肩水金關漢簡札記》，《簡帛》第十八輯，上海古籍出版社，2019 年 5 月。（沈思聰 2019）

15. 沈元《〈急就篇〉研究》，《歷史研究》1962 年第 3 期。（沈元 1962）

16. 〔日〕市川任三著，呂宗力譯《論西漢的張掖郡都尉》，《簡牘研究譯叢》第二輯，中國社會科學出版社，1987 年 5 月。（市川任三 1987）

17. 司曉蓮、曲元凱《讀〈肩水金關漢簡（貳）〉札記》，《集美大學學報》2016 年 4 期。（司曉蓮、曲元凱 2016）

18. 宋傑《建武十年弩機銘文考釋》，《文史》第三十四輯，中華書局，1992 年 5 月。（宋傑 1992）

19. 宋艷萍《漢簡所見「以私印行事」研究》，《金塔居延遺址與絲綢之路歷史文化研究》，甘肅教育出版社，2014 年 12 月。（宋艷萍 2014）

20. 宋一夫《漢代「屬吏」「曹」「掾史」考》，《文史》1999 年第一輯，中華書局，1998 年 12 月。（宋一夫 1998）

21. 宋真《漢代通行證制度與商人的移動》，《簡帛》第五輯，上海古籍出版社，2010 年 10 月。（宋真 2010）

22. 孫機《漢代物質文化資料圖說》，文物出版社，2011 年 8 月。（孫機 2011）

23. 孫家洲《〈肩水金關漢簡〉所見漢武帝「茂陵邑」探微》，《中國人民大學學報》2018 年第 3 期。（孫家洲 2018）

24. 孫樹山《〈甘露二年丞相御史書〉再商榷》，《文教資料》2015 年第 34 期。（孫樹山 2015）

25. 孫聞博《里耶秦簡「守」「守丞」新考——兼談秦漢的守官制度》，《簡帛研究二〇一〇》，廣西師範大學出版社，2012 年 3 月。（孫聞博 2012）

26. 孫聞博《河西漢塞「河渠卒」為「治渠卒」辨》，《敦煌研究》2015 年第 5 期。（孫聞博 2015）

27. 孫言誠《敦煌、居延簡中的漢代河西戍田卒》，《追尋中華古代文明的蹤迹——李學勤先生學術活動五十年紀年文集》，復旦大學出版社，2002 年。（孫言誠 2002）

28. 孫雍長《「文無害」探源》，《文史》第三十輯，中華書局，1988 年 7 月。（孫雍長 1988）

29. 孫占宇《居延新簡集釋（一）》，甘肅文化出版社，2016 年 8 月。（孫占宇 2016）

30. 孫兆華《〈肩水金關漢簡（貳）〉所見里名及相關問題》，《魯東大學學報》2014 年第 2 期。（孫兆華 2014A）

31. 孫兆華《〈肩水金關漢簡（貳）〉所見里名及相關問題》,《金塔居延遺址與絲綢之路歷史文化研究》,甘肅教育出版社,2014 年 12 月。（孫兆華 2014B）

32. 蘇衛國《小議簡牘文書中的「告」「謂」句式——秦漢官文書用語研究之一》,《簡帛研究二〇〇五》,廣西師範大學出版社,2008 年 9 月。（蘇衛國 2008）

T

1. 唐俊峰《西漢河西田官的組織與行政：以居延、肩水地區的田官為中心》,《中國文化研究所學報》第 59 期,2014 年。（唐俊峰 2014A）

2. 唐俊峰《A35 大灣城遺址肩水都尉府說辨疑——兼論「肩水北部都尉」的官署問題》,《簡帛》第九輯,上海古籍出版社,2014 年 10 月。（唐俊峰 2014B）

3. 唐曉軍《漢簡所見「關傳」與「過所」的關係》,《西北史地》1994 年第 3 期。（唐曉軍 1994）

4. 〔日〕藤田勝久《〈張家山漢簡·津關令〉與漢墓簡牘——傳與致的情報傳達》,《簡帛》第二輯,上海古籍出版社,2007 年 11 月。（藤田勝久 2007）

5. 〔日〕藤田勝久《金關漢簡的傳與漢代交通》,《簡帛》第七輯,上海古籍出版社,2012 年 10 月。（藤田勝久 2012A）

6. 〔日〕藤田勝久《漢代簡牘文書處理與「發」》,黎明釗編《漢帝國的制度與社會秩序》,牛津大學出版社（香港）,2012 年。（藤田勝久 2012B）

7. 〔日〕藤田勝久《肩水金關與漢代交通——符與傳之用途》,《金塔居延遺址與絲綢之路歷史文化研究》,甘肅教育出版社,2014 年 12 月。（藤田勝久 2014）

8. 〔日〕藤田勝久《肩水金關的交通與「出入」通行證》,《簡帛》第十七輯,上海古籍出版社,2018 年 11 月。（藤田勝久 2018）

9. 〔日〕藤枝晃著,孫言誠譯《漢簡職官表》,《簡牘研究譯叢》第一輯,中國社會科學出版社,1983 年 4 月。（藤枝晃 1983）

10. 〔日〕鵜飼昌男著,徐世虹譯《〈始建國天鳳三年當食者案〉冊書之考察——以漢代「案」字語義為中心》,《簡帛研究二〇〇一》,廣西師範大學出版社,2001 年 9 月。（鵜飼昌男 2001）

11. 〔日〕鵜飼昌男《關於漢代文書的一點考察——「記」這一文書的存在》，《中國古代法律文獻研究》第二輯，中國政法大學出版社，2004 年 6 月。（鵜飼昌男 2004）

12. 田炳炳《說〈肩水金關漢簡（壹）〉中的「陝」》，簡帛網 2014 年 6 月 9 日。（田炳炳 2014A）

13. 田炳炳《讀〈肩水金關漢簡〉簡雜識（三則）》，簡帛網 2014 年 6 月 28 日。（田炳炳 2014B）

14. 田炳炳《讀〈肩水金關漢簡〉札記四則》，簡帛網 2014 年 7 月 2 日。（田炳炳 2014C）

15. 田炳炳《〈肩水金關漢簡（叁）〉所見縣名與里名》，簡帛網 2014 年 7 月 22 日。（田炳炳 2014D）

16. 田炳炳《肩水金關漢簡綴合兩則》，簡帛網 2014 年 9 月 1 日。（田炳炳 2014E）

17. 田炳炳《簡牘文書中的「太常」》，簡帛網 2014 年 9 月 23。（田炳炳 2014F）

18. 田家溧《漢簡所見「致籍」與「出入名籍」考——以肩水金關簡為中心》，《史學集刊》2014 年第 6 期。（田家溧 2014A）

19. 田家溧《肩水金關漢簡所見出入文書運行復原研究》，《金塔居延遺址與絲綢之路歷史文化研究》，甘肅教育出版社，2014 年 12 月。（田家溧 2014B）

W

1. 萬堯緒《肩水金關漢簡考證三則》，《魯東大學學報》2018 年第 3 期。（萬堯緒 2018）

2. 汪桂海《漢印制度雜考》，《歷史研究》1997 年第 3 期。（汪桂海 1997）

3. 汪桂海《漢代文書的收發與啟封》，《簡帛研究》第三輯，廣西教育出版社，1998 年 12 月。（汪桂海 1998）

4. 汪桂海《漢代官文書制度》，廣西教育出版社，1999 年 9 月。（汪桂海 1999）

5. 汪桂海《漢簡叢考（一）》，《簡帛研究二〇一〇》，廣西師範大學出版社，2001 年 9 月。（汪桂海 2001）

6. 汪桂海《漢代的「史書」》，《文獻》2004 年第 2 期。（汪桂海 2004）

7. 汪桂海《出土簡牘所見漢代的臘節》,《中國歷史文物》2007 年第 3 期。（汪桂海 2007）

8. 汪桂海《從出土簡牘看漢代的律令體系》,《秦漢簡牘探研》,文津出版社有限公司,2009 年 12 月。（汪桂海 2009A）

9. 汪桂海《簡牘所見漢代邊塞徼巡制度》,《秦漢簡牘探研》,文津出版社有限公司,2009 年 12 月。（汪桂海 2009B）

10. 汪桂海《漢代軍隊編制、軍陣及二者之關係》,《簡帛研究二○一五（春夏卷）》,廣西師範大學出版社,2015 年 6 月。（汪桂海 2015）

11. 汪受寬《肩水金關漢簡「黑色」人群體研究》,《中華文史論叢》2014 年 3 期。（汪受寬 2014）

12. 王愛清《漢代「葆」身份補正》,《南都學壇》,2007 年第 6 期。（王愛清 2007）

13. 王楚寧、張予正《肩水金關漢簡〈齊論語〉整理》,復旦大學出土文獻與古文字研究中心網 2017 年 8 月 7 日,又《中國文物報》2017 年 8 月 11 日第 6 版。（王楚寧、張予正 2017）

14. 王楚寧、張予正、張楚蒙《肩水金關漢簡〈齊論語〉研究》,《文化遺產與公眾考古》第四輯,2017 年 10 月。（王楚寧、張予正、張楚蒙 2017）

15. 王國維《秦陽陵虎符跋》,《觀堂集林》,中華書局,1959 年 6 月。（王國維 1959）

16. 王國維、羅振玉《流沙墜簡》,浙江古籍出版社,2013 年 7 月。（王國維、羅振玉 2013）

17. 王貴元《釋漢簡中的「行勝」與「常韋」》,《語言研究》2014 第 4 期。（王貴元 2014）

18. 王貴元《漢簡字詞考釋二則》,《語言研究》2018 年第 3 期。（王貴元 2018）

19. 王貴元、李雨檬《從出土漢代書信看漢代人的禮節用語與生活關係》,《學術研究》2019 年第 8 期。（王貴元、李雨檬 2019）

20. 王貴元《簡帛文獻字詞研究》,中國社會科學出版社,2020 年 3 月。（王貴元 2020）

21. 王海《河西漢簡所見「辟」及相關問題》,《簡帛研究二○○八》,廣西師範大學出版社,2010 年 9 月。（王海 2010）

22. 王海《漢代「塢辟」再探》,《簡帛研究二〇一一》,廣西師範大學出版社,
2013 年 6 月。(王海 2013)

23. 王繼如《釋「文毋害」》,《中華文史論叢》1985 年第 4 期。(王繼如 1985)

24. 王俊梅《簡牘所見「督烽掾」試說》,《額濟納漢簡釋文校本》,文物出版
社,2007 年 10 月。(王俊梅 2007)

25. 王念孫《讀書雜志》,江蘇古籍出版社,1985 年 7 月。(王念孫 1985)

26. 王強《肩水金關漢簡所見數術內容拾補》,《出土文獻》第十四輯,中西
書局,2019 年 4 月。(王強 2019A)

27. 王強《肩水金關漢簡「推天乙所理法」復原》,《周易研究》2019 年第 4
期。(王強 2019B)

28. 王萬盈《兩漢守邊戍卒管理初探》,《簡牘學研究》第三輯,甘肅人民出
版社,2002 年 4 月。(王萬盈 2002)

29. 王雪樵、王鐸《「居延澤」即「城澤」說》,《中國歷史地理論叢》2008 年
第 1 輯。(王雪樵、王鐸 2008)

30. 王獻唐《五燈精舍印話》,齊魯書社,1985 年 4 月。(王獻唐 1985)

31. 王勇《秦漢地方農官建置考述》,《中國農史》2008 年第 3 期。(王勇
2008)

32. 王彥輝《論秦及漢初身份秩序中的「庶人」》,《歷史研究》2018 年第 4
期。(王彥輝 2018)

33. 王元林《敦煌、居延漢簡契約論》,《簡牘學研究》第三輯,甘肅人民出
版社,2002 年。(王元林 2002)

34. 王昭義《居延漢簡中的「芨」》,《西北史地》1999 年第 2 期。(王昭義
1999)

35. 王忠全《秦漢時代「鍾」「斛」「石」新考》,《中國史研究》1988 第 1 期。
(王忠全 1988)

36. 王震亞、張小鋒《漢簡中的戍卒生活》,《簡牘學研究》第二輯,甘肅人
民出版社,1998 年 10 月。(王震亞、張小鋒 1998)

37. 王志勇《「物故」考》,《南京師範大學文學院學報》2016 年第 1 期。(王
志勇 2016)

38. 王志勇《漢簡所見「柱馬」新解》,《南京師範大學文學院學報》2018 年
第 3 期。(王志勇 2018)

39. 王子今《「未央」釋義》,《文史》第三十七輯,中華書局,1993 年 2 月。（王子今 1993）

40. 王子今《關於居延車父簡》,《簡帛研究》第二輯,法律出版社,1996 年 9 月。（王子今 1996）

41. 王子今《居延漢簡所見「戍卒行道物故」現象》,《史學月刊》2004 年第 5 期。（王子今 2004）

42. 王子今《漢代「客田」及相關問題》,《出土文獻研究》第七輯,上海古籍出版社,2005 年 11 月。（王子今 2005）

43. 王子今《關於額濟納漢簡所見「居延鹽」》,《出土文獻研究》第八輯,上海古籍出版社,2007 年 11 月。（王子今 2007）

44. 王子今《兩漢社會中的「小男」「小女」》,《清華大學學報》2008 年第 1 期。（王子今 2008）

45. 王子今《說漢代「賤子」自稱》,《簡帛》第四輯,上海古籍出版社,2009 年 10 月。（王子今 2009）

46. 王子今《居延漢簡所見「明府」稱謂》,《簡帛研究二〇〇七》,廣西師範大學出版社,2010 年 3 月。（王子今 2010）

47. 王子今《說肩水金關「清酒」簡文》,《出土文獻》第四輯,中西書局,2013 年 12 月。（王子今 2013）

48. 王子今《河西漢簡所見「馬禖祝」禮俗與「馬醫」「馬下卒」職任》,《秦漢研究》第八輯,陝西人民出版社,2014 年。（王子今 2014A）

49. 王子今《肩水金關簡「馬禖祝」祭品用「乳」考》,《金塔居延遺址與絲綢之路歷史文化研究》,甘肅教育出版社,2014 年 12 月。（王子今 2014B）

50. 王子今《肩水金關簡所見「主君」祭品:乳黍飯清酒》,《秦漢名物叢考》,東方出版社,2016 年 1 月。（王子今 2016A）

51. 王子今《說敦煌馬圈灣簡文「驅驢士」「之蜀」》,《簡帛》第十二輯,上海古籍出版社,2016 年 5 月。（王子今 2016B）

52. 王子今《漢代河西的蜀地織品——以「廣漢八稷布」為標本的絲綢之路史考察》,《四川文物》2017 年第 3 期。（王子今 2017）

53. 王子今《河西簡文所見漢代紡織品的地方品牌》,《簡帛》第十七輯,上海古籍出版社,2018 年 11 月。（王子今 2018）

54. 王子今《居延漢簡「鮑魚」考》,《湖南大學學報》2019 年第 2 期。(王子今 2019)

55. 魏德勝《〈肩水金關漢簡(叁)〉73EJT29:117A 簡解讀》,簡帛網 2014 年 6 月 26 日。(魏德勝 2014)

56. 魏紅亮《也談「肩水」「居延澤」之得名》,《中國歷史地理論叢》2012 年第 1 輯。(魏紅亮 2012)

57. 魏堅、昌碩《居延漢代烽燧的調查發掘及其功能初探》,《額濟納漢簡釋文校本》,文物出版社,2007 年 10 月。(魏堅、昌碩 2007)

58. 魏璐夢《〈肩水金關漢簡(貳)〉詞彙專題研究》,華東師範大學碩士學位論文,2016 年 4 月。(魏璐夢 2016)

59. 魏學宏、侯宗輝《肩水金關漢簡中的「家屬」及其相關問題》,《敦煌研究》2017 年第 4 期。(魏學宏、侯宗輝 2017)

60. 魏振龍《讀〈肩水金關漢簡(壹)〉札記二則》,復旦大學出土文獻與古文字研究中心網 2016 年 1 月 15 日。(魏振龍 2016A)

61. 魏振龍《居延都尉德任期問題再探討》,復旦大學出土文獻與古文字研究中心網 2016 年 3 月 8 日。(魏振龍 2016B)

62. 魏振龍《讀漢簡札記四則》,《簡帛語言文字研究》第八輯,巴蜀書社,2016 年 8 月。(魏振龍 2016C)

63. 魏振龍《新莽時期居延的更名及隸屬關係考辨——以居延都尉為中心》,《出土文獻》第十五輯,中西書局,2019 年 10 月。(魏振龍 2019A)

64. 魏振龍《肩水金關遺址出土「戍卒逃亡」簡冊復原》,簡帛網 2019 年 11 月 15 日。(魏振龍 2019B)

65. 伍德煦《居延出土〈甘露二年丞相御史律令〉簡牘考釋》,《甘肅師大學報》1979 年第 4 期。(伍德煦 1979)

66. 伍德煦《新發現的一份西漢詔書——〈永始三年詔書簡冊〉考釋和有關問題》,《西北師院學報》1983 年第 4 期。(伍德煦 1983)

67. 吳昌廉《居延漢簡所見之「簿」「籍」述略》,《簡牘學報》第七期,簡牘學會,1980 年。(吳昌廉 1980)

68. 吳昌廉《漢簡所見之候官組織》,《簡牘學報》第十一期,簡牘學會,1985 年 9 月。(吳昌廉 1985A)

69. 吳昌廉《漢代邊塞「部」之組織》,《簡牘學報》第十一期,簡牘學會,1985 年 9 月。(吳昌廉 1985B)

70. 吳昌廉《秋射——兼論秋射與都試之異同》,《簡牘學報》第十一期,簡牘學會,1985 年 9 月。(吳昌廉 1985C)

71. 吳昌廉《漢代邊郡障隧之文官制度》,《簡牘學報》第十二期,簡牘學會,1986 年 9 月。(吳昌廉 1986)

72. 吳礽驤《漢代蓬火制度探索》,甘肅省文物工作隊、甘肅省博物館編《漢簡研究文集》,甘肅人民出版社,1984 年 9 月。(吳礽驤 1984)

73. 吳礽驤《說「都吏」》,《簡牘學研究》第四輯,甘肅人民出版社,2004 年 11 月。(吳礽驤 2004)

74. 吳榮曾《漢簡中所見的刑徒制》,《先秦兩漢史研究》,中華書局,1995 年 6 月。(吳榮曾 1995)

75. 鄔文玲《〈甘露二年御史書〉校讀》,《中國古代法律文獻研究》第五輯,法律出版社,2012 年 1 月。(鄔文玲 2012A)

76. 鄔文玲《敦煌漢簡〈侯普致左子淵書〉校讀》,《甘肅省第二屆簡牘學國際學術研討會論文集》,上海古籍出版社,2012 年 12 月。(鄔文玲 2012B)

77. 鄔文玲《居延漢簡釋文補遺》,《金塔居延遺址與絲綢之路歷史文化研究》,甘肅教育出版社,2014 年 12 月。(鄔文玲 2014)

78. 鄔文玲《漢代諸帝赦令補考》,《漢晉時期國家與社會輪集》,廣西師範大學出版社,2016 年 10 月。(鄔文玲 2016)

79. 鄔文玲《簡牘中的「真」字與「算」字——兼論簡牘文書分類》,《簡帛》第十五輯,上海古籍出版社,2017 年 11 月。(鄔文玲 2017)

80. 鄔文玲《居延漢簡「功勞文書」釋文補遺》,《出土文獻研究》第十八輯,中西書局,2019 年 12 月。(鄔文玲 2019)

81. 鄔勗《讀金關簡札記三則》,《出土文獻與法律史研究》第四輯,上海人民出版社,2015 年 11 月。(鄔勗 2015)

X

1. 肖從禮《楚漢簡牘所見「中舍」考》,《簡帛研究二○○九》,廣西師範大學出版社,2011 年 11 月。(肖從禮 2011)

2. 肖從禮《金關漢簡所見新舊年號並用現象舉隅》,《魯東大學學報》2012年第 5 期。(肖從禮 2012A)

3. 肖從禮《西北漢簡所見「偃檢」蠡測》,《甘肅省第二屆簡牘學國際學術研討會論文集》,上海古籍出版社,2012 年 12 月。(肖從禮 2012B)

4. 肖從禮《河西漢塞遺址典籍類漢簡零拾》,《金塔居延遺址與絲綢之路歷史文化研究》,甘肅教育出版社,2014 年 12 月。(肖從禮 2014)

5. 肖從禮《秦漢簡牘所見「清酒」的祭祀功能考》,《簡牘學研究》第六輯,甘肅人民出版社,2016 年 6 月。(肖從禮 2016)

6. 肖從禮《西北漢簡所見駱駝資料輯考》,《出土文獻綜合研究集刊》第六輯,巴蜀書社,2017 年 9 月。(肖從禮 2017A)

7. 肖從禮《漢簡所見弱水流域居延地區的魚及相關問題綜論》,《甘肅省第三屆簡牘學國際學術研討會論文集》,上海辭書出版社,2017 年 12 月。(肖從禮 2017B)

8. 肖從禮《肩水金關漢簡所見新莽改酒泉郡為右平郡考》,《簡牘學研究》第七輯,甘肅人民出版社,2018 年 9 月。(肖從禮 2018A)

9. 肖從禮《肩水金關漢簡中新莽西海郡史料勾稽》,《陝西歷史博物館論叢》第二十五輯,三秦出版社,2018 年 12 月。(肖從禮 2018B)

10. 肖從禮《金關漢簡所見新莽「錯田」三解》,《簡帛研究二〇一九(春夏卷)》,廣西師範大學出版社,2019 年 6 月。(肖從禮 2019)

11. 肖從禮、趙蘭香《金關漢簡「孔子知道之易」為〈齊論・知道〉佚文蠡測》,《簡帛研究二〇一三》,廣西師範大學出版社,2014 年 7 月。(肖從禮、趙蘭香 2014)

12. 蕭旭《「桃華(花)馬」名義考》,《中國文字研究》第二十二輯,上海書店出版社,2015 年 12 月。(蕭旭 2015)

13. 蕭旭《漢簡「尚(常)韋」解詁》,《中國文字》新四十五期,藝文印書館,2019 年 3 月。(蕭旭 2019)

14. 謝桂華《新舊居延漢簡冊書復原舉隅(續)》,《簡帛研究》第一輯,法律出版社,1983 年 8 月。(謝桂華 1983)

15. 謝桂華《漢簡和漢代的取庸代戍制度》,甘肅省文物考古研究所編《秦漢簡牘論文集》,甘肅人民出版社,1989 年 12 月。(謝桂華 1989)

16. 謝桂華《漢簡草書辨正舉隅》,《簡帛研究》第三輯,廣西教育出版社,1998 年 12 月。(謝桂華 1998A)

17. 謝桂華《居延漢簡所見邸與閣》,《出土文獻研究》第三輯,中華書局,1998 年 10 月。(謝桂華 1998B)

18. 謝桂華《「茭錢」試解》,《歷史研究》2006 年第 2 期。(謝桂華 2006A)

19. 謝桂華《西北漢簡所見祠社稷考釋》,《簡帛研究二○○四》,廣西師範大學出版社,2006 年 10 月。(謝桂華 2006B)

20. 謝桂華《「建武三年十二月候粟君所責寇恩事」考釋》,《簡帛研究二○一二》,廣西師範大學出版社,2013 年 10 月。(謝桂華 2013)

21. 謝桂華、李均明《〈居延漢簡甲乙編〉釋文補正舉隅》,《歷史研究》1982 年第 5 期。(謝桂華、李均明 1982)

22. 謝坤《讀〈肩水金關漢簡〉札記(一)》,簡帛網 2016 年 1 月 11 日。(謝坤 2016A)

23. 謝坤《讀〈肩水金關漢簡〉札記(二)》,簡帛網 2016 年 1 月 12 日。(謝坤 2016B)

24. 謝坤《讀〈肩水金關漢簡〉札記(三)》,簡帛網 2016 年 1 月 13 日。(謝坤 2016C)

25. 謝坤《讀〈肩水金關漢簡〉札記(四)》,簡帛網 2016 年 1 月 14 日。(謝坤 2016D)

26. 謝坤《讀〈肩水金關漢簡〉札記(五)》,簡帛網 2016 年 1 月 16 日。(謝坤 2016E)

27. 謝坤《讀〈肩水金關漢簡〉札記(六)》,簡帛網 2016 年 2 月 25 日。(謝坤 2016F)

28. 謝坤《讀〈肩水金關漢簡〉札記(七)》,簡帛網 2016 年 3 月 14 日。(謝坤 2016G)

29. 謝坤《〈肩水金關漢簡(肆)〉中的兩條「貸錢」記錄》,簡帛網 2016 年 8 月 5 日。(謝坤 2016H)

30. 謝坤《肩水金關漢簡(肆)綴合六則》,《出土文獻》第九輯,中西書局,2016 年 10 月。(謝坤 2016I)

31. 謝坤《〈肩水金關漢簡(肆)〉綴合及考釋八則》,《簡帛》第十四輯,上海古籍出版社,2017 年 5 月。(謝坤 2017A)

32. 謝坤《讀秦漢簡札記五則》,《簡帛語言文字研究》第九輯,巴蜀書社,2017 年 11 月。(謝坤 2017B)

33. 謝坤《〈肩水金關漢簡(肆)〉綴合十一則》,《敦煌研究》2018 年第 1 期。(謝坤 2018)

34. 邢義田《漢代邊塞吏卒的軍中教育——讀〈居延新簡〉札記之三》,《簡帛研究》第二輯,法律出版社,1996 年 9 月。(邢義田 1996)

35. 邢義田《從簡牘看漢代的行政文書範本——「式」》,《簡帛研究》第三輯,廣西教育出版社,1998 年 12 月。(邢義田 1998)

36. 邢義田《「秦胡」小議——讀新出居延漢簡札記》,《地不愛寶:漢代的簡牘》,中華書局,2011 年 1 月。(邢義田 2011A)

37. 邢義田《漢簡、漢印與〈急就〉人名互證》,《地不愛寶:漢代的簡牘》,中華書局,2011 年 1 月。(邢義田 2011B)

38. 邢義田《讀居延漢簡札記——物故、小家子、寺廷里、都試、治園條、功勞、休假》,《地不愛寶:漢代的簡牘》,中華書局,2011 年 1 月。(邢義田 2011C)

39. 邢義田《漢代書佐、文書用語「它如某某」及「建武三年十二月候粟君所責寇恩事」簡冊檔案的構成》,《治國安邦:法制、行政與軍事》,中華書局,2011 年 1 月。(邢義田 2011D)

40. 邢義田《從居延漢簡看漢代軍隊若干人事制度——讀〈居延新簡〉札記之一》,《治國安邦:法制、行政與軍事》,中華書局,2011 年 1 月。(邢義田 2011E)

41. 邢義田《漢代〈蒼頡〉、〈急就〉、八體和「史書」問題》,《治國安邦:法制、行政與軍事》,中華書局,2011 年 1 月。(邢義田 2011F)

42. 邢義田《〈肩水金關漢簡(壹)初讀札記之一〉》,《簡帛》第七輯,上海古籍出版社,2012 年 10 月。(邢義田 2012)

43. 邢義田《一種漢晉河西和邊塞使用的農具——「鑡(櫎)」》,《簡帛》第十一輯,上海古籍出版社,2015 年 11 月。(邢義田 2015)

44. 徐定懿、王思明《從西漢邊關漢簡看麥作在當地的推廣情況》,《中國農史》2018 年第 6 期。(徐定懿、王思明 2018)

45. 徐海榮《居延漢簡「支滿」「丈滿」辨》,《中國史研究》2005 年第 4 期。(徐海榮 2005)

46. 徐佳文《讀〈肩水金關漢簡（伍）〉箚記》，簡帛網 2017 年 2 月 27 日。（徐佳文 2017A）

47. 徐佳文《讀〈肩水金關漢簡（伍）〉箚記（二）》，簡帛網 2017 年 3 月 8 日。（徐佳文 2017B）

48. 徐佳文《〈肩水金關漢簡（伍）〉箚記二則》，《漢字文化》2017 年第 6 期。（徐佳文 2017C）

49. 徐莉莉《敦煌懸泉漢簡詞義箚記》，《中國文字研究》第四輯，廣西教育出版社，2003 年 12 月。（徐莉莉 2003）

50. 徐樂堯《居延漢簡所見的邊亭》，甘肅省文物工作隊、甘肅省博物館編《漢簡研究文集》，甘肅人民出版社，1984 年 9 月。（徐樂堯 1984）

51. 徐樂堯《居延漢簡所見的市》，甘肅省文物考古研究所編《秦漢簡牘論文集》，甘肅人民出版社，1989 年 12 月。（徐樂堯 1989）

52. 許名瑲《〈肩水金關漢簡（貳）〉「居攝元年曆日」簡綴合》，簡帛網 2014 年 6 月 20 日。（許名瑲 2014A）

53. 許名瑲《〈肩水金關漢簡（壹）〉73EJT5：56 等曆日簡年代考釋》，簡帛網 2014 年 7 月 16 日。（許名瑲 2014B）

54. 許名瑲《〈肩水金關漢簡（壹）〉73EJT9：115 曆日簡年代考釋》，簡帛網 2014 年 7 月 22 日。（許名瑲 2014C）

55. 許名瑲《〈肩水金關漢簡（壹）〉73EJT6：70 曆日簡年代考釋》，簡帛網 2014 年 8 月 1 日。（許名瑲 2014D）

56. 許名瑲《〈肩水金關漢簡〉簡 73EJT30：151＋T24：136 考釋》，簡帛網 2014 年 8 月 21 日。（許名瑲 2014E）

57. 許名瑲《〈肩水金關漢簡（叁）〉綴合二則》，簡帛網 2014 年 9 月 5 日。（許名瑲 2014F）

58. 許名瑲《〈肩水金關漢簡（叁）〉73EJT26：6 曆日簡年代考釋》，簡帛網 2015 年 1 月 29 日。（許名瑲 2015A）

59. 許名瑲《〈肩水金關漢簡（叁）〉探方 T32 曆日簡年代考釋三則》，簡帛網 2015 年 3 月 5 日。（許名瑲 2015B）

60. 許名瑲《〈肩水金關漢簡（叁）〉73EJT30：187 曆日簡年代考釋》，簡帛網 2015 年 3 月 10 日。（許名瑲 2015C）

61. 許名瑲《〈肩水金關漢簡（叁）〉〈甘露二年曆日〉簡冊復原》，簡帛網 2015 年 4 月 27 日。（許名瑲 2015D）

62. 許名瑲《〈肩水金關漢簡（叁）〉綴合二則》，簡帛網 2015 年 6 月 11 日。（許名瑲 2015E）

63. 許名瑲《〈肩水金關漢簡（肆）〉綴合七則》，簡帛網 2016 年 1 月 12 日。（許名瑲 2016A）

64. 許名瑲《〈肩水金關漢簡（肆）〉綴合第 8 組》，簡帛網 2016 年 1 月 15 日。（許名瑲 2016B）

65. 許名瑲《〈肩水金關漢簡（肆）〉曆日校補》，簡帛網 2016 年 1 月 18 日。（許名瑲 2016C）

66. 許名瑲《〈肩水金關漢簡（肆）〉F1：52、F1：53 曆日簡年代考釋》，簡帛網 2016 年 1 月 25 日。（許名瑲 2016D）

67. 許名瑲《〈肩水金關漢簡（肆）〉H1：4 曆日簡年代考釋》，簡帛網 2016 年 1 月 28 日。（許名瑲 2016E）

68. 許名瑲《〈肩水金關漢簡（肆）〉月朔簡年代考釋十八則》，簡帛網 2016 年 2 月 11 日。（許名瑲 2016F）

69. 許名瑲《〈肩水金關漢簡（肆）〉曆日校注》，簡帛網 2016 年 3 月 7 日。（許名瑲 2016G）

70. 許名瑲《〈肩水金關漢簡（肆）〉簡 73EJT37：611+554+559+904 考年》，簡帛網 2016 年 3 月 10 日。（許名瑲 2016H）

71. 許名瑲《〈肩水金關漢簡（肆）〉簡 73EJT37：1491 考年——兼校補 73EJT37：978、73EJT37：1202「守丞宮」》，簡帛網 2016 年 3 月 16 日。（許名瑲 2016I）

72. 許名瑲《〈肩水金關漢簡（壹）〉綴合之一》，簡帛網 2016 年 6 月 7 日。（許名瑲 2016J）

73. 許名瑲《〈肩水金關漢簡（貳）〉綴合一則》，簡帛網 2016 年 7 月 15 日。（許名瑲 2016K）

74. 許名瑲《肩水金關漢簡〈元始六年（居攝元年）曆日〉簡冊再復原》，簡帛網 2016 年 8 月 29 日。（許名瑲 2016L）

75. 許名瑲《〈肩水金關漢簡（伍）〉〈始建國天鳳三年曆日〉簡冊復原》，簡帛網 2016 年 8 月 30 日。（許名瑲 2016M）

76. 許名瑲《〈肩水金關漢簡（伍）〉月朔簡考年》，復旦大學出土文獻與古文字研究中心網 2016 年 9 月 20 日。（許名瑲 2016N）

77. 許名瑲《〈肩水金關漢簡（伍）〉曆日校補》，復旦大學出土文獻與古文字研究中心網 2016 年 10 月 3 日。（許名瑲 2016O）

78. 許名瑲《〈肩水金關漢簡（貳）〉簡 73EJT24：253 考年》，復旦大學出土文獻與古文字研究中心網 2016 年 10 月 12 日。（許名瑲 2016P）

79. 許名瑲《肩水金關漢簡 73EJT25：156+174+122 考年》，簡帛網 2016 年 12 月 26。（許名瑲 2016Q）

80. 許名瑲《〈肩水金關漢簡（肆）〉曆日綜考》，《簡帛》第十四輯，上海古籍出版社，2017 年 5 月。（許名瑲 2017A）

81. 許名瑲《肩水金關漢簡 73EJD：382 考年》，簡帛網 2017 年 7 月 2 日。（許名瑲 2017B）

82. 許名瑲《〈肩水金關漢簡（伍）〉曆日綜考》，《出土文獻與古文字研究》第七輯，上海古籍出版社，2018 年 5 月。（許名瑲 2018）

83. 許青松《「甘露二年逐驗外人簡」考釋中的一些問題》，《中國歷史博物館館刊》1986 年第 8 期。（許青松 1986）

84. 徐世虹《漢劾制管窺》，《簡帛研究》第二輯，法律出版社，1996 年 9 月。（徐世虹 1996）

85. 徐世虹《漢令甲、令乙、令丙辨正》，《簡帛研究》第三輯，廣西教育出版社，1998 年 12 月。（徐世虹 1998A）

86. 徐世虹《居延漢簡中的「毋狀」與「狀辭」》，《出土文獻研究》第四輯，中華書局，1998 年 11 月。（徐世虹 1998B）

87. 徐世虹《漢簡所見勞役刑名資料考釋》，《中國古代法律文獻研究》第一輯，巴蜀書社，1999 年 9 月。（徐世虹 1999）

88. 徐世虹《漢代民事訴訟程序考述》，《政法論壇》2001 年第 6 期。（徐世虹 2001）

89. 徐世虹《額濟納漢簡法律術語零拾》，《額濟納漢簡釋文校本》，文物出版社，2007 年 10 月。（徐世虹 2007）

90. 徐世虹《肩水金關漢簡〈功令〉令文疏證》，《出土文獻研究》第十八輯，中西書局，2019 年 12 月。（徐世虹 2019）

91. 徐錫祺《西周（共和）至西漢曆譜》，北京科學技術出版社，1997 年 12月。（徐錫祺 1997）

92. 徐子宏《漢簡所見烽燧系統的考核制度》，《貴州師大學報》1988 年第 4期。（徐子宏 1988）

93. 薛英群《漢簡官文書考略》，甘肅省文物工作隊、甘肅省博物館編《漢簡研究文集》，甘肅人民出版社，1984 年 9 月。（薛英群 1984）

94. 薛英群《居延新獲〈永始三年詔書〉冊初探》，《秦漢史論叢》第三輯，陝西人民出版社，1986 年 7 月。（薛英群 1986）

95. 薛英群《居延漢簡通論》，甘肅教育出版社，1991 年 5 月。（薛英群 1991）

96. 薛英群、何雙全、李永良《居延新簡釋粹》，蘭州大學出版社，1988 年 1月。（薛英群、何雙全、李永良 1988）

Y

1. 晏昌貴《增補漢簡所見縣名與里名》，《歷史地理》第二十六輯，上海人民出版社，2012 年 5 月。（晏昌貴 2012）

2. 顏世鉉《〈肩水金關漢簡（肆）〉綴合第 1～2 組》，簡帛網 2016 年 1 月13 日。（顏世鉉 2016A）

3. 顏世鉉《〈肩水金關漢簡（肆）〉綴合第 3～4 組》，簡帛網 2016 年 1 月13 日。（顏世鉉 2016B）

4. 顏世鉉《〈肩水金關漢簡（肆）〉綴合第 5～6 組》，簡帛網 2016 年 1 月14 日。（顏世鉉 2016C）

5. 顏世鉉《〈肩水金關漢簡（肆）〉綴合第 7～8 組》，簡帛網 2016 年 1 月15 日。（顏世鉉 2016D）

6. 顏世鉉《〈肩水金關漢簡（肆）〉綴合第 9 組》，簡帛網 2016 年 1 月 15日。（顏世鉉 2016E）

7. 顏世鉉《〈肩水金關漢簡（肆）〉綴合第 10 組》，簡帛網 2016 年 1 月 16日。（顏世鉉 2016F）

8. 顏世鉉第《〈肩水金關漢簡（肆）〉綴合第 11～12 組》，簡帛網 2016 年 1月 19 日。（顏世鉉 2016G）

9. 顏世鉉《〈肩水金關漢簡（肆）〉綴合第 13 組》，簡帛網 2016 年 7 月 31日。（顏世鉉 2016H）

10. 楊芳《漢簡所見河西邊塞軍屯人口來源考》,《中國邊疆史地研究》2009年第 1 期。(楊芳 2009)

11. 楊芬《讀敦煌漢簡〈兒尚與楊掾書〉》,《甘肅省第二屆簡牘學國際學術研討會論文集》,上海古籍出版社,2012 年 12 月。(楊芬 2012)

12. 楊建《西漢初期津關制度研究》,上海古籍出版社,2010 年 3 月。(楊建 2010)

13. 楊劍虹《令吏瑣議》,《中國古代史論叢》第七輯,福建人民出版社,1983年 10 月。(楊劍虹 1983)

14. 楊劍虹《居延漢簡三類會計簿書窺測》,《西北史地》1994 年第 2 期。(楊劍虹 1994)

15. 楊劍虹《從居延漢簡〈候粟君所責寇恩事〉看東漢的僱傭勞動》,《秦漢簡牘研究存稿》,廈門大學出版社,2013 年 4 月。(楊劍虹 2013)

16. 楊媚《〈甘露二年丞相御史律令〉冊釋文輯校》,《簡牘學研究》第四輯,甘肅人民出版社,2004 年 11 月。(楊媚 2004)

17. 楊樹達《漢書窺管》,科學出版社,1955 年 7 月。(楊樹達 1955)

18. 楊希枚《論漢簡及其它漢文獻所載的黑色人問題——〈居延漢簡中所見漢代人的身型與膚色〉讀後》,歷史語言研究所集刊第三十九本上,1969年 1 月。(楊希枚 1969)

19. 楊小亮《說「乾飯」》,《出土文獻研究》第九輯,中華書局,2010 年 1月。(楊小亮 2010)

20. 楊小亮《肩水金關漢簡綴合八則》,《出土文獻研究》第十二輯,中西書局,2013 年 12 月。(楊小亮 2013)

21. 楊小亮《金關漢簡編聯綴合舉隅——以簡牘書體特徵考察為中心》,《出土文獻研究》第十三輯,中西書局,2014 年 12 月。(楊小亮 2014A)

22. 楊小亮《〈敞致子淵業君書〉——金關漢簡綴合補釋一則》,《金塔居延遺址與絲綢之路歷史文化研究》,甘肅教育出版社,2014 年 12 月。(楊小亮 2014B)

23. 楊小亮《西漢〈居攝元年曆日〉綴合復原研究》,《文物》2015 年第 3 期。(楊小亮 2015)

24. 楊延霞《肩水金關漢簡所見戍卒名籍考》,《黑龍江史志》2013 年第 17期。(楊延霞 2013)

25. 楊哲峰《兩漢之際的「十斗」與「石」「斛」》,《文物》2001 年第 3 期。
（楊哲峰 2001）

26. 楊振紅《「帛」在漢代貨幣體系中的特殊地位》,《居延敦煌漢簡出土遺址
實地考察論文集》,上海古籍出版社,2012 年 12 月。（楊振紅 2012）

27. 姚磊《讀〈肩水金關漢簡〉札記（一）》,簡帛網 2015 年 11 月 2 日。（姚
磊 2015）

28. 姚磊《〈肩水金關漢簡（肆）〉綴合三則》,簡帛網 2016 年 1 月 12 日。
（姚磊 2016A1）

29. 姚磊《讀〈肩水金關漢簡〉札記（二）》,簡帛網 2016 年 1 月 13 日。（姚
磊 2016A2）

30. 姚磊《讀〈肩水金關漢簡〉札記（三）》,簡帛網 2016 年 1 月 19 日。（姚
磊 2016A3）

31. 姚磊《〈肩水金關漢簡（肆）〉綴合一則》,簡帛網 2016 年 1 月 21 日。
（姚磊 2016A4）

32. 姚磊《〈肩水金關漢簡（肆）〉綴合（三）》,簡帛網 2016 年 1 月 22 日。
（姚磊 2016A5）

33. 姚磊《〈肩水金關漢簡（肆）〉綴合（四）》,簡帛網 2016 年 1 月 24 日。
（姚磊 2016A6）

34. 姚磊《〈肩水金關漢簡（肆）〉綴合（五）》,簡帛網 2016 年 1 月 25 日。
（姚磊 2016A7）

35. 姚磊《〈肩水金關漢簡（肆）〉綴合（六）》,簡帛網 2016 年 1 月 26 日。
（姚磊 2016A8）

36. 姚磊《〈肩水金關漢簡（肆）〉綴合（七）》,簡帛網 2016 年 2 月 2 日。
（姚磊 2016B1）

37. 姚磊《〈肩水金關漢簡（肆）〉綴合（八）》,簡帛網 2016 年 2 月 4 日。
（姚磊 2016B2）

38. 姚磊《〈肩水金關漢簡（肆）〉綴合（九）》,簡帛網 2016 年 2 月 7 日。
（姚磊 2016B3）

39. 姚磊《〈肩水金關漢簡（肆）〉綴合（十）》,簡帛網 2016 年 2 月 16 日。
（姚磊 2016B4）

40. 姚磊《〈肩水金關漢簡（肆）〉73EJT37：554+559 補綴》，簡帛網 2016 年 2 月 20。（姚磊 2016B5）

41. 姚磊《〈肩水金關漢簡（肆）〉綴合（十一）》，簡帛網 2016 年 2 月 23 日。（姚磊 2016B6）

42. 姚磊《〈肩水金關漢簡（肆）〉綴合（十二）》，簡帛網 2016 年 2 月 26 日。（姚磊 2016B7）

43. 姚磊《〈肩水金關漢簡（肆）〉綴合（十三）》，簡帛網 2016 年 2 月 29 日。（姚磊 2016B8）

44. 姚磊《〈肩水金關漢簡（肆）〉綴合（十四）》，簡帛網 2016 年 3 月 5 日。（姚磊 2016C1）

45. 姚磊《〈肩水金關漢簡（肆）〉綴合（十五）》，簡帛網 2016 年 4 月 12 日。（姚磊 2016C2）

46. 姚磊《讀〈肩水金關漢簡〉札記（四）》，簡帛網 2016 年 4 月 16 日。（姚磊 2016C3）

47. 姚磊《〈肩水金關漢簡（肆）〉綴合（十六）》，簡帛網 2016 年 4 月 30 日。（姚磊 2016C4）

48. 姚磊《〈肩水金關漢簡（肆）〉綴合（十七）》，簡帛網 2016 年 5 月 6 日。（姚磊 2016C5）

49. 姚磊《〈肩水金關漢簡（肆）〉綴合（十八）》，簡帛網 2016 年 5 月 10 日。（姚磊 2016C6）

50. 姚磊《〈肩水金關漢簡（肆）〉綴合（十九）》，簡帛網 2016 年 5 月 12 日。（姚磊 2016C7）

51. 姚磊《〈肩水金關漢簡（肆）〉綴合（二十）》，簡帛網 2016 年 5 月 18 日。（姚磊 2016C8）

52. 姚磊《〈肩水金關漢簡（肆）〉綴合（二十一）》，簡帛網 2016 年 5 月 26 日。（姚磊 2016C9）

53. 姚磊《〈肩水金關漢簡（肆）〉綴合（二十二）》，簡帛網 2016 年 6 月 1 日。（姚磊 2016D1）

54. 姚磊《讀〈肩水金關漢簡〉札記（五）》，簡帛網 2016 年 6 月 8 日。（姚磊 2016D2）

55. 姚磊《讀〈肩水金關漢簡〉札記（六）》，簡帛網 2016 年 6 月 10 日。（姚磊 2016D3）

56. 姚磊《〈肩水金關漢簡（肆）〉綴合（二十三）》，簡帛網 2016 年 6 月 14 日。（姚磊 2016D4）

57. 姚磊《〈肩水金關漢簡（肆）〉綴合（二十四）》，簡帛網 2016 年 6 月 18 日。（姚磊 2016D5）

58. 姚磊《〈肩水金關漢簡（肆）〉綴合（二十五）》，簡帛網 2016 年 6 月 22 日。（姚磊 2016D6）

59. 姚磊《讀〈肩水金關漢簡〉札記（七）》，簡帛網 2016 年 6 月 26 日。（姚磊 2016D7）

60. 姚磊《〈肩水金關漢簡（肆）〉綴合（二十六）》，簡帛網 2016 年 7 月 7 日。（姚磊 2016E1）

61. 姚磊《〈肩水金關漢簡（肆）〉綴合（二十七）》，簡帛網 2016 年 7 月 13 日。（姚磊 2016E2）

62. 姚磊《〈肩水金關漢簡（肆）〉綴合（二十八）》，簡帛網 2016 年 7 月 15 日。（姚磊 2016E3）

63. 姚磊《〈肩水金關漢簡（肆）〉綴合（二十九）》，簡帛網 2016 年 7 月 19 日。（姚磊 2016E4）

64. 姚磊《肩水金關漢簡（肆）〉綴合（三十）》，簡帛網 2016 年 7 月 25 日。（姚磊 2016E5）

65. 姚磊《〈肩水金關漢簡（肆）〉綴合（三十一）》，簡帛網 2016 年 8 月 4 日。（姚磊 2016F1）

66. 姚磊《〈肩水金關漢簡（肆）〉綴合（三十二）》，簡帛網 2016 年 8 月 7 日。（姚磊 2016F2）

67. 姚磊《〈肩水金關漢簡（肆）〉綴合（三十三）》，簡帛網 2016 年 8 月 16 日。（姚磊 2016F3）

68. 姚磊《〈肩水金關漢簡（肆）〉綴合（三十四）》，簡帛網 2016 年 8 月 17 日。（姚磊 2016F4）

69. 姚磊《〈肩水金關漢簡（肆）〉綴合（三十五）》，簡帛網 2016 年 8 月 18 日。（姚磊 2016F5）

70. 姚磊《讀〈肩水金關漢簡〉札記（八）》，簡帛網 2016 年 8 月 23 日。（姚磊 2016F6）

71. 姚磊《〈肩水金關漢簡（伍）〉綴合一則》，簡帛網 2016 年 8 月 24 日。（姚磊 2016F7）

72. 姚磊《〈肩水金關漢簡（伍）〉綴合（二）》，簡帛網 2016 年 8 月 29 日。（姚磊 2016F8）

73. 姚磊《〈肩水金關漢簡（肆）〉綴合（三十六）》，簡帛網 2016 年 8 月 29 日。（姚磊 2016F9）

74. 姚磊《〈肩水金關漢簡（肆）〉綴合（三十七）》，簡帛網 2016 年 9 月 1 日。（姚磊 2016G1）

75. 姚磊《〈肩水金關漢簡（伍）〉綴合（三）》，簡帛網 2016 年 9 月 5 日。（姚磊 2016G2）

76. 姚磊《〈肩水金關漢簡（伍）〉綴合（四）》，簡帛網 2016 年 9 月 18 日。（姚磊 2016G3）

77. 姚磊《〈肩水金關漢簡（伍）〉綴合（五）》，簡帛網 2016 年 9 月 22 日。（姚磊 2016G4）

78. 姚磊《〈肩水金關漢簡（伍）〉綴合（六）》，簡帛網 2016 年 10 月 2 日。（姚磊 2016G5）

79. 姚磊《讀〈肩水金關漢簡〉札記（九）》，簡帛網 2016 年 10 月 8 日。（姚磊 2016G6）

80. 姚磊《〈肩水金關漢簡（貳）〉綴合（一）》，簡帛網 2016 年 10 月 17 日。（姚磊 2016G7）

81. 姚磊《〈肩水金關漢簡（貳）〉綴合（二）》，簡帛網 2016 年 10 月 22 日。（姚磊 2016G8）

82. 姚磊《讀〈肩水金關漢簡〉札記（十）》，簡帛網 2016 年 10 月 26 日。（姚磊 2016G9）

83. 姚磊《〈肩水金關漢簡（貳）〉綴合（三）》，簡帛網 2016 年 11 月 4 日。（姚磊 2016H1）

84. 姚磊《〈肩水金關漢簡（貳）〉綴合（四）》，簡帛網 2016 年 11 月 10 日。（姚磊 2016H2）

85. 姚磊《〈肩水金關漢簡（貳）〉綴合（五）》，簡帛網 2016 年 11 月 14 日。（姚磊 2016H3）

86. 姚磊《〈肩水金關漢簡（貳）〉綴合（六）》，簡帛網 2016 年 11 月 17 日。（姚磊 2016H4）

87. 姚磊《〈肩水金關漢簡（貳）〉綴合（七）》，簡帛網 2016 年 11 月 18 日。（姚磊 2016H5）

88. 姚磊《〈肩水金關漢簡（叁）〉綴合（一）》，簡帛網 2016 年 11 月 22 日。（姚磊 2016H6）

89. 姚磊《〈肩水金關漢簡（叁）〉綴合（二）》，簡帛網 2016 年 11 月 24 日。（姚磊 2016H7）

90. 姚磊《〈肩水金關漢簡（叁）〉綴合（三）》，簡帛網 2016 年 12 月 2 日。（姚磊 2016I1）

91. 姚磊《〈肩水金關漢簡（叁）〉綴合（四）》，簡帛網 2016 年 12 月 7 日。（姚磊 2016I2）

92. 姚磊《〈肩水金關漢簡（叁）〉綴合（五）》，簡帛網 2016 年 12 月 11 日。（姚磊 2016I3）

93. 姚磊《〈肩水金關漢簡（叁）〉綴合（六）》，簡帛網 2016 年 12 月 18 日。（姚磊 2016I4）

94. 姚磊《〈肩水金關漢簡（叁）〉綴合（七）》，簡帛網 2016 年 12 月 21 日。（姚磊 2016I5）

95. 姚磊《〈肩水金關漢簡〉所見田卒史料探析》，《中國農史》2016 年第 4 期。（姚磊 2016J）

96. 姚磊《〈肩水金關漢簡（肆）〉綴合考釋研究（十二則）》，《出土文獻》第九輯，中西書局，2016 年 10 月。（姚磊 2016K）

97. 姚磊《肩水金關漢簡〈永始三年詔書〉校讀》，《中國文字研究》第二十四輯，上海書店出版社，2016 年 12 月。（姚磊 2016L）

98. 姚磊《〈肩水金關漢簡（叁）〉綴合（八）》，簡帛網 2017 年 1 月 1 日。（姚磊 2017A1）

99. 姚磊《〈肩水金關漢簡（壹）〉綴合（一）》，簡帛網 2017 年 1 月 18 日。（姚磊 2017A2）

100. 姚磊《〈肩水金關漢簡（壹）〉綴合（二）》，簡帛網 2017 年 1 月 20 日。（姚磊 2017A3）

101. 姚磊《〈肩水金關漢簡（壹）〉綴合（三）》，簡帛網 2017 年 1 月 20 日。（姚磊 2017A4）

102. 姚磊《〈肩水金關漢簡（壹）〉綴合（四）》，簡帛網 2017 年 1 月 20 日。（姚磊 2017A5）

103. 姚磊《肩水金關漢簡（肆）綴合札記（十則）》，《簡帛研究二○一六（秋冬卷）》，廣西師範大學出版社，2017 年 1 月。（姚磊 2017A6）

104. 姚磊《〈肩水金關漢簡（壹）〉綴合小議一則》，簡帛網 2017 年 2 月 8 日。（姚磊 2017B1）

105. 姚磊《〈肩水金關漢簡（貳）〉綴合小議二則》，簡帛網 2017 年 2 月 11 日。（姚磊 2017B2）

106. 姚磊《〈肩水金關漢簡（貳）〉綴合（八）》，簡帛網 2017 年 2 月 13 日。（姚磊 2017B3）

107. 姚磊《〈肩水金關漢簡（叁）〉綴合（九）》，簡帛網 2017 年 2 月 17 日。（姚磊 2017B4）

108. 姚磊《〈肩水金關漢簡（壹）〉綴合補議一則》，簡帛網 2017 年 2 月 20 日。（姚磊 2017B5）

109. 姚磊《〈肩水金關漢簡（貳）〉綴合（九）》，簡帛網 2017 年 2 月 28 日。（姚磊 2017B6）

110. 姚磊《讀〈肩水金關漢簡〉札記（十一）》，簡帛網 2017 年 3 月 2 日。（姚磊 2017C1）

111. 姚磊《讀〈肩水金關漢簡〉札記（十二）》，簡帛網 2017 年 3 月 12 日。（姚磊 2017C2）

112. 姚磊《讀〈肩水金關漢簡〉札記（十三）》，簡帛網 2017 年 3 月 13 日。（姚磊 2017C3）

113. 姚磊《〈肩水金關漢簡（叁）〉綴合（十）》，簡帛網 2017 年 3 月 17 日。（姚磊 2017C4）

114. 姚磊《〈肩水金關漢簡（壹）〉綴合小議之二》，簡帛網 2017 年 3 月 20 日。（姚磊 2017C5）

115. 姚磊《讀〈肩水金關漢簡〉札記（十四）》，簡帛網 2017 年 3 月 29 日。
（姚磊 2017C6）

116. 姚磊《讀〈肩水金關漢簡〉札記（十五）》，簡帛網 2017 年 3 月 31 日。
（姚磊 2017C7）

117. 姚磊《〈肩水金關漢簡（貳）〉綴合（十）》，簡帛網 2017 年 4 月 16 日。
（姚磊 2017D1）

118. 姚磊《讀〈肩水金關漢簡〉札記（十六）》，簡帛網 2017 年 4 月 20 日。
（姚磊 2017D2）

119. 姚磊《讀〈肩水金關漢簡〉札記（十七）》，簡帛網 2017 年 4 月 29 日。
（姚磊 2017D3）

120. 姚磊《讀〈肩水金關漢簡〉札記（十八）》，簡帛網 2017 年 5 月 22 日。
（姚磊 2017D4）

121. 姚磊《讀〈肩水金關漢簡〉札記（十九）》，簡帛網 2017 年 5 月 26 日。
（姚磊 2017D5）

122. 姚磊《讀〈肩水金關漢簡〉札記（二十）》，簡帛網 2017 年 5 月 31 日。
（姚磊 2017D6）

123. 姚磊《論〈肩水金關漢簡（肆）〉的簡冊復原——以書寫特徵為中心考察》，
《出土文獻》第十輯，中西書局，2017 年 4 月。（姚磊 2017D7）

124. 姚磊《〈肩水金關漢簡（肆）〉拾遺》，《簡帛》第十四輯，上海古籍出版
社，2017 年 5 月。（姚磊 2017D8）

125. 姚磊《〈肩水金關漢簡（肆）〉綴合（三十八）》，簡帛網 2017 年 6 月 6 日。
（姚磊 2017E1）

126. 姚磊《〈肩水金關漢簡（壹）〉綴合（五）》，簡帛網 2017 年 6 月 15 日。
（姚磊 2017E2）

127. 姚磊《〈肩水金關漢簡（壹）〉綴合（六）》，簡帛網 2017 年 6 月 16 日。
（姚磊 2017E3）

128. 姚磊《讀〈肩水金關漢簡〉札記（二十一）》，簡帛網 2017 年 6 月 22 日。
（姚磊 2017E4）

129. 姚磊《讀〈肩水金關漢簡〉札記（二十二）》，簡帛網 2017 年 7 月 3 日。
（姚磊 2017F1）

130. 姚磊《讀〈肩水金關漢簡〉札記（二十三）》，簡帛網 2017 年 7 月 11 日。（姚磊 2017F2）

131. 姚磊《〈肩水金關漢簡（肆）〉綴合（三十九）》，簡帛網 2017 年 7 月 22 日。（姚磊 2017F3）

132. 姚磊《〈肩水金關漢簡（肆）〉綴合（四十）》，簡帛網 2017 年 7 月 24 日。（姚磊 2017F4）

133. 姚磊《〈肩水金關漢簡（貳）〉綴合（十一）》，簡帛網 2017 年 7 月 31 日。（姚磊 2017F5）

134. 姚磊《〈肩水金關漢簡（叁）〉綴合（十一）》，簡帛網 2017 年 7 月 28 日。（姚磊 2017F6）

135. 姚磊《〈肩水金關漢簡（叁）〉綴合（十二）》，簡帛網 2017 年 7 月 29 日。（姚磊 2017F7）

136. 姚磊《〈肩水金關漢簡（伍）〉綴合（七）》，簡帛網 2017 年 8 月 2 日。（姚磊 2017G1）

137. 姚磊《〈肩水金關漢簡（叁）〉綴合（十三）》，簡帛網 2017 年 8 月 3 日。（姚磊 2017G2）

138. 姚磊《讀〈肩水金關漢簡〉札記（二十四）》，簡帛網 2017 年 8 月 9 日。（姚磊 2017G3）

139. 姚磊《讀〈肩水金關漢簡〉札記（二十五）》，簡帛網 2017 年 8 月 20 日。（姚磊 2017G4）

140. 姚磊《〈肩水金關漢簡（貳）〉綴合（十二）》，簡帛網 2017 年 8 月 23 日。（姚磊 2017G5）

141. 姚磊《〈肩水金關漢簡（叁）〉綴合（十四）》，簡帛網 2017 年 8 月 23 日。（姚磊 2017G6）

142. 姚磊《〈肩水金關漢簡（肆）〉綴合（四十一）》，簡帛網 2017 年 9 月 1 日。（姚磊 2017G7）

143. 姚磊《〈肩水金關漢簡（壹）〉綴合（七）》，簡帛網 2017 年 9 月 8 日。（姚磊 2017G8）

144. 姚磊《〈肩水金關漢簡（伍）〉綴合（八）》，簡帛網 2017 年 9 月 14 日。（姚磊 2017G9）

145. 姚磊《〈肩水金關漢簡（壹）〉綴合（八）》，簡帛網 2017 年 9 月 20 日。
（姚磊 2017H1）

146. 姚磊《〈肩水金關漢簡（伍）〉綴合（九）》，簡帛網 2017 年 9 月 21 日。
（姚磊 2017H2）

147. 姚磊《〈肩水金關漢簡（壹）〉綴合（九）》，簡帛網 2017 年 9 月 21 日。
（姚磊 2017H3）

148. 姚磊《〈肩水金關漢簡（叁）〉綴合（十五）》，簡帛網 2017 年 9 月 24 日。
（姚磊 2017H4）

149. 姚磊《讀〈肩水金關漢簡〉札記（二十六）》，簡帛網 2017 年 10 月 1 日。
（姚磊 2017H5）

150. 姚磊《〈肩水金關漢簡（叁）〉綴合（十六）》，簡帛網 2017 年 10 月 6 日。
（姚磊 2017H6）

151. 姚磊《〈肩水金關漢簡（貳）〉綴合（十三）》，簡帛網 2017 年 10 月 7 日。
（姚磊 2017H7）

152. 姚磊《〈肩水金關漢簡（叁）〉綴合（十七）》，簡帛網 2017 年 10 月 9 日。
（姚磊 2017H8）

153. 姚磊《〈肩水金關漢簡（肆）〉綴合及釋文訂補（十一則）》，《出土文獻研究》第十六輯，中西書局，2017 年 10 月。（姚磊 2017H9）

154. 姚磊《讀〈肩水金關漢簡〉札記（二十七）》，簡帛網 2017 年 10 月 14 日。
（姚磊 2017I1）

155. 姚磊《讀〈肩水金關漢簡〉札記（二十八）》，簡帛網 2017 年 10 月 16 日。
（姚磊 2017I2）

156. 姚磊《〈肩水金關漢簡（貳）〉綴合（十四）》，簡帛網 2017 年 10 月 21 日。
（姚磊 2017I3）

157. 姚磊《讀〈肩水金關漢簡〉札記（二十九）》，簡帛網 2017 年 10 月 30 日。
（姚磊 2017I4）

158. 姚磊《〈肩水金關漢簡（貳）〉綴合（十五）》，簡帛網 2017 年 11 月 2 日。
（姚磊 2017J1）

159. 姚磊《讀〈肩水金關漢簡〉札記（三十）》，簡帛網 2017 年 11 月 8 日。
（姚磊 2017J2）

160. 姚磊《讀〈肩水金關漢簡〉札記（三十一）》，簡帛網 2017 年 11 月 23 日。
（姚磊 2017J3）

161. 姚磊《讀〈肩水金關漢簡〉札記（三十二）》，簡帛網 2017 年 12 月 14 日。
（姚磊 2017J4）

162. 姚磊《〈肩水金關漢簡（貳）〉綴合（十六）》，簡帛網 2017 年 12 月 16 日。
（姚磊 2017J5）

163. 姚磊《〈肩水金關漢簡（貳）〉綴合（十七）》，簡帛網 2017 年 12 月 21 日。
（姚磊 2017J6）

164. 姚磊《〈肩水金關漢簡（肆）〉綴合與釋文補正》，《敦煌研究》2017 年第
6 期。（姚磊 2017K）

165. 姚磊《〈肩水金關漢簡（貳）〉綴合及考釋十則》，《出土文獻與法律史研
究》第六輯，法律出版社，2017 年 11 月。（姚磊 2017L）

166. 姚磊《〈肩水金關漢簡（肆）〉綴合札記》，《甘肅省第三屆簡牘學國際學
術研討會論文集》，上海辭書出版社，2017 年 12 月。（姚磊 2017M）

167. 姚磊《〈肩水金關漢簡（伍）〉綴合札記》，《珞珈史苑》（2016 年卷），武
漢大學出版社，2017 年。（姚磊 2017N）

168. 姚磊《讀〈肩水金關漢簡〉札記（三十三）》，簡帛網 2018 年 1 月 1 日。
（姚磊 2018A1）

169. 姚磊《讀〈肩水金關漢簡〉札記（三十四）》，簡帛網 2018 年 1 月 18 日。
（姚磊 2018A2）

170. 姚磊《讀〈肩水金關漢簡〉札記（三十五）》，簡帛網 2018 年 1 月 23 日。
（姚磊 2018A3）

171. 姚磊《讀〈肩水金關漢簡〉札記（三十六）》，簡帛網 2018 年 5 月 16 日。
（姚磊 2018A4）

172. 姚磊《〈肩水金關漢簡（壹）〉綴合（十）》，簡帛網 2018 年 5 月 25 日。
（姚磊 2018A5）

173. 姚磊《〈肩水金關漢簡（貳）〉綴合（十八）》，簡帛網 2018 年 7 月 17 日。
（姚磊 2018A6）

174. 姚磊《〈肩水金關漢簡（叁）〉綴合（十八）》，簡帛網 2018 年 7 月 21 日。
（姚磊 2018A7）

175. 姚磊《〈肩水金關漢簡（肆）〉綴合（四十二）》，簡帛網 2018 年 8 月 1 日。
（姚磊 2018B1）

176. 姚磊《〈肩水金關漢簡（肆）〉綴合（四十三）》，簡帛網 2018 年 8 月 3 日。
（姚磊 2018B2）

177. 姚磊《〈肩水金關漢簡（伍）〉綴合（十）》，簡帛網 2018 年 8 月 9 日。
（姚磊 2018B3）

178. 姚磊《〈肩水金關漢簡（貳）〉綴合（十九）》，簡帛網 2018 年 8 月 13 日。
（姚磊 2018B4）

179. 姚磊《〈肩水金關漢簡〉所見戍卒史料考略》，《中國邊疆史地研究》2018
年第 4 期。（姚磊 2018C）

180. 姚磊《〈肩水金關漢簡〉編連五則》，《出土文獻》第十三輯，中西書局，
2018 年 10 月。（姚磊 2018D）

181. 姚磊《肩水金關漢簡綴合、編連及相關問題研究》，武漢大學博士學位論
文，2018 年 5 月。（姚磊 2018E）

182. 姚磊《〈肩水金關漢簡（壹）〉綴合（十一）》，簡帛網 2019 年 5 月 24 日。
（姚磊 2019A1）

183. 姚磊《〈肩水金關漢簡（壹）〉綴合（十二）》，簡帛網 2019 年 6 月 5 日。
（姚磊 2019A2）

184. 姚磊《肩水金關漢簡所見赦令研究》，《社會科學》2019 年第 10 期。（姚
磊 2019B）

185. 姚磊《〈肩水金關漢簡（貳）〉綴合（二十）》，簡帛網 2019 年 5 月 30 日。
（姚磊 2019C1）

186. 姚磊《〈肩水金關漢簡（貳）〉綴合（二十一）》，簡帛網 2019 年 5 月 31
日。（姚磊 2019C2）

187. 姚磊《〈肩水金關漢簡（貳）〉綴合（二十二）》，簡帛網 2019 年 6 月 12
日。（姚磊 2019C3）

188. 姚磊《〈肩水金關漢簡（貳）〉綴合（二十三）》，簡帛網 2019 年 6 月 24
日。（姚磊 2019C4）

189. 姚磊《〈肩水金關漢簡（貳）〉綴合（二十四）》，簡帛網 2019 年 7 月 17
日。（姚磊 2019C5）

190. 姚磊《〈肩水金關漢簡（貳）〉綴合（二十五）》，簡帛網 2019 年 7 月 19 日。（姚磊 2019C6）

191. 姚磊《〈肩水金關漢簡（貳）〉綴合（二十六）》，簡帛網 2019 年 7 月 22 日。（姚磊 2019C7）

192. 姚磊《〈肩水金關漢簡（叁）〉綴合（十九）》，簡帛網 2019 年 6 月 6 日。（姚磊 2019D1）

193. 姚磊《〈肩水金關漢簡（叁）〉綴合（二十）》，簡帛網 2019 年 6 月 15 日。（姚磊 2019D2）

194. 姚磊《〈肩水金關漢簡（叁）〉綴合（二十一）》，簡帛網 2019 年 7 月 20 日。（姚磊 2019D3）

195. 姚磊《〈肩水金關漢簡（肆）〉綴合（四十四）》，簡帛網 2019 年 6 月 26 日。（姚磊 2019E1）

196. 姚磊《〈肩水金關漢簡（肆）〉綴合（四十五）》，簡帛網 2019 年 7 月 1 日。（姚磊 2019E2）

197. 姚磊《〈肩水金關漢簡（肆）〉綴合（四十六）》，簡帛網 2019 年 7 月 4 日。（姚磊 2019E3）

198. 姚磊《〈肩水金關漢簡（肆）〉綴合（四十七）》，簡帛網 2019 年 7 月 26 日。（姚磊 2019E4）

199. 姚磊《〈肩水金關漢簡（肆）〉綴合（四十八）》，簡帛網 2019 年 8 月 14 日。（姚磊 2019E5）

200. 姚磊《〈肩水金關漢簡（伍）〉綴合（十一）》，簡帛網 2019 年 6 月 20 日。（姚磊 2019F1）

201. 姚磊《〈肩水金關漢簡（伍）〉綴合（十二）》，簡帛網 2019 年 7 月 22 日。（姚磊 2019F2）

202. 姚磊《〈肩水金關漢簡（伍）〉綴合（十三）》，簡帛網 2019 年 10 月 25 日。（姚磊 2019F3）

203. 姚磊《讀〈肩水金關漢簡〉札記（三十七）》，簡帛網 2019 年 7 月 13 日。（姚磊 2019G1）

204. 姚磊《讀〈肩水金關漢簡〉札記（三十八）》，簡帛網 2019 年 7 月 13 日。（姚磊 2019G2）

205. 姚磊《讀〈肩水金關漢簡〉札記（三十九）》，簡帛網 2019 年 10 月 9 日。
（姚磊 2019G3）

206. 姚磊《肩水金關漢簡「通道廄穀出入簿」編連與研究》，《文獻》2020 年
第 1 期。（姚磊 2020A）

207. 姚磊《〈肩水金關漢簡（肆）〉斷簡綴合十則》，《江漢考古》2020 年第 5
期。（姚磊 2020B）

208. 姚磊《〈肩水金關漢簡（貳）〉綴合（二十七）》，簡帛網 2020 年 6 月 2 日。
（姚磊 2020C1）

209. 姚磊《〈肩水金關漢簡（貳）〉綴合（二十八）》，簡帛網 2020 年 6 月 28
日。（姚磊 2020C2）

210. 姚磊《〈肩水金關漢簡（叁）〉綴合（二十二）》，簡帛網 2020 年 7 月 4 日。
（姚磊 2020D）

211. 姚磊《〈肩水金關漢簡（肆）〉綴合（四十九）》，簡帛網 2020 年 7 月 6 日。
（姚磊 2020E）

212. 姚磊《〈肩水金關漢簡（伍）〉綴合（十四）》，簡帛網 2020 年 7 月 13 日。
（姚磊 2020F）

213. 姚磊《讀〈肩水金關漢簡〉札記（四十）》，簡帛網 2020 年 6 月 11 日。
（姚磊 2020G）

214. 姚磊《〈肩水金關漢簡〉散簡編連八例》，《簡帛》第二十輯，上海古籍出
版社，2020 年 5 月。（姚磊 2020H）

215. 姚瑩《「烽火品約」性質辨析》，《額濟納漢簡釋文校本》，文物出版社，
2007 年 10 月。（姚瑩 2007）

216. 伊強《〈肩水金關漢簡（貳）綴合一則〉》，簡帛網 2014 年 6 月 16 日。
（伊強 2014A）

217. 伊強《肩水金關漢簡綴合五則》，簡帛網 2014 年 7 月 10 日。（伊強
2014B）

218. 伊強《〈肩水金關漢簡〉名物詞考釋二則》，簡帛網 2014 年 11 月 19 日。
（伊強 2014C）

219. 伊強《〈肩水金關漢簡（貳）〉綴合二則》，簡帛網 2014 年 12 月 31 日。
（伊強 2014D）

220. 伊強《肩水金關漢簡綴合十四則》，簡帛網 2015 年 1 月 19 日。（伊強 2015A）

221. 伊強《〈肩水金關漢簡〉文字考釋五則》，簡帛網 2015 年 2 月 19 日。（伊強 2015B）

222. 伊強《肩水金關漢簡 73EJT23：878 與相關史事的考察》，簡帛網 2015 年 3 月 5 日。（伊強 2015C）

223. 伊強《〈肩水金關漢簡（叁）〉綴合五則》，簡帛網 2015 年 6 月 6 日。（伊強 2015D）

224. 伊強《〈肩水金關漢簡綴合十四則〉補充》，簡帛網 2015 年 6 月 11 日。（伊強 2015E）

225. 伊強《肩水金關漢簡綴合兩則》，簡帛網 2015 年 8 月 27 日。（伊強 2015F）

226. 伊強《肩水金關漢簡中的「囚錄」及相關問題》，《出土文獻》第七輯，中西書局，2015 年 10 月。（伊強 2015G）

227. 伊強《〈肩水金關漢簡（壹）〉綴合六則》，簡帛網 2015 年 10 月 6 日。（伊強 2015H）

228. 伊強《〈肩水金關漢簡綴合十四則〉再補》，簡帛網 2015 年 10 月 20 日。（伊強 2015I）

229. 伊強《〈肩水金關漢簡（肆）〉綴合二則》，簡帛網 2016 年 1 月 11 日。（伊強 2016A）

230. 伊強《〈肩水金關漢簡（肆）〉綴合一則》，簡帛網 2016 年 1 月 15 日。（伊強 2016B）

231. 伊強《〈肩水金關漢簡（肆）〉綴合（三）》，簡帛網 2016 年 1 月 17 日。（伊強 2016C）

232. 伊強《〈肩水金關漢簡（肆）〉綴合（四）》，簡帛網 2016 年 1 月 18 日。（伊強 2016D）

233. 伊強《肩水金關漢簡綴合十五則》，《簡帛》第十二輯，上海古籍出版社，2016 年 5 月。（伊強 2016E）

234. 伊強《〈肩水金關漢簡（貳）〉綴合五則》，《出土文獻研究》第十五輯，中西書局，2016 年 8 月。（伊強 2016F）

235. 伊強《〈肩水金關漢簡（貳）〉綴合二則》，簡帛網 2016 年 8 月 9 日。（伊強 2016G）

236. 伊強《〈肩水金關漢簡（叁）〉綴合一則》，簡帛網 2016 年 8 月 23 日。（伊強 2016H）

237. 伊強《〈肩水金關漢簡（壹）〉綴合補遺二則》，簡帛網 2017 年 5 月 12 日。（伊強 2017A）

238. 殷光明《敦煌清水溝漢代烽燧遺址出土〈曆譜〉述考》，《簡帛研究》第二輯，法律出版社，1996 年 9 月。（殷光明 1996）

239. 〔日〕永田英正著，孫言誠譯《試論居延漢簡所見的候官——以破城子出土的「詣官」簿為中心》，《簡牘研究譯叢》第一輯，中國社會科學出版社，1983 年 4 月。（永田英正 1983）

240. 〔日〕永田英正著，那向芹譯《居延漢簡烽隧考——特以甲渠候官為中心》，《簡牘研究譯叢》第二輯，中國社會科學出版社，1987 年 5 月。（永田英正 1987A）

241. 〔日〕永田英正著，張榮芳譯《從簡牘看漢代邊郡的統治制度》，《簡牘研究譯叢》第二輯，中國社會科學出版社，1987 年 5 月。永田英正（1987B）

242. 〔日〕永田英正著，姜鎮慶譯《論禮忠簡與徐宗簡——平中苓次氏算賦申報書說的再探討》，《簡牘研究譯叢》第二輯，中國社會科學出版社，1987 年 5 月。永田英正（1987C）

243. 〔日〕永田英正著，謝新平譯《論新出居延漢簡中的若干冊書》，甘肅省考古文物研究所編《秦漢簡牘論文集》，甘肅人民出版社，1989 年 12 月。（永田英正 1989）

244. 〔日〕永田英正《「候史廣德坐罪行罰」檄考》，《簡帛研究》第一輯，法律出版社，1993 年 8 月。（永田英正 1993）

245. 〔日〕永田英正《漢簡的古文書學研究》，《簡帛研究》第三輯，廣西教育出版社，1998 年 12 月。（永田英正 1998）

246. 〔日〕永田英正著，張學鋒譯《居延漢簡研究》，廣西師範大學出版社，2007 年 7 月。（永田英正 2007）

247. 〔日〕鷹取祐司著，魏永康譯《漢代的「守」和「行某事」》，《法律史譯評》第六卷，中西書局，2018 年 11 月。（鷹取祐司 2018）

248. 尉侯凱《〈肩水金關漢簡（伍）〉綴合二則》，簡帛網 2016 年 8 月 23。（尉侯凱 2016A）

249. 尉侯凱《〈肩水金關漢簡（伍）〉綴合三則》，簡帛網 2016 年 8 月 29。（尉侯凱 2016B）

250. 尉侯凱《〈肩水金關漢簡（壹）〉綴合九則》，簡帛網 2016 年 10 月 5 日。（尉侯凱 2016C）

251. 尉侯凱《漢簡零拾（六則)》，簡帛網 2016 年 8 月 25 日。（尉侯凱 2016D）

252. 尉侯凱《讀〈肩水金關漢簡〉零札七則》，《西華大學學報》2017 年第 1 期。（尉侯凱 2017A）

253. 尉侯凱《肩水金關漢簡綴合十三則》，《出土文獻》第十一輯，中西書局，2017 年 10 月。（尉侯凱 2017B）

254. 尉侯凱《「外人」解詁》，《古籍整理研究學刊》2017 年第 3 期。（尉侯凱 2017C）

255. 于豪亮《〈居延漢簡甲編〉補釋》，《考古》1961 年第 8 期。（于豪亮 1961）

256. 于豪亮《居延漢簡中的「省卒」》，《文物》1963 年第 11 期。（于豪亮 1963）

257. 于豪亮《居延漢簡校釋》，《考古》1964 年第 3 期。（于豪亮 1964）

258. 于豪亮《居延漢簡釋地》，《考古與文物》1981 年第 4 期。（于豪亮 1981A）

259. 于豪亮《居延漢簡釋叢》，《文史》第十二輯，中華書局，1981 年 9 月。（于豪亮 1981B）

260. 于豪亮《居延漢簡叢釋》，《文史》第十七輯，1983 年 6 月。（于豪亮 1983）

261. 于淼《說汲甀》，《古文字研究》第三十三輯，中華書局，2020 年 8 月。（于淼 2020）

262. 于振波《漢簡「得算」「負算」考》，《簡帛研究》第二輯，法律出版社，1996 年 9 月。（于振波 1996）

263. 于振波《「史書」本義考》，《北大史學》1999 年第 6 期。（于振波 1999）

264. 于振波《居延漢簡中的燧長和候長》，《簡帛研究二○○一》，廣西師範大學出版社，2001 年 9 月。（于振波 2001）

265. 于振波《漢代的家貲與貲家》，《簡帛研究二○○四》，廣西師範大學出版社，2006 年 10 月。（于振波 2006）

266. 于振波《簡牘所見漢代考績制度探討》，《簡牘與秦漢社會》，湖南大學出版社，2012 年 3 月。（于振波 2012）

267. 〔日〕羽田明著、秦仙梅譯《「天田」辨疑》,《文博》2000 年第 5 期。
（羽田明 2000）

268. 〔日〕鷲尾祐子著,楊振紅譯《漢代的更卒——試論徭役、兵役制度》,
《簡帛研究二〇一二》,廣西師範大學出版社,2013 年 10 月。（鷲尾祐
子 2013）

269. 袁雅潔《肩水金關漢簡所見主要官吏編年及相關問題研究》,西北師範大
學碩士學位論文,2018 年 6 月。（袁雅潔 2018）

270. 袁延勝《肩水金關漢簡家屬符探析》,《金塔居延遺址與絲綢之路歷史文
化研究》,甘肅教育出版社,2014 年 12 月。（袁延勝 2014）

271. 袁瑩《「芮薪」考辨》,《考古與文物》2012 年第 1 期。（袁瑩 2012）

Z

1. 曾磊《西北漢簡所見人種膚色再探討》,《簡帛研究二〇一〇》,卜憲群、
楊振紅主編,廣西師範大學出版社,2012 年 3 月。（曾磊 2012）

2. 曾磊《肩水金關漢簡中的〈廄律〉遺文》,《簡帛研究二〇一九（秋冬卷）》,
廣西師範大學出版社,2020 年 1 月。（曾磊 2020）

3. 曾憲通《秦漢時制芻議》,《中山大學學報》1992 年第 4 期。（曾憲通 1992）。

4. 曾憲通《居延漢簡研究二題》,《簡帛研究》第二輯,法律出版社,1996
年 9 月。（曾憲通 1996）

5. 張朝陽《由肩水金關漢簡解讀居延漢簡一案例》,簡帛網 2011 年 10 月
26 日。（張朝陽 2011A）

6. 張朝陽《〈由肩水金關漢簡解讀居延漢簡一案例〉補考:兼回答商榷文》,
2011 年 11 月 18 日。（張朝陽 2011B）

7. 張傳官《〈肩水金關漢簡（伍）〉所見〈急就篇〉殘簡輯校——出土散見
〈急就篇〉資料輯錄(續)》,復旦大學出土文獻與古文字研究中心網 2016
年 8 月 26 日,又《華學》第十二輯,中山大學出版社,2017 年 9 月。
（張傳官 2016）

8. 張德芳《懸泉漢簡中若干「時稱」問題的考察》,《出土文獻研究》第六
輯,上海古籍出版社,2004 年 12 月。（張德芳 2004）

9. 張德芳《懸泉漢簡中的「傳信簡」考述》,《出土文獻研究》第七輯,上
海古籍出版社,2005 年 11 月。（張德芳 2005）

10. 張國艷《居延新簡詞彙札記》,《青海師專學報》2002 年第 2 期。(張國艷 2002)

11. 張積《令甲、挈令、科辨義》,《中國古代法律文獻研究》第二輯,中國政法大學出版社,2004 年 6 月。(張積 2004)

12. 張建國《漢代的罰作、復作與弛刑》,《中外法學》2006 年第 5 期。(張建國 2006)

13. 張俊民《「部」與「候長」論略》,《西北史地》1988 年第 4 期。(張俊民 1988)

14. 張俊民《漢代居延屯田小考——漢甲渠候官出土文書為中心》,《西北史地》1996 年第 3 期。(張俊民 1996A)

15. 張俊民《從漢簡談漢代西北邊郡運輸的幾個問題》,《中國社會經濟史研究》1996 年第 3 期。(張俊民 1996B)

16. 張俊民《居延漢簡中的郵書檔案》,《檔案》1997 年第 3 期。(張俊民 1997)

17. 張俊民《漢簡瑣記》,《簡牘學研究》第二輯,甘肅人民出版社,1998 年 10 月。(張俊民 1998)

18. 張俊民《漢代邊境防禦制度初探——以出土漢簡日迹簡為中心的考察》,《簡帛研究二○○四》,廣西師範大學出版社,2006 年 10 月。(張俊民 2006)

19. 張俊民《敦煌懸泉漢簡所見人名綜述(四)——以中央機構職官為中心的考察》,《簡帛研究二○○七》,廣西師範大學出版社,2010 年 3 月。(張俊民 2010)

20. 張俊民《肩水金關漢簡札記二則》,簡帛網 2011 年 9 月 30 日。(張俊民 2011A)

21. 張俊民《金關漢簡札記》,簡帛網 2011 年 10 月 15 日。(張俊民 2011B)

22. 張俊民《肩水金關漢簡(壹)釋文補例續》,簡帛網 2012 年 5 月 8 日。(張俊民 2012)

23. 張俊民《金關漢簡 73EJT31:163 解讀》,簡帛網 2014 年 12 月 3 日。(張俊民 2014A)

24. 張俊民《肩水金關漢簡(壹)釋文補例》,簡帛網 2014 年 12 月 16 日。(張俊民 2014B)

25. 張俊民《〈勞邊使者過界中費冊〉淺析》,《簡牘學論稿——聚沙篇》,甘肅教育出版社,2014 年 4 月。(張俊民 2014C)

26. 張俊民《〈肩水金關漢簡(叁)〉釋文獻疑》,簡帛網 2015 年 1 月 19 日。(張俊民 2015A)

27. 張俊民《懸泉漢簡馬匹問題研究》,《敦煌懸泉置出土文書研究》,甘肅教育出版社,2015 年 11 月。(張俊民 2015B)

28. 張俊民《西北漢簡所見「施刑」探微》,《石河子大學學報》2015 年 2 期。(張俊民 2015C)

29. 張俊民《〈〈肩水金關漢簡(壹)〉綴合(十一)〉賸義》,簡帛網 2019 年 5 月 27 日。(張俊民 2019)

30. 張俊民《櫟陽陶文與漢簡「猪」字獻疑》,簡帛網 2021 年 1 月 27 日。(張俊民 2021)

31. 張麗萍《釋西北屯戍漢簡中的「楱楪」——兼論「椎」的所指和作用》,《貴州工程應用技術學院學報》2019 年第 1 期。(張麗萍 2019)

32. 張麗萍、侯建科《集成本〈敦煌漢簡〉釋讀補正九則》,簡帛網 2015 年 2 月 28 日,又見《貴州工程應用技術學院學報》2016 年第 1 期。(張麗萍、侯建科 2016)

33. 張麗萍、張顯成《釋「慈其」及相關稱謂》,《敦煌研究》2016 年 4 期。(張麗萍、張顯成 2016)

34. 張麗萍、張顯成《西北屯戍漢簡所見「罷卒」考》,《簡帛研究二〇一八(春夏卷)》,廣西師範大學出版社,2018 年 6 月。(張麗萍、張顯成 2018)

35. 張麗萍、張顯成《西北屯戍漢簡中的「庸」「葆」「就」及相互關係考辨——兼論「作者」的含義》,《中國社會經濟史研究》2019 年第 3 期。(張麗萍、張顯成 2019)

36. 張培瑜《出土漢簡帛書上的曆注》,《出土文獻》第二輯,文物出版社,1989 年 12 月。(張培瑜 1989)

37. 張文建《肩水金關漢簡綴合三則》,簡帛網 2017 年 1 月 22 日。(張文建 2017A)

38. 張文建《〈肩水金關漢簡(壹)〉再綴三則》,簡帛網 2017 年 1 月 22 日。(張文建 2017B)

39. 張文建《〈肩水金關漢簡（壹）〉綴合四則》，簡帛網 2017 年 3 月 2 日。（張文建 2017C）

40. 張文建《〈肩水金關漢簡（壹）〉綴合一則》，簡帛網 2017 年 3 月 3 日。（張文建 2017D）

41. 張文建《〈肩水金關漢簡（壹）〉綴合一則再議》，簡帛網 2017 年 3 月 27 日。（張文建 2017E）

42. 張文建《〈肩水金關漢簡（壹）〉綴合（一）》，簡帛網 2017 年 6 月 18 日。（張文建 2017F）

43. 張文建《〈肩水金關漢簡（壹）〉綴合（二）》，簡帛網 2017 年 6 月 19 日。（張文建 2017G）

44. 張文建《〈肩水金關漢簡（壹）〉綴合（三）》，簡帛網 2017 年 7 月 19 日。（張文建 2017H）

45. 張文建《〈肩水金關漢簡（壹）〉綴合（四）》，簡帛網 2017 年 7 月 24 日。（張文建 2017I）

46. 張文建《〈肩水金關漢簡（壹）〉綴合（五）》，簡帛網 2017 年 8 月 7 日。（張文建 2017J）

47. 張文建《肩水金關漢簡 73EJT4：139 與 73EJT4：211 綴合再議》，《出土文獻綜合研究集刊》第七輯，巴蜀書社，2018 年 11 月。（張文建 2018）

48. 張文瀚、劉鳳麗《肩水金關漢簡所見「小時」試解》，《簡帛研究二〇一九（春夏卷）》，廣西師範出版社，2019 年 6 月。（張文瀚、劉鳳麗 2019）

49. 張顯成、張文建《〈肩水金關漢簡（壹）〉綴合七則》，簡帛網 2017 年 1 月 20 日。（張顯成、張文建 2017A）

50. 張顯成、張文建《〈肩水金關漢簡（壹）〉綴合七則》，《出土文獻》第十一輯，中西書局，2017 年 10 月。（張顯成、張文建 2017B）

51. 張小鋒《居延新簡中所見「蘭」與「蘭冠」考》，《簡牘學研究》第二輯，甘肅人民出版社，1998 年 10 月。（張小鋒 1998）

52. 張小鋒《〈甘露二年丞相御史書〉探微》，《首都師範大學學報》2000 年第 5 期。（張小鋒 2000）

53. 張小鋒《說「有方」與「方」——從〈由漢簡「方」與「幡」看漢代邊卒的文化學習〉一文談起》，《簡帛研究二〇〇四》，廣西師範大學出版社，2006 年 10 月。（張小鋒 2006）

54. 張英梅《試探肩水金關漢簡中「傳」的制度》,《敦煌研究》2014 年第 2 期。（張英梅 2014）

55. 張英梅《試探〈肩水金關漢簡（叁）〉中所見典籍簡及相關問題》,《敦煌研究》2015 年第 4 期。（張英梅 2015）

56. 張英梅《〈肩水金關漢簡〉所見「傳」的制度補（一）》,《敦煌研究》2018 年第 3 期。（張英梅 2018）。

57. 張英梅《漢文帝七年〈朝儀〉詔書補考——以〈肩水金關漢簡〉（四）所見簡牘為依據》,《敦煌研究》2019 年第 3 期。（張英梅 2019）

58. 張再興《秦漢簡帛中的「厤」和「磨」》,《簡帛研究二〇一八（春夏卷）》,廣西師範大學出版社,2018 年 6 月。（張再興 2018）

59. 張再興、黃艷萍《肩水金關漢簡校讀札記》,《中國文字研究》第二十六輯,上海書店出版社,2017 年 12 月。（張再興、黃艷萍 2017）

60. 趙寵亮《說「財用錢」》,《歷史研究》2006 年第 2 期。（趙寵亮 2006）

61. 趙寵亮《居延漢簡所見「罷卒」》,《石家莊學院學報》2010 年第 5 期。（趙寵亮 2010）

62. 趙寵亮《行役戍備——河西漢塞吏卒的屯戍生活》,科學出版社,2012 年 11 月。（趙寵亮 2012A）

63. 趙寵亮《〈甘露二年丞相御史書〉冊考釋補議》,《甘肅省第二屆簡牘學國際學術研討會論文集》,上海古籍出版社,2012 年 12 月。（趙寵亮 2012B）

64. 趙爾陽《〈肩水金關漢簡〉地名小議一則》,簡帛網 2016 年 6 月 7 日。（趙爾陽 2016A）

65. 趙爾陽《小議〈肩水金關漢簡〉中的地名「熒陽」》,簡帛網 2016 年 7 月 31 日。（趙爾陽 2016B）

66. 趙爾陽《淺談肩水金關漢簡中的幾則縣邑名》,簡帛網 2016 年 10 月 24 日。（趙爾陽 2016C）

67. 趙爾陽《小議〈肩水金關漢簡〉中的地名「熒陽」》,《甘肅省第三屆簡牘學國際學術研討會論文集》,上海辭書出版社,2017 年。（趙爾陽 2017）

68. 趙爾陽《淺談肩水金關漢簡中涉及張掖郡籍「田卒」的幾則簡文》,簡帛網 2018 年 8 月 25 日。（趙爾陽 2018A）

69. 趙爾陽《肩水金關 F3（73EJF3）所出騎士簡冊探析》,《出土文獻》第十三輯,中西書局,2018 年 10 月。（趙爾陽 2018B）

70. 趙爾陽《肩水金關漢簡濟陰郡及其所屬桂邑考》,《簡帛》第十八輯,上海古籍出版社,2019 年 5 月。(趙爾陽 2019)

71. 趙海龍《〈肩水金關漢簡(壹)〉地名訂補》,簡帛網 2014 年 8 月 21 日。(趙海龍 2014A)

72. 趙海龍《〈肩水金關漢簡(貳)〉地名補釋》,簡帛網 2014 年 8 月 24 日。(趙海龍 2014B)

73 趙海龍《〈肩水金關漢簡(貳)〉「洍城郦里」釋讀》,簡帛網 2014 年 8 月 28 日。(趙海龍 2014C)

74. 趙海龍《〈肩水金關漢簡(叁)〉所見地名補考》,簡帛網 2014 年 8 月 31 日。(趙海龍 2014D)

75. 趙蘭香《漢代西北邊塞吏卒與內郡官吏的休假制度異同考述》,《簡牘學研究》第四輯,甘肅人民出版社,2004 年 11 月。(趙蘭香 2004)

76. 趙蘭香、朱奎澤《漢代河西屯戍吏卒衣食住行研究》,中國社會科學出版社,2015 年 5 月。(趙蘭香、朱奎澤 2015)

77. 趙沛《居延漢簡見西漢時期西北邊塞日常勤務制度》,《西北史地》1991 年第 2 期。(趙沛 1991)

78. 趙沛《居延漢簡所見〈兵簿〉〈被兵簿〉——兼論居延邊塞兵器配給》,《西北史地》1994 年第 4 期。(趙沛 1994)

79. 趙沛、王寶萍《西漢居延邊塞休吏制度》,《文博》1994 年第 1 期。(趙沛、王寶萍 1994)

80. 趙平安《漢簡中有關印章的資料》,《簡帛研究》第三輯,廣西教育出版社,1998 年 12 月。(趙平安 1998A)

81. 趙平安《「足下」與「馬足下」——尹灣漢簡語詞札記之一》,《語文建設》1998 年第 12 期。(趙平安 1998B)

82. 趙平安《秦西漢印章研究》,上海古籍出版社,2012 年 12 月。(趙平安 2012)

83. 趙葉《〈肩水金關漢簡(叁)〉文字整理與相關專題研究》,聊城大學碩士學位論文,2016 年 3 月。(趙葉 2016)

84. 趙志強《說「太常郡」》,《中國歷史地理論叢》2013 年第 3 輯。(趙志強 2013)

85. 鄭威《簡牘文獻所見漢代的縣級政區「邑」》,《簡帛》第十一輯,上海古籍出版社,2015 年 11 月。(鄭威 2015)

86. 鄭威《肩水金關漢簡中的三個縣邑》,《古文字研究》第三十二輯,中華書局,2018 年 8 月。(鄭威 2018)

87. 中國簡牘集成編輯委員會《中國簡牘集成》第三冊,敦煌文藝出版社,2001 年 6 月。(中國簡牘集成編輯委員會 2001A)

88. 中國簡牘集成編輯委員會《中國簡牘集成》第四冊,敦煌文藝出版社,2001 年 6 月。(中國簡牘集成編輯委員會 2001B)

89. 中國簡牘集成編輯委員會《中國簡牘集成》第五冊,敦煌文藝出版社,2001 年 6 月。(中國簡牘集成編輯委員會 2001C)

90. 中國簡牘集成編輯委員會《中國簡牘集成》第六冊,敦煌文藝出版社,2001 年 6 月。(中國簡牘集成編輯委員會 2001D)

91. 中國簡牘集成編輯委員會《中國簡牘集成》第七冊,敦煌文藝出版社,2001 年 6 月。(中國簡牘集成編輯委員會 2001E)

92. 中國簡牘集成編輯委員會《中國簡牘集成》第八冊,敦煌文藝出版社,2001 年 6 月。(中國簡牘集成編輯委員會 2001F)

93. 中國簡牘集成編輯委員會《中國簡牘集成》第九冊,敦煌文藝出版社,2001 年 6 月。(中國簡牘集成編輯委員會 2001G)

94. 中國簡牘集成編輯委員會《中國簡牘集成》第十冊,敦煌文藝出版社,2001 年 6 月。(中國簡牘集成編輯委員會 2001H)

95. 中國簡牘集成編輯委員會《中國簡牘集成》第十一冊,敦煌文藝出版社,2001 年 6 月。(中國簡牘集成編輯委員會 2001I)

96. 中國簡牘集成編輯委員會《中國簡牘集成》第十二冊,敦煌文藝出版社,2001 年 6 月。(中國簡牘集成編輯委員會 2001J)

97. 周波《說肩水金關漢簡、張家山漢簡中的地名「贊」及其相關問題》,復旦大學出土文獻與古文字研究中心網 2013 年 5 月 31 日,又《出土文獻研究》第十二輯,中西書局,2013 年 12 月。(周波 2013)

98. 周國林《秦漢時期鍾、石、斛異同辨》,《華中師範大學學報》1991 年第 3 期。(周國林 1991)

99. 周艷濤《〈肩水金關漢簡(貳)〉初讀札記二十條》,簡帛研究網 2013 年 6 月 15 日。(周艷濤 2013)

100. 周艷濤《〈肩水金關漢簡（貳）〉釋文補正四則》，《敦煌研究》2015 年第 2 期。（周艷濤 2015）

101. 周艷濤、李黎《讀〈肩水金關漢簡（貳）〉札記二十則》，《昆明學院學報》2014 年第 1 期。（周艷濤、李黎 2014）

102. 周艷濤、張顯成《〈肩水金關漢簡（貳）〉「□陵丞印」考》，《敦煌研究》2016 年第 6 期。（周艷濤、張顯成 2016）

103. 周艷濤、張顯成《肩水金關漢簡（貳）釋文校補四則》，《中國文字研究》第二十七輯，上海書店出版社，2018 年 5 月。（周艷濤、張顯成 2018）

104. 周振鶴《新舊漢簡所見縣名與里名》，《歷史地理》第十二輯，上海人民出版社，1995 年 3 月。（周振鶴 1995）

105. 周振鶴《西漢政區地理》，商務印書館，2017 年 5 月。（周振鶴 2107）

106. 鄒大海《關於秦漢計量單位石、桶的幾個問題》，《中國史研究》2019 年第 1 期。（鄒大海 2019）

107. 朱德貴《秦漢簡牘所見「算賦」「口賦」再探討》，《中國農史》2019 年第 2 期。（朱德貴 2019）

108. 朱紹侯《對〈居延簡冊《甘露二年丞相御史律令》考述〉的商榷》，《河南師大學報》1982 年第 4 期。（朱紹侯 1982）

109. 朱紹侯《對居延敦煌漢簡中「庸」的性質淺議》，《朱紹侯文集》，河南大學出版社，2005 年 9 月。（朱紹侯 2005）

110. 朱紹侯《兩漢屯田制研究》，《史學月刊》2012 年第 10 期。（朱紹侯 2012）

111. 莊小霞《釋新莽「附城」爵稱》，《歷史研究》2006 年第 2 期。（莊小霞 2006）

112. 莊小霞《西北漢簡所見漢代邊塞居室什物考》，《中國國家博物館館刊》2017 年第 5 期。（莊小霞 2017）

113. 〔日〕椎名一雄著，孫聞博譯《張家山漢簡〈二年律令〉所見爵制——以對「庶人」的理解為中心》，《簡帛研究二〇一三》，廣西師範大學出版社，2014 年 7 月。（椎名一雄 2014）

114. 作銘《漢簡中關於食糧計量的「大」「少」二字釋義》，《考古》1960 第 10 期。（作銘 1960）

附錄一：綴合編連一覽

1. 綴合

簡牘編號	綴合人
73EJT1：116+24	伊強
73EJT1：25+284	伊強
73EJT1：50+294	姚磊
73EJT1：136+163	伊強
73EJT1：243+273	尉侯凱
73EJT1：246+316	張文建
73EJT2：92+88	伊強
73EJT3：31+20	張文建
73EJT4：111+18	尉侯凱
73EJT4：182+64	張顯成、張文建
73EJT4：121+119	張文建
73EJT6：110+62	尉侯凱
73EJT6：109+73	張文建
73EJT6：140+95	張文建
73EJT6：107+156	姚磊
73EJT7：38+10	尉侯凱
73EJT7：33+11	姚磊
73EJT7：106+20	姚磊
73EJT7：24+72EJC：155	林宏明

73EJT7：87+54	伊強
73EJT7：67+157	姚磊
73EJF3：66+381+73EJT7：147	整理者、林宏明
73EJF3：338+201+205+73EJT7：148	整理者、雷海龍
73EJT7：183+155+193	姚磊
73EJT8：14+20	伊強
73EJT8：32+71	尉侯凱
73EJT8：76+65	伊強
73EJT8：74+113	伊強
73EJT8：102+82	姚磊
73EJT9：5+15	姚磊、張顯成、張文建
73EJT9：358+258	尉侯凱
73EJT9：310+51	尉侯凱
73EJT9：223+154	張顯成、張文建
73EJT9：384+170	許名瑲
73EJT9：202+183	張文建
73EJT9：252A+290	張文建
73EJT9：268+264	何茂活、姚磊
73EJT10：167+93	魯家亮、胡永鵬
73EJT10：168+106	伊強
73EJC：527+73EJT10：146	姚磊
73EJT10：175+160	魯家亮
73EJT10：311+260	姚磊
73EJT10：365+283	尉侯凱
73EJT10：318+351	姚磊
73EJT10：339+480	張顯成、張文建
73EJT10：345+496	姚磊
73EJT10：481+507	張文建
73EJT11：31+10+3	伊強、姚磊
73EJT21：57+33	伊強
73EJT21：46+73EJT23：1062	姚磊
73EJT21：60+73EJT24：304	姚磊

73EJT21：62+78	伊強
73EJT21：72+354	姚磊
73EJT22：75+73EJT21：88	姚磊
73EJT21：138+278	伊強
73EJT21：145+73EJF3：463	雷海龍
73EJT21：199+198	楊小亮
73EJT21：310+314+325	楊小亮、姚磊
73EJT21：312+73EJT22：51	姚磊
73EJT21：327+317	姚磊
73EJT21：429+322	伊強
73EJT21：380+334	姚磊
73EJT21：396+343	姚磊
73EJT21：401+459+451	楊小亮、姚磊
73EJT21：423+431	姚磊
73EJT21：454+455	黃浩波
73EJT21：464+458	林宏明
73EJT22：7+10	伊強
73EJT22：65+87	伊強
73EJT22：106+115	姚磊
73EJT23：3+619	許名瑲
73EJT23：5+37	姚磊
73EJT23：8+164	姚磊
73EJT23：19+40	伊強
73EJT23：642+35	伊強
73EJT23：41+42	姚磊
73EJT23：76+139	伊強
73EJT23：91+418+821+429	雷海龍、姚磊
73EJT23：96+132	楊小亮
73EJT23：688+109	姚磊
73EJT23：110+222	姚磊
73EJT23：119+116	姚磊
73EJT23：128+127	姚磊

73EJT23：131+862	伊強
73EJT23：166+195	姚磊
73EJT23：177+171	楊小亮
73EJT23：634+173	伊強
73EJT23：212+224	姚磊
73EJT23：432+260+431	伊強
73EJT23：264+73EJT4H：47	程少軒
73EJT23：404+265	伊強
73EJT23：269+803	程少軒、羅見今、關守義、何茂活、楊小亮
73EJT23：345+288	何茂活
73EJT23：663+321+993+294	伊強、姚磊、何茂活
3EJT23：315+702	胡永鵬、羅見今、關守義、許名瑲、楊小亮、何茂活
73EJT23：341+813	姚磊
73EJT23：370+358	姚磊
73EJT23：359+807	姚磊
73EJT23：659+376	姚磊
73EJT23：379+387	楊小亮
73EJT23：488+963	伊強
73EJT23：491+492+525+515+947+1038	楊小亮、姚磊
73EJT23：496+1059+506	伊強
73EJT23：500+511	楊小亮
73EJT23：503+925	姚磊
73EJT23：531+509	楊小亮
73EJT23：530+514	姚磊
73EJT23：964+516	伊強
73EJT23：954+526	姚磊
73EJT23：532+768	胡永鵬
73EJT23：542+539	姚磊
73EJT23：561+577	姚磊
73EJT23：563+643	伊強
73EJT23：566+689	姚磊

73EJT23：568+846	姚磊
73EJT23：570+575	姚磊
73EJT23：580+607	整理者
73EJT23：585+598	姚磊
73EJT23：593+837+835+860	程少軒、楊小亮、何茂活、羅見今、關守義、胡永鵬
73EJT23：608+673	姚磊
73EJT23：612+829	姚磊
73EJT23：614+687	楊小亮
73EJT23：677+658	姚磊
73EJT23：691+802	程少軒、羅見今、關守義、胡永鵬、何茂活、楊小亮
73EJT23：696+725	姚磊
73EJT23：990+721	姚磊
73EJT23：743+744	楊小亮
73EJT23：801+760	程少軒、羅見今、關守義、許名瑲、胡永鵬、何茂活、楊小亮
73EJT4H：17+73EJT23：840	程少軒
73EJT23：919+917	楊小亮、何茂活
73EJT23：1065+931	伊強
73EJT23：939+1031	姚磊
73EJT23：979+1017	整理者
73EJT23：1023+1016	姚磊
73EJT23：1026+1047	姚磊
73EJT24：56+529	林宏明
73EJT24：91+119	姚磊
73EJT24：97+73EJT30：64+73EJT30：11	姚磊
73EJT24：101+116	整理者
73EJT24：135+128+73EJT30：167	姚磊
73EJT24：146+430	姚磊
73EJT24：411+150	姚磊
73EJT24：156+482+158	姚磊

73EJT24：187+173	伊強
73EJT24：210+199	伊強
73EJT24：220+502	林宏明
73EJT24：359+222	姚磊
73EJT24：247+268	胡永鵬
73EJT24：872+249	伊強
73EJT24：269+264	伊強
73EJT24：305+497+498	整理者
73EJT24：343+322	姚磊
73EJT24：367+509	姚磊
73EJT24：382+402	伊強
73EJT24：450+464	伊強
73EJT24：486+577	林宏明
73EJT24：570+571	伊強
73EJT24：596+611	姚磊
73EJT24：599+597	姚磊、胡永鵬
3EJTT24：634+627	伊強
73EJT24：646+648+650	許名瑲
73EJT24：687+703	何茂活、姚磊
73EJT24：900+691	姚磊
73EJT24：786+692	姚磊
73EJT24：739+784+785	姚磊
73EJT24：749+983	姚磊
73EJT24：750+919	伊強、姚磊
73EJT24：956+761	伊強
73EJT24：771+913	姚磊
73EJT24：800+842	何茂活
73EJT24：932+802	姚磊
73EJT24：828+810	許名瑲
73EJT24：874+871	姚磊
73EJT24：925+869	姚磊
73EJT24：887+909	姚磊

73EJT24：955+911	姚磊
73EJT25：86+17	姚磊
73EJT25：43+191	何茂活
73EJT25：108+211	何茂活
73EJT25：159+116	何茂活
73EJT25：156+174+122	姚磊
73EJC：482+73EJT25：124	姚磊
73EJT25：244+243+157	何茂活、姚磊
73EJT30：46+73EJT25：175	姚磊
73EJTT26：42+25	伊強
73EJT26：245+26	姚磊
73EJT26：127+117	伊強
73EJT26：186+135	姚磊
73EJT26：142+272	姚磊
73EJT26：144+182	姚磊
73EJT26：259+155	許名瑲
73EJT26：256+157	姚磊
73EJT26：190+198+163	伊強、何茂活
73EJT26：167+201+296	整理者、姚磊
73EJT26：227+194	伊強
73EJT26：249+255	伊強
73EJT26：268+264+266	許名瑲
73EJT27：58+15+16	整理者、何茂活
73EJT27：103+101	姚磊
73EJT28：27+93	姚磊
73EJT28：81+28	姚磊
73EJT28：29+92	姚磊
73EJT28：55+44	姚磊
73EJT28：116+118	何有祖
73EJT29：10+19	姚磊
73EJT29：14+41	姚磊
73EJT29：20+76	伊強

73EJT29：22+21	伊強
73EJT29：43+33	姚磊
73EJT29：34+36	姚磊
73EJT30：7+19	整理者
73EJT30：16+254	姚磊
73EJT30：21+87	伊強
73EJT30：24+122	伊強
73EJT30：27+T26：21	整理者
73EJT30：42+69	整理者
73EJT30：56+83	作者
73EJT30：90+68	姚磊
73EJT30：86+112	伊強
73EJT30：96+123	整理者
73EJT30：129+107	伊強
73EJT30：128+130	整理者
73EJT30：140+241	伊強
73EJT30：170+144	伊強
73EJT30：148+172	伊強
73EJT30：179+180	姚磊
73EJT30：215+217	整理者
73EJT30：216+220	伊強
73EJT31：20+34	何有祖
73EJT31：21+155	姚磊
73EJT31：44+T30：55	整理者
73EJT31：129+82	姚磊
73EJT31：85+90	伊強
73EJT32：6+24	伊強
73EJT32：45+22	姚磊
73EJT32：57+49	伊強
73EJT33：13+4	何有祖
73EJT33：44+47	整理者
73EJT33：51+55	整理者

73EJT34：9+29	整理者
73EJT34：31+35	整理者
73EJT35：8+9	何有祖
73EJT37：740+1	姚磊
73EJT37：2+572	謝坤
73EJT37：4+1172	姚磊
73EJT37：275+248+301+7	許名瑲、謝坤、姚磊
73EJT37：1182+490+8	姚磊
73EJT37：1444+12	姚磊
73EJT37：1242+20	姚磊
73EJT37：24+648	謝坤
73EJT37：28+653+1133	姚磊
73EJT37：1484+30	姚磊
73EJT37：32+311	單印飛
73EJT37：706+33	謝坤
73EJT37：850+35	姚磊
73EJT37：701+36	謝坤
73EJT37：39+691	姚磊
73EJT37：43+1485	姚磊
73EJT37：51+203	謝坤
73EJT37：1452+1460+55	整理者、謝坤
73EJT37：355+56	姚磊
73EJT37：357+58	謝坤
73EJT37：59+471	姚磊
73EJT37：107+60	姚磊
3EJT37：1560+246+61	姚磊、顏世鉉
73EJT37：67+121	謝坤
73EJT37：263+100	許名瑲
73EJT37：105+791	姚磊
73EJT37：1224+108	姚磊
73EJT37：1523+111	姚磊
73EJT37：631+113	姚磊

73EJT37：120+333	姚磊
73EJT37：135+133	伊強
73EJT37：862+136	姚磊
73EJT37：139+391	姚磊
73EJT37：143+729	姚磊
73EJT37：146+1561	姚磊
73EJT37：974+147+417+1252	整理者、姚磊
73EJT37：356+150	顏世鉉
73EJT37：153+269	姚磊
73EJT37：160+642	伊強
73EJT37：638+172	姚磊
73EJT37：426+173	伊強
73EJT37：220+174	姚磊
73EJT37：687+177	姚磊
73EJT37：180+666+879	謝坤
73EJT37：182+1532	姚磊
73EJT37：183+188+1564	整理者、雷海龍
73EJT37：1027+186	姚磊
73EJT37：199+205	何有祖
73EJT37：207+867	姚磊
73EJT37：209+213+1285+1297	整理者、姚磊
73EJT37：1518+234	姚磊
73EJT37：261+239	顏世鉉
73EJT37：244+255	伊強
73EJT37：247+808	姚磊
73EJT37：306+267	姚磊
73EJT37：1052+268	姚磊
73EJT37：1100+271	姚磊
73EJT37：273+410	許名瑲
73EJT37：284+324+278	姚磊
73EJT37：279+287+325	姚磊、林宏明
73EJT37：1528+280+1457	顏世鉉、姚磊

73EJT37：427+298	姚磊
73EJT37：1510+313	姚磊
73EJT37：1022+314+359	姚磊
73EJT37：315+1507	姚磊
73EJT37：340+385	雷海龍
73EJT37：553+348	謝坤
73EJT37：358+1483	姚磊
73EJT37：1414+1044+369	姚磊
73EJT37：1028+1208+371	姚磊
73EJT37：436+380	姚磊
73EJT37：1245+383	姚磊
73EJT37：386+395	姚磊
73EJT37：389+1137	雷海龍
73EJT37：393+1290	姚磊
73EJT37：394+685	姚磊
73EJT37：1473+401+857	謝坤、姚磊
73EJT37：1478+406	姚磊
73EJT37：1048+413	顏世鉉
73EJT37：424+1419	雷海龍
73EJT37：897+425	伊強
73EJT37：459+1174	姚磊
73EJT37：468+925	姚磊
73EJT37：473+507	姚磊
73EJT37：479+1131	姚磊
73EJT37：485+544	姚磊
73EJT37：615+494	姚磊
73EJT37：495+823	許名瑲
73EJT37：503+1040	姚磊
73EJT37：515+516	顏世鉉
73EJT37：533+1579	姚磊
73EJT37：805+535+73EJF3：599	姚磊
73EJT37：537+948	姚磊

73EJT37：616+542	姚磊
73EJT37：552+623	姚磊
73EJT37：611+554+559+904	顏世鉉、姚磊
73EJT37：866+580	姚磊
73EJT37：591+795	許名瑲
73EJT37：603+595	顏世鉉
73EJT37：597+654+734	整理者、姚磊
73EJT37：608+683	姚磊
73EJT37：1418+664+609	謝坤、姚磊
73EJT37：881+612	姚磊
73EJT37：662+613	姚磊
73EJT37：617+1047	姚磊
73EJT37：713+624	姚磊
73EJT37：628+658	謝坤
73EJT37：634+1030	姚磊
73EJT37：885+636	姚磊
73EJT37：640+707	整理者
73EJT37：798+643	姚磊
73EJT37：645+1377	許名瑲
73EJT37：651+727+716	顏世鉉、姚磊
73EJT37：1376+656	謝坤
73EJT37：901+660	姚磊
73EJT37：671+1009	姚磊
73EJT37：675+688	姚磊
73EJT37：878+692	姚磊
73EJT37：852+712	謝坤
73EJT37：1420+1302+723	謝坤
73EJT37：1476+730	林宏明、謝坤
73EJT37：737+1294	姚磊
73EJT37：782+836+1255	姚磊
73EJT37：806+816	整理者
73EJT37：832+811	姚磊

73EJT37：842+946	姚磊
73EJT37：854+1196	謝坤
73EJT37：856+927	謝坤
73EJT37：1206+872	姚磊
73EJT37：880+884	顏世鉉
73EJT37：1391+883	姚磊
73EJT37：896+903	林宏明、姚磊
73EJT37：909+906	姚磊
73EJT37：918+1517	姚磊
73EJT37：1447+922	姚磊
73EJT37：930+1407	姚磊
73EJT37：949+1349	姚磊
73EJT37：1352+964	姚磊
73EJT37：968+1310	顏世鉉
73EJT37：1482+1010	姚磊
73EJT37：1026+1515	姚磊
73EJT37：1035+1411	顏世鉉
73EJT37：1477+1053	謝坤
73EJT37：1268+1089	姚磊
73EJT37：1105+1315	伊強
73EJT37：1109+1179	姚磊
73EJT37：1378+1134	姚磊
73EJT37：1217+1140	姚磊
73EJT37：1425+1347+1142	姚磊
73EJT37：1173+1183	整理者
73EJT37：1416+1177	林宏明、姚磊
73EJT37：1413+1190	姚磊
73EJT37：1324+1192	謝坤
73EJT37：1448+1197	何有祖
73EJT37：1228+1346	整理者
73EJT37：1229+1239	許名瑲
73EJT37：1240+1311+1233	姚磊

73EJT37：1247+1235	姚磊
73EJT37：1238+1323	姚磊
73EJT37：1256+1368	許名瑲
73EJT37：1258+1291+1292	整理者、姚磊
73EJT37：1263+1300	姚磊
73EJT37：1271+1340	林宏明、姚磊
73EJT37：1275+1276+1274	整理者
73EJT37：1308+1277	姚磊
73EJT37：1313+1405	林宏明
73EJT37：1361+1353+1358	整理者、作者、姚磊
73EJT37：1450+1402	林宏明、姚磊
73EJT37：1462+1471	整理者
73EJT37：1551+1555	整理者
73EJT37：1556+1558	整理者
73EJH1：13+61	姚磊
73EJH1：32+16	何有祖
73EJH1：23+49	姚磊
73EJH1：69+73EJF3：286	雷海龍
73EJH2：6+26	何有祖
73EJH2：7+85	姚磊
73EJH2：15+83+34	姚磊
73EJH2：67+32	姚磊
73EJH2：35+36	整理者
73EJF1：21+24	整理者
73EJF1：30+28	整理者
73EJF1：44+47	整理者
73EJF1：45+54	整理者
73EJF1：65+68	整理者
73EJF1：77+78	整理者
73EJF1：91+9B+82	整理者、謝坤
73EJF1：102+99	何有祖
73EJF1：106+111	謝坤

73EJF2：49+9	整理者
73EJF2：20+29	整理者
73EJF2：30+31	整理者
73EJF3：471+302+73EJF2：43+73EJF3：340	整理者、雷海龍、姚磊
73EJF3：2+169	姚磊
73EJF3：11+4	整理者
73EJF3：7+360	整理者
73EJF3：273+10	整理者
73EJF3：281+18	整理者
73EJF3：30+21	整理者
73EJF3：25+543	整理者
73EJF3：415+33	整理者
73EJF3：36+503	姚磊
73EJF3：41+77	姚磊
73EJF3：48+532+485	整理者
73EJF3：49+581	整理者
73EJF3：50+533	整理者
73EJF3：52+504	姚磊
73EJF3：54+512	姚磊
73EJF3：60+283	姚磊
73EJF3：72+70	整理者
73EJF3：76+448	整理者
73EJF3：78+623	整理者
73EJF3：79+509	整理者
73EJF3：81+80	整理者
73EJF3：114+202+168	整理者
73EJF3：116+208	尉侯凱
73EJF3：290+121	整理者
73EJF3：123+561	姚磊
73EJF3：134+498+555	整理者
73EJF3：136+266	整理者
73EJF3：143+211+425	整理者

73EJF3：197+174	整理者
73EJF3：175+219+583+196+407	整理者
73EJF3：186+188	整理者
73EJF3：189+421	整理者
73EJF3：470+564+190+243+438	整理者、姚磊
73EJF3：482+193+508	整理者、姚磊
73EJF3：198+194+578	整理者、姚磊
73EJF3：524+209+200	整理者、尉侯凱
73EJF3：388+206	整理者
73EJF3：309B+593B+217A	整理者
73EJF3：226+247	整理者
73EJF3：228+617	姚磊
73EJF3：229+542	整理者
73EJF3：251+636+562+234+445	整理者
73EJF3：245+497	整理者
73EJF3：257+435	整理者
73EJF3：269+597	整理者
73EJF3：271+473	姚磊
73EJF3：433+274	整理者
73EJF3：480+282+514+430+263	整理者、姚磊
73EJF3：277+479	姚磊
73EJF3：337+513+288+541	姚磊
77EJF3：511+306+291	整理者
73EJF3：292+594+630+627+308	整理者、姚磊
73EJF3：334+299+492	整理者
73EJF3：300+548	姚磊
73EJF3：304+529	整理者
73EJF3：628+311	姚磊
73EJF3：336+324	整理者
73EJF3：339+609+601	整理者
73EJF3：416+364	整理者
73EJF3：397+403	整理者

73EJF3：536+424	整理者
73EJF3：429+434	整理者
73EJF3：441+616	姚磊
73EJF3：461+476+454	整理者
73EJF3：465+500	整理者
73EJF3：468+502	整理者
73EJF3：472+540	整理者
73EJF3：518+517	整理者
73EJF3：534+521	整理者
73EJF3：570+547	整理者
73EJF3：549+580	姚磊
73EJT4H：11+2	整理者、林宏明
73EJT4H：10+61	整理者
73EJT4H：16+18	整理者
73EJT4H：84+54	整理者
73EJD：71+101	林宏明
73EJD：164+103	尉侯凱
73EJD：277+116	姚磊
73EJD：237+125	姚磊
73EJD：208+147	整理者
73EJD：200+175	整理者
73EJD：247+199	姚磊
73EJD：280+250	整理者
72EJC：9+61	整理者
72EJC：256+22	整理者
72EJC：43+52	整理者
72EJC：44+67	整理者
73EJC：618+72EJC：47	整理者
72EJC：57+148	整理者
73EJC：621+72EJC：70	姚磊
72EJC：74+78	整理者
72EJC：112+203	整理者

72EJC：125+134	整理者
72EJC：164+277	姚磊
72EJC：183+138	尉侯凱
72EJC：146+613	姚磊
72EJC：228+264	整理者
73EJC：369+672	尉侯凱
72EJC：448+446	姚磊
73EJC：656+664	林宏明
72ECC：1+2	整理者
72ECC：34+59	整理者
72ECC：74+80	整理者
72EBS9C：4+3	整理者

2. 編連

簡牘編號	編連人
73EJT1：28、73EJT1：154、73EJT1：167	姚磊
73EJT4：133、73EJT4：134、73EJT4：135	黃浩波
73EJT7：44、73EJT7：45、73EJT37：343、73EJF3：317、73EJF3：318、73EJF3：223、73EJF3：323、73EJF3：444、73EJF3：579	作者、魏振龍
73EJT10：62、73EJT10：113、73EJT10：101、73EJT10：277、73EJT10：174	姚磊
73EJT10：67、73EJT10：85	姚磊
73EJT10：73、73EJT10：117、73EJT10：94、73EJT10：68、73EJT10：82	姚磊
73EJT10：100、73EJT10：325	姚磊
73EJT10：107、73EJT10：116	姚磊
73EJT10：137、73EJT10：328	姚磊
73EJT10：150、73EJT10：180、73EJT10：200	姚磊
73EJT10：299、73EJT10：300、73EJT10：301	作者、姚磊
73EJT11：5、73EJT11：2	王子今
73EJT14：22、72EJC：42、72EJC：44+67、72EJC：53、72EJC：96	作者

73EJT21：2、73EJT21：3、73EJT21：4、73EJT21：5、73EJT21：6、73EJT21：7、73EJT21：8、73EJT21：9、73EJT21：10、73EJT21：18	整理者、楊小亮
73EJT21：11、73EJT21：12、73EJT21：13、73EJT21：14	整理者
73EJT21：42、73EJT21：38	侯旭東、楊小亮
73EJT21：59、73EJT24：795、73EJT24：813、73EJT24：852、73EJT24：927	作者
73EJT21：443、73EJT21：444	作者
73EJT23：317、73EJT4H：29、73EJT23：901、73EJT23：315+702、73EJT23：318、73EJT23：902、73EJT23：264+73EJT4H：47、73EJC：459、73EJT4H：28、73EJT23：903、73EJT23：904、73EJT23：593+837+835+860、73EJT9：282、73EJT23：691+802、73EJT23：801+760、73EJT23：269+803、73EJT4H：16+18、73EJT4H：1、73EJT23：316、73EJT23：908、73EJT4H：17+73EJT23：840、73EJT23：211、73EJT23：879、73EJT23：992	羅見今、關守義、許名瑲、何茂活、楊小亮、程少軒
73EJT23：249、73EJT23：250	作者
73EJT23：289、73EJT23：408、73EJT23：426	姚磊
73EJT23：488+963、73EJT23：964+516、73EJT23：965	作者
73EJT23：966、73EJT23：967	姚磊
73EJT24：105、73EJT24：107	作者
73EJT24：190、73EJT24：193	作者
73EJT24：191、73EJT24：201	作者
73EJT24：258、73EJT24：550、73EJT24：974	姚磊
73EJT24：706、73EJT24：709、73EJT24：776、73EJT24：791	姚磊
73EJT25：83、73EJT25：137、73EJT25：162、73EJT25：164	趙爾陽
73EJT26：134、73EJT26：217、73EJT26：231、73EJT26：276	作者
73EJT26：153、73EJT26：223	何茂活、程少軒
73EJT26：178、73EJT26：218	黃艷萍、羅見今、關守義、程少軒、何茂活

73EJT26：217、73EJT26：231	作者
73EJT26：252、73EJT26：253	何茂活
73EJT27：62、73EJT27：63	作者
73EJT29：29、73EJT29：30	作者
73EJT29：115、73EJT29：116	何有祖
73EJT30：1、73EJT30：2、73EJT30：63、73EJT30：136、73EJT30：145	羅見今、關守義、黃艷萍、作者、姚磊
73EJT30：4、73EJT30：104	作者
73EJT30：29、73EJT30：30	鄔文玲、曹天江
73EJT30：66、73EJT30：103	羅見今、關守義
73EJT30：158、73EJT30：159	作者、姚磊
73EJT30：213、73EJT30：215+217	張俊民
73EJT30：263、73EJT30：267	作者
73EJT30：264、73EJT24：131、73EJT30：6、73EJT30：170+144、73EJT31：45、73EJT30：42+69	伊強
73EJT31：101、73EJT31：42、73EJT31：44A+T30：55、73EJT31：102、73EJT31：104、73EJT31：141、73EJT31：86	何茂活、劉嬌、黃浩波、劉樂賢
73EJT31：75、73EJT31：77	何茂活、姚磊
73EJT33：81、73EJT33：19	姚磊
73EJT37：84、73EJT37：85	作者
73EJT37：79、73EJT37：652、73EJT37：742、73EJT37：1583	姚磊
73EJT37：780、73EJT37：89	姚磊
73EJT37：93、73EJT37：115	姚磊
73EJT37：565、73EJT37：263+100、73EJT37：356+150、73EJT37：980	許名瑲、姚磊
73EJT37：631+113、73EJT37：628+658	姚磊
73EJT37：114、73EJT37：1012	姚磊
73EJT37：132、73EJT37：830、73EJT37：1006	姚磊
73EJT37：260、73EJT37：553+348	姚磊
73EJT37：306+267、73EJT37：987、73EJT37：1335	姚磊

73EJT37：424+1419、73EJT37：635、73EJT37：1120、73EJT37：1391+883	姚磊
73EJT37：713+624、73EJT37：1084	姚磊
73EJT37：920、73EJT37：995、73EJT37：1102	姚磊
73EJF1：1、73EJF1：2、73EJF1：3、73EJF1：4、73EJF1：5、73EJF1：6、73EJF1：7、73EJF1：8、73EJF1：9、73EJF1：10、73EJF1：11、73EJF1：12、73EJF1：13、73EJF1：14、73EJF1：15、73EJF1：16	整理者
73EJF1：74、73EJF1：79	作者
73EJF3：3、73EJF3：11+4、73EJF3：6、73EJF3：7+360、73EJF3：8、73EJF3：273+10、73EJF3：12、73EJF3：13、73EJF3：14、73EJF3：281+18、73EJF3：19、73EJF3：30+21、73EJF3：22、73EJF3：24、73EJF3：25+543、73EJF3：26、73EJF3：27、73EJF3：28、73EJF3：29、73EJF3：31、73EJF3：415+33、73EJF3：34、73EJF3：96、73EJF3：97、73EJF3：98、73EJF3：280、73EJF3：359、73EJF3：361、73EJF3：362、73EJF3：416+364、73EJF3：365、73EJF3：366、73EJF3：413、73EJF3：414、73EJF3：556	趙爾陽、姚磊、郭偉濤
73EJF3：23、73EJF3：241、73EJF3：248、73EJF3：358、73EJF3：363、	姚磊
73EJF3：101、73EJF3：106、73EJF3：107、73EJF3：192、73EJF3：405、73EJF3：459、73EJT21：145+73EJF3：463、73EJF3：474、73EJF3：553、73EJF3：537、73EJF3：558	作者、姚磊
73EJF3：105、73EJF3：146、73EJF3：147、73EJF3：355	姚磊
73EJF3：141、73EJF3：142、73EJF3：527	作者
73EJF3：150、73EJF3：520	作者
73EJF3：176、73EJF3：453	許名瑲、羅見今、關守義、程少軒
73EJF3：199、73EJF3：242、73EJF3：417、73EJF3：455、73EJF3：557、73EJF3：567	作者、姚磊
73EJF3：241、73EJF3：248、73EJF3：358、73EJF3：363	作者
73EJF3：395、73EJF3：396	作者
73EJF3：397+403、73EJF3：458	作者
73EJD：10、73EJD：15	作者
73EJD：74、73EJD：76、73EJD：121	作者

72EJC：12、72EJC：195、72EJC：269	許名瑲、羅見今、關守義、程少軒
72EJC：179、72EJC：180	作者
73EJC：589、73EJC：590	郭偉濤
73EJC：591、73EJC：611	作者
72ECC：5、72ECC：6	作者

附錄二：詞條索引

說明：本索引按拼音順序排列，收錄「集注」部分中的常用詞條。詞條後面分別為該詞所在簡文的簡號和頁碼，中間以「／」分隔。同一詞條多次出現者，一般僅錄其在文中首次出現時的簡文。同詞異義者，則並列作不同的詞條。

／73EJT1：27／49

卩 73EJT1：90B／64

弓 73EJT1：11／902

弜73EJT24：771+913／1652

A

哀憐全命 73EJT24：635／476

安定 73EJT28：8／532

安陵 73EJT24：16／1225

安武 72EJC：5／1608

安邑 73EJT7：3／173

峯 73EJT24：268A+247B／449

案 73EJT7：35／1003

案比更封 73EJT3：4／96

媪圍 73EJT23：933／1678

B

八鬼節

73EJT24：305+497+498A／1830

把弦 73EJT21：46+73EJT23：1062
／1105

罷田卒名籍

73EJT37：740A+1／608

罷卒 73EJT3：91／110

罷卒簿 73EJT10：251／1076

霸陵 73EJT37：1380B／716

霸陵園 73EJT37：1173+1183／706

白 73EJT2：8A／87

白革騎勒

73EJT24：268A+247B／449

白記 73EJT23：626B／379

白練襦 73EJT5：26／977

白駹 73EJT2：54／942

白事 73EJT7：119／183

白蜀 73EJT23：704／1827

白素 73EJT37：794／681

柏人 73EJT28：63A／536

半夏 72EJC：116B／1876

葆 73EJT2：10A／934

葆部界中 73EJF3：81+80／1656

葆智 73EJT6：41A／1720

葆養 73EJT1：54／909

卑解 72EJC：116B／1876

北 73EJT37：530／658

北部都尉 73EJT22：29／319

北屈 73EJT33：52／1389

北書 73EJT6：25／1660

貝丘 73EJT37：740A／608

被兵簿 73EJT23：280／349

輩 73EJT21：310+314+325／1136

糒 73EJF1：17／754

畚 73EJT37：1544／1513

絣 73EJC：399／874

比牛

73EJT27：58B+15A+16A／1322

比日 73EJT3：103／1792

椑 73EJT23：62／331

畢成言 73EJT23：301／357

畢已 73EJT7：112／182

幣絕 73EJT4H：11+2／1591

辟 73EJT4：63A／123

辟書 73EJF3：198+194+578／1567

邊塞 73EJT5：30／141

扁書 73EJT21：114／291

辯告 73EJT21：59／282

變事 73EJT23：797B／392

㸓 73EJT10：428／1090

驃牡 73EJT3：31+20／947

表 73EJT23：280／349

表是 73EJT37：529／657

別書 73EJT31：133／583

別田令史 73EJT26：212／518

別治 73EJD：65／832

稟名籍 73EJT23：372／1185

稟城官名籍 73EJT24：133／440

屏圂 73EJT30：126／1848

病書 73EJT33：57／600

波縣 73EJT21：229／1131

博具錢 73EJC：295／869

博平 73EJT6：28／986

博望邑 73EJT2：4／934

逋 73EJT2：74／944

不當得告誣人律 73EJT21:59／282

不更 73EJT2：82B／94

不和 73EJT23：880B／399

不審 73EJT21：185A／300

不肖 73EJT9：268B+264A／221

不一 L二 73EJT23：364A／365

不直 73EJT26：177／515

布表 73EJT37：1545／1513

布復綺 73EJT5：8A／137

布復袍 73EJT1：61／911

布蓬 73EJT31：61A／575

乘家所占畜馬
73EJT24：872A+249／452
乘氏 73EJT24：520／1255
乘隧 72EJC：146+613／860
程苣 73EJT31：61A／575
澂邑 73EJF1：117／762
池陽 73EJT9：339／1052
豉 73EJT21：7／1101
赤表 73EJT22：11C／315
赤帝三陽長日 73EJT23：966／413
赤于 73EJC：550／1636
飭鐘張廣 73EJT37：1573／728
重節
73EJT24：305+497+498A／1830
衝術 73EJT30：202／566
讎 73EJT21：300／1135
出 73EJT1：23／904
出火遂 73EJD：47／1596
出入關傳副券 73EJT35：2／1776
出入六寸符 73EJT26：16／1733
出入罪人 72EJC：288／866
初伏 73EJT26：6／1837
除 73EJT6：135A／169
除補 73EJT37：355+56／616
除書 73EJT31：36／573
廚嗇夫 73EJT9：19B／198
廚佐 73EJT6：23A／155
儲水罌 73EJT37：1545／1513
傳言 73EJT23：258／1670
炊 73EJT21：24／1810
炊帚 73EJT4：47A／964

垂念 73EJF3：522／811
牭 73EJT5：62／981
鎘 73EJT21：185B／300
檻 73EJT24：268A+247B／449
慈其 73EJT30：18／1351
辭已定 72EJC：288／866
刺 73EJT22：39／1666
刺史 73EJT6：140+95／168
賜奪勞 73EJT23：3+619／328
賜勞名籍 73EJT29：48／1338
從史 73EJT6：91／167
從者 73EJT1：107／68
萃馬 73EJF3：91／1554
錯田 73EJF3：119A／775

D

大車 73EJT1：45／908
大成 73EJD：293／1782
大凡 73EJT10：314／1082
大夫 73EJT5：106／153
大河郡 73EJT2：100／945
大黃
73EJT21：46+73EJT23：1062／1105
大陵 73EJH2：89／1533
大麥 73EJT21：73B／286
大男 73EJT22：137／325
大石 73EJT21：129／1118
大石二十五石 73EJF3：101／1556
大司空假屬 73EJT23：878／397
大司徒 73EJT23：696+725／382
大丸 73EJT1：6／899

敦煌 73EJT9：322A／224

敦迫 73EJT24：65A／431

庲 73EJT24：247A+268B／449

頓丘邑 73EJT37：776A／677

頓首 73EJT26：64／508

E

二分 73EJT30：193／1850

二千石 73EJF1：12／746

F

發干 73EJT37：641／1445

發君門下 73EJT8：51B／190

發君前 73EJT7：26B／177

乏興 73EJT22：65+87／321

罰作 73EJH1：3A／731

番和 73EJT37：422／643

樊 73EJT5：69／984

燔離 73EJT23：731B／386

繁陽 73EJH1：3A／731

反 73EJT6：70／1796

氾鄉侯國 73EJF3：290＋121／1559

方鋬矛 73EJT37：1151A／1486

方相 73EJT8：76+65／1021

蜚廉 73EJH1：32A+16B／1522

蜚廉卿 73EJF3：336+324／800

汾陰 73EJT3：50／950

糞土臣 73EJT1：18／46

封 73EJT1：124／1659

封皆破 73EJT24：416B／1683

封埒埤 73EJT29：98／547

撻奏 73EJT30：28A／553

奉賦籍 73EJT24：533B／470

奉明 73EJT37：704／672

奉用錢 73EJT9：314／1051

薰火圖板 73EJT37：1544／1513

鈇 73EJF3：269+597／1572

伏地再拜 73EJT1：96／65

伏令 72EJC：116B／1876

伏匿 73EJT24：719／481

伏願 73EJT1：217A／79

扶溝 73EJT22：98／1158

服 73EJT1：99／916

服負 73EJF3：60+283／769

泭 73EJT4：17／962

脯 73EJT21：485B／314

符別 73EJC：310A／1787

符真副 73EJC：310B／1787

府君 73EJT23：21／329

府卿 73EJT31：97A／580

府書 73EJT3：13A／98

釜 73EJT3：38A／948

輔嬰 72EJC：119／1613

父城 73EJF3：350／803

柎 73EJT9：102B／210

負索 73EJT23：532+768／1195

復 73EJT24：268A+247B／449

復故傳 73EJT37：910／1463

復作 73EJT22：137／325

覆行 73EJT23：301／357

G

乾薑 73EJT30：193／1850

廣新 73EJF3：397+403／1582

歸養 73EJT5：64／982

騧 73EJT37：1184／707

騧牡馬 73EJT1：6／899

鬼新徒 73EJT37：520A／651

桂邑 73EJT37：1320／1497

郭迹 73EJT37：1163／1489

虢 73EJT5：66／983

過 73EJT1：22／48

過書刺 73EJD：2／822

過所 73EJT1：101／66

H

邯鄲 73EJT1：19／903

函 73EJT23：764／1675

函谷關 73EJT9：221A／219

寒炅 73EJT1：168／74

好畤 73EJT37：983／1470

合橉 73EJT15：27A／1663

合下 73EJT23：388／1765

劾之狀 73EJT1：51／56

河北 73EJT31：21+155／573

河東 73EJT7：3／173

河南 73EJT9：12B／198

河南郡 73EJT1：6／899

河內郡 73EJT24：267A／457

黑勞 73EJT8：70／1022

黑色 73EJT2：3／932

弘農 73EJD：37A／827

弘農 73EJT37：1454／720

後大尉 73EJT24：36／427

候 73EJT2：22／89

候長 73EJT1：303B／86

候丞 73EJT23：958／412

候官 73EJT1：292／84

候官塞 73EJT7：114／182

候君臨 72EJC：145／1616

候臨 73EJT3：98／956

候史 73EJT3：118／115

埃 73EJT31：61A／575

狐譖 73EJT9：27／1028

胡麻 73EJT28：114／540

胡騎秦騎 73EJT1：158／924

斛 73EJT24：12／421

壺關 73EJT23：922／1216

湖陵 3EJF1：4／745

虎文矛柲 73EJD：11／823

戶曹佐 73EJT1：125A／69

戶關 73EJT31：67／1376

戶籍藏鄉官 73EJT8：110／196

戶戊 73EJT31：67／1376

淮陽郡 73EJT30：16+254／549

槐里 73EJT37：741／1451

貆道 72EJC：1／853

黃縑 73EJT24：389／1251

黃勞 73EJT6：59／989

黃芩 73EJF2：47A／1869

惶恐 73EJC：679／889

會水 73EJT3：22A／101

會月廿日 73EJT8：56／193

槽一檳 73EJT6：14B／154

昏時 73EJT1：144／72

將 73EJT22：111A／1159

將兵護民

73EJT24：269A+264A／455

將漕 73EJT30：21A+87／551

將車 73EJT9：121／1040

將屯 73EJT24：36／426

將轉 73EJT3：113／113

僵落 73EJT37：1535B／727

彊落 73EJT24：369／461

夆素 73EJT30：96+123／1361

絳 73EJF3：114+202+168／772

絳蓮勺 73EJT21：379／1141

絳邑 73EJT23：307／359

醬雍 73EJT22：153／1162

交錢 73EJT5：8A／137

莢 73EJT23：324A／360

莢卒 73EJF3：167／783

角支 73EJD：47／1596

校兵 73EJT1：14A／45

椄楪 73EJT37：1556+1558／1513

解 73EJT7：41／1004

解除 73EJT23：96+132／1169

解何 73EJT1：181／77

解隋 73EJF3：496／1705

解隨 73EJT23：62／331

解湲襦 73EJT24：15／422

界中 73EJT21：2／1100

界中 73EJT23：666／1674

犗 73EJT4：97／967

金城 73EJT9：104／211

謹案 73EJT3：24／101

謹具置 73EJT23：782／389

謹移 73EJT2：83／95

近衣 73EJT1：217A／79

近秩次 73EJT37：533A+1579／658

靳幡 73EJT1：99／916

靳干 73EJT7：18／1001

盡 73EJT23：79A／333

京 73EJT14：8／1096

京兆尹 73EJT23：696+725／382

驚糒 73EJT37：1541／1512

驚橄 73EJT23：727／384

竟還 73EJD：120A／1600

九石具弩 73EJT31：61A／575

久次 73EJT37：579／661

久左脾 73EJC：315／870

酒泉 73EJT1：156／73

就 73EJT37：151／624

就家 73EJT3：113／113

廄佐 73EJT10：107／1064

居 73EJT24：152／1235

居令延印 73EJT6：81B／166

居署 73EJC：433／875

鞫夬 73EJT23：739／386

舉書 73EJT5：76／149

苣火 73EJT24：533A／470

具記 73EJT24：11／420

具馬 73EJF3：518+517／811

具言 73EJT23：978／413

鉅定 73EJT37：1095A／701

鉅鹿 73EJT1：28／905

勮食 73EJT24：432／1254

練襲 73EJT23：969／1219

梁國 73EJD：38／827

梁期
73EJF3：337+513+288+541／796

粱 73EJT21：64／285

穄73EJT23：919A+917A／406

粱米 73EJT21：3／1100

粱食浚 73EJT6：92／1798

兩撫 73EJT31：61A／575

兩馬再封之一馬一封
73EJT23：623／1651

兩淵 73EJF3：404／806

列人 73EJF3：104／771

臨 73EJT29：92／546

臨汾 73EJT23：568+846／1197

臨涇 72EJC：36／1611

臨事 73EJT9：211／218

臨邑 73EJT23：889／400

臨穎邑 73EJT3：96／956

臨菑 73EJT9：335／225

廩丘 73EJT21：51／1107

枔柱 73EJT30：214／1370

令居 73EJT4：191A／975

令史 73EJT1：27／49

令乙第 73EJT3：84／1645

留遲 73EJT22：11C／315

留難 73EJF3：297／798

駵駮 73EJT3：31+20／947

柳檄 73EJD：35／1708

六甲 73EJT7：63／1800

隴西 73EJT10：15／229

漏上卅刻 73EJT31：58／1696

盧氏 73EJD：37A／827

盧水 73EJT30：144／564

鹵 72EJC：43+52／1611

魯 73EJT27：9／1322

魯陽 73EJT31：20A+34A／572

鹿盧 73EJT37：1069／1477

祿得 73EJF3：336+324／800

祿福 73EJT37：26／611

欒得 73EJT1：20／47

鸞鳥 73EJT23：175A／339

論 73EJT3：53／951

駱 73EJC：315／870

雒陽 73EJT1：80A／60

雒陽緱氏 73EJT9：40／1029

濼涫 73EJT6：50／987

侶渠 73EJT21：142／1122

履一兩 73EJT29：114A／548

綠緹 73EJT21：52A／1108

略陽 73EJT21：60A+24：304／284

M

馬丞 73EJF3：179B／785

馬矢 73EJT28：107／539

馬矢橐 73EJT37：1545／1513

馬足下 73EJT30：148B+172B／564

麥 73EJT7：100A／181

滿三日 73EJT23：405／367

茂陵 73EJT2：29A／90

茂陵第八鄣候 73EJT21：114／291

茂縣 73EJF3：172／1565

彭城 73EJT31：30／1375

蓬 73EJT23：280／349

蓬干 73EJT15：16／1760

皮冒草葦 73EJT37：1542／1512

皮氏 73EJT3：69／952

裨將軍 73EJT24：36／426

鈹 73EJF3：331／1576

偏將軍 73EJF3：300+548／799

貧急 73EJT11：15／273

頻陽 73EJT37：989／1471

品約 73EJT9：100／1647

牝馬 73EJT9：46／1030

平旦 73EJT26：15／504

平恩侯國 73EJT2：77／944

平干國 73EJT1：5／897

平淮左丞 73EJT37：90B／620

平賈 72EJC：237／1619

平陵 73EJT24：532A／469

平丘 73EJT21：44／1105

平襄 73EJT21：180／1665

平陽 73EJT23：16／1163

平陰 73EJT8：32+71／1017

蒲反 73EJT37：1516／1512

蒲復椹 73EJT27：63／1326

蒲繩 73EJT24：416A／1683

Q

齊郡 73EJT9：3／1026

齊食 73EJT31：9／571

齊壹 73EJT23：765／1207

騎士 73EJT4：45／121

乞鞫囚 73EJT37：161A／626

杞牀 73EJT24：64／1229

起居 73EJT7：100B／181

起居得毋它 73EJT24：15／422

訖其葳 73EJT31：163／1654

千人 73EJT10：313A／256

遷補 73EJT7：114／182

前部右曲後官 73EJT2：37／939

前遂 73EJF3：344／1576

錢 73EJD：186A／1602

羌從事 72ECC：76／893

槍

73EJT21：46+73EJT23：1062／1105

譙 73EJT4：15／961

蕎73EJT22：149／1161

青韋臽 73EJT21：52B／1108

卿 73EJT1：238／80

清 73EJT10：128／1067

清河 73EJD：247+199／839

檠白繩 73EJD：91A／1599

秋風至樹木涼 73EJT8：64／1801

秋以令射 73EJT21：62+78／1109

囚錄 73EJT30：264／1694

曲胏 73EJT21：318／1137

曲周 73EJT1：130／921

麴 73EJT23：299／1181

取急 73EJF3：620／815

取檢 73EJT37：162／627

取衣用 73EJT10：15／229

厺閭 73EJT24：268A+247B／449

趣作治 73EJT23：301／357

山都 73EJT3：51／950

山陽 73EJT23：696+725／382

山陽 73EJT24：270／1243

刪丹 73EJT11：15／273

陝 73EJT1：54／909

善毋恙 73EJT4：108A／127

擅去署 73EJT5：37／143

繕 73EJT29：92／546

傷寒 73EJT23：1010A／415

上蔡 73EJC：560／1636

上黨郡 73EJT4：20／962

上功 73EJT23：928／1217

上谷 3EJF1：4／745

上河 73EJT37：1070／697

上計 73EJT10：210A／245

上計吏 73EJT30：26／551

上書具 73EJT37：1450+1402／717

上造 73EJT6：135B／169

稍入 73EJT37：960／1467

少吏 73EJT24：15／422

召陵 73EJT1：8／900

舍匿 73EJT23：620／377

社 73EJT28：67／1772

赦令 73EJT3：55／103

身 73EJT26：51／1305

身非有副

73EJT30：27B+T26：21B／552

深目 73EJT23：310／1181

甚苦事 73EJT1：90A／64

升大 73EJT8：108A／196

省卒 73EJT23：200①／342

省作 73EJT25：118／496

失中 73EJT2：23／1659

施刑 73EJT5：31／141

石 73EJT3：71／953

食時 73EJT24：10A／420

史 73EJT9：86／1033

矢羽 73EJT23：782B／389

使女 73EJT37：532／1437

使使 73EJT15：1A／276

士吏 73EJT10：206／239

士伍

73EJT37：1473+401B+857A／641

視事 73EJT6：64A／161

貰糴73EJT1：66／58

貰買 73EJT7：25／176

貰賣 73EJT7：25／176

適 73EJT22：27／1153

適吏 73EJF3：107／1556

收事 73EJT3：55／104

守 73EJT1：178A／76

守丞 73EJF1：2／745

守衙 73EJC：584／884

守衙器簿 73EJT37：1537A／1512

首陽 73EJT23：490／371

受奉名籍 73EJT24：31／425

壽良 73EJT30：105／1362

書到言 73EJF1：12／746

書吏 73EJF3：300+548／799

書繩 73EJD：136／837

書佐 73EJT3：78／109

鄃 73EJT9：235／220

T

緹紺胡 73EJT21：66／1110

天水郡 73EJT2：18／88

天田 73EJT21：245／304

田畜 73EJT24：97+73EJT30：64+
73EJT30：11／435

田官 73EJT24：269A+264A／455

田舍 73EJT23：727／384

田宅泉累
73EJT23：919A+917A／406

田占 72EDIC：3／894

田卒 73EJT1：5／897

填戎 73EJF3：139／1562

闌戶毄 73EJT31：67／1376

芳 73EJT37：87／619

芳橐 73EJT37：1549／1513

條對 73EJF1：2／745

調利 73EJT37：1069／1477

鐵鎧 73EJT32：39／1386

鐵戊 73EJT37：1548／1513

亭 73EJT1：22A／48

亭長 73EJT3：65／107

亭廣裦 73EJH2：30／739

通道廄 73EJT10：3／229

通籍 73EJT30：22／1352

通蓬火 73EJT6：119／168

同 73EJT9：1／1723

銅鞮 73EJT4：26／963

筩封印 73EJH1：40／735

偷 73EJT28：18／533

投 73EJT27：10／1322

徒復作 73EJT37：520A／651

塗堲73EJT26：107A／1311

塗人 73EJT26：127+117／512

塗治 73EJT21：177／1124

推辟 73EJT23：578／375

屯留 73EJT4：24／963

橐敗 73EJT33：88／1391

橐佗廣地真 73EJT27：17A／1323

W

瓦箕 73EJT4：23B／962

瓦帚 73EJT37：1540／1512

外黃邑
73EJT37：1420A+1302+723A／673

外人 73EJT9：103A／210

完為城旦 73EJH1：28／734

宛 73EJT10：115A／233

宛邑市丞 73EJT37：1454／720

亡 73EJT28：63A／536

亡民 73EJT1：86／63

亡人赤表函
73EJT37：918+1517／1700

亡人火出入界相付日時
73EJT23：855A／394

亡人命者 73EJT3：24／102

亡人命者蘭渡關律
73EJT25：193／500

王孫慶 73EJT23：878／397

往亡
73EJT4H：17+73EJT23：840／1819

望塢上火 73EJT9：2／1756

望垣 73EJT1：37／907

巍 73EJT21：95／1114

巍右尉 73EJT6：94／992

韋 73EJF1：71／1536

為國迎四年罷戍卒

73EJT7：23／175

為家私市 73EJT6：39A／159

葦延席 73EJT24：268A+247B／449

猥言 73EJC：295／869

緯 73EJT30：35A／557

未備 73EJH1：3A／731

未央殿 73EJT24：101+116／436

尉史 73EJT4：41A／119

尉文 73EJT1：32／906

渭陵園 73EJT37：1064／695

磑 73EJT24：7／1225

衛將軍 73EJF1：12／746

謂 73EJT3：110A／113

魏郡 73EJT3：55／103

溫 73EJT9：144A／213

文德 73EJT23：622／1200

文理 73EJT4：143／132

聞憙 73EJD：256／1607

聞憙邑 73EJT24：321／1246

屋闌 73EJT1：178A／76

屋蘭 73EJT37：521／652

烏喙 73EJT21：24／1810

烏氏 72EJC：68／1612

毋兵刃枚索籆杖 73EJF3：383／804

毋官獄徵事 73EJT1：29／51

毋害 73EJT24：661／478

毋忽 73EJT3：58B／107

毋留止 73EJT3：114／115

毋它急 73EJT23：141B／336

毋以它為解 73EJT26：2A／502

毋雍 73EJT23：198／341

毋狀 73EJT4：121+119／129

毋自易 73EJT21：294／307

毋尊布 73EJT23：296A／1180

無鹽 73EJT30：105／1362

五大夫 73EJT26：32／1653

五官掾 73EJT37：780／619

伍長 73EJT23：779／1210

武安 73EJT37：1099A／703

武城 73EJT30：224／1371

武關 73EJT10：115A／233

武陵 73EJD：281B／846

武騎期門侍郎 73EJT37：1225／710

武始 73EJT7：9／1000

武威 73EJT5：50A／145

舞陰 73EJT8：41／1019

戊簜 73EJF3：289／1574

物故 73EJT26：112／512

塢 73EJT24：779／483

塢戶上下級 73EJT37：1549／1513

X

夕客 73EJT24：75A／434

西 73EJT24：101+116／436

西鄂 73EJT10：120A／234

西海 73EJF2：4／1539

西華 73EJH1：14／733

西內中 73EJT23：919A+917A／406

檄 73EJT1：63／57

襲 73EJT5：8A／137

橐編索 73EJD：22／824

橐長弦
73EJT21：46+73EJT23：1062／1105

橐履 73EJT5：65／982

細君 73EJT31：161／585

瑕丘 73EJT24：766／1272

下 73EJT23：696+725／382

下餔 73EJD：39A／828

下曲陽 73EJC：628／1640

下邑 73EJT21：424／1145

夏至 73EJT6：70／1796

弦狠靡解 73EJT21：66／1110

咸康里附城 73EJF3：154／780

閒起得毋有它
73EJT23：919A+917A／406

顯德伯 73EJF2：10／764

顯美 73EJT30：29A／1353

陷堅矢
73EJT21：46+73EJT23：1062／1105

縣次續食 73EJT3：55／103

縣官事 73EJT2：53A／92

縣索 73EJT30：31／1357

縣索關 73EJT4：42A／120

相牽證任 73EJT23：620／377

鄉嗇夫 73EJT6：38A／158

鄉守有秩 73EJT2：56A／92

鄉亭 73EJF1：13／746

襄國 73EJT1：13／903

襄陵 73EJC：400／1627

襄武 73EJT9：114／1038

襄垣 73EJT23：163／1174

小畜 73EJT1：91／915

小畜錢 73EJC：320／1623

小科 73EJT23：68A／1166

小府 73EJF1：12／746

小苣 73EJT23：68A／1166

小男 73EJT30：56A+83A／559

小石 73EJT4：45／121

小時 73EJT23：992／1820

小史 73EJT21：138+278A／297

小未傅 73EJT33：41A／598

校尉 73EJT24：245／449

絜 73EJT6：59／989

寫傳 73EJT37：146A+1561B／623

寫移書到 73EJT2：22／89

薤束 73EJT2：27A／937

新成邑 73EJT4：208／975

新豐 73EJT37：1002／1474

新汲 73EJT1：7／899

新平 73EJT26：9／1302

新鄻 73EJT2：2／932

新視事 73EJT31：163／1654

新屬 73EJT23：878／397

新野 73EJT6：49／987

新鄭 73EJF1：85／761

星 73EJT7：63／1800

驛北 73EJT6：14A／154

刑德 73EJT23：879／1820

行 73EJT3：11A／97

行邊兵 73EJT34：34A／605

一輩 73EJT32：75／594

一編 73EJT7：173／186

一二而二 73EJT26：5A／1836

一封詔傳 73EJT37：97／620

一兩 73EJT5：65／982

一通 73EJT22：11B／315

衣紷 72EJC：119／1614

宜陽 72EJC：10／1608

以必得為故 73EJT4H：8A／817

以功次遷 73EJT4：98A／125

以急疾為故 73EJF3：81+80／1656

以近次兼行 73EJT26：1A／502

以來 73EJT10：313B／257

以私印行小官事
73EJT6：38A／158

以亭行 73EJF3：66+381+73EJT7：
147／1755

以文理愚卒 73EJD：182A／838

以小官印兼行 73EJT8：31／189

以郵亭晝夜行
73EJT10：202A／1759

以郵行 73EJD：318A／847

弋居 73EJT30：22／1352

邑 73EJT1：101／66

邑邑 73EJT33：28／595

邑子 73EJT22：114／323

易 73EJT30：31／1357

詣官白傳 73EJT23：238／346

驛馬 73EJT21：138+278A／297

陰 72EJC：41／1611

陰安 73EJT37：1394／1503

鄄 73EJT10：299／1081

隱強 73EJT37：224／1417

隱園 73EJT21：197A／301

滎陽 73EJT10：213A／247

穎川郡 73EJT1：84／61

穎陰邑 73EJT8：7／1014

應令 73EJT29：125B／1773

庸 73EJT1：81／914

雍 73EJT23：897A／401

雍種 73EJT5：73／148

郵人 73EJT30：33B／556

郵書刺 73EJT24：342／1683

郵書課 73EJD：260A／843

郵亭 73EJT3：21／100

郵正 73EJT14：16／274

游徼 73EJT3：115／959

有方 73EJT2：28／938

有教 73EJT3：118／115

有書 73EJT23：729／385

有秩候長 73EJT21：62+78／1109

右扶廷 73EJT23：420／368

右大尉 73EJT23：172B／339

右扶風 73EJT5：66／983

右農後曲丞 73EJT30：43／558

右平 73EJF1：84A／760

右前 73EJT3：7／946

右恬 73EJF3：404／806

於縣 73EJT24：131／1694

榆莢 73EJT24：268A+247B／449

虞 73EJT21：37／1105

愚戇 73EJF1：7／746

證財物故不以實臧五百以上
73EJT37：681／668

支滿 73EJT23：359A／363

知責家中見在者
73EJT24：566B／1732

執金吾 73EJT10：114／233

執事 73EJT37：179A／629

輒 73EJT24：337／1248

制詔 73EJT22：20／318

治簿卒 73EJF3：104／771

治渠卒 73EJT3：50／950

治所 73EJT2：66／94

治所檄 73EJT10：125／235

致籍 73EJT9：59B／201

置輿 73EJF3：155B／781

置佐 73EJT3：11B／97

銍 72ECC：14A／890

中部 73EJT1：174B／75

中程 73EJT23：764／1675

中都官 73EJT26：32／1653

中都縣 73EJT5：61／981

中二千石 73EJT23：3+619／328

中風 72EJC：88B／858

中伏 73EJT23：332／1825

中功 73EJT30：29A／1353

中舍 73EJT23：888／400

中御府板詔令 73EJT31：142／1653

重質 73EJF1：10／746

周子南國 73EJT8：40／1019

縐襦 73EJT29：108／1343

朱濡 73EJT31：140／1862

銖 73EJD：186A／1602

术 73EJF2：47A／1869

逐捕 73EJT1：86／63

逐命 73EJT9：104／211

主簿 73EJT37：501A／649

主官 73EJT31：97A／580

主菱校長 73EJH1：6B／732

助府令史 73EJT5：76／149

杼秋 73EJT5：39／978

柱馬 73EJT21：102A／287

筑陽 73EJT4H：35A／1592

轉射 73EJT23：310／1181

傳 73EJT1：29／51

傳車 73EJT37：1065A／695

傳副 73EJC：617／1639

傳馬 73EJT23：153／337

傳舍 73EJT3：65／107

傳舍嗇夫 73EJT10：163A／237

狀 73EJT28：63A／536

騅 73EJT37：1184／707

甾 73EJT9：39／1029

蓄 73EJT24：112A／438

子女 73EJT37：617+1047A／665

訾家 73EJT1：57／910

訾直 73EJT27：2B／525

自取 73EJT3：79／954

自言責 73EJT14：32／275

自占 73EJT23：463／370

自占書功勞 73EJT26：88A／1308

字 73EJT27：58B+15A+16A／1322

奏封 73EJD：66／1708

足下 73EJT1：48／55

卒當出關名籍

73EJT37：738A／675

卒史 73EJT3：78／109

最凡 73EJT26：229A／1319

昨日備 73EJT30：16+254／549

左馮翊 73EJF1：117／762

左居官右移金關

73EJT22：99／1728

左寧 73EJF3：402／1583

左剽 73EJT1：54／909

左繆 73EJT21：387／312

左庶長 73EJT26：32／1653

左應 73EJT31：61A／575

左斬 73EJT21：426／1145

佐 73EJT2：29A／90

佐史 73EJT26：208／517

作者 73EJT8：3／1013

坐前 73EJT3：33A／102

後　記

　　本書為我博士論文的一部分增訂而成，博士論文完成於 2019 年 4 月，分上下兩編，上編是材料整理，下編為相關專題研究。此次出版，取占據較多篇幅的上編部分加以增補修訂。畢業伊始，工作繁重，2020 年 12 月方始得閒集中進行增訂，到如今即將刊出，又過去了一年時間。

　　我 2015 年到上海，始受業於博士生導師白於藍先生門下，博士四年間，白師即為指導本文的寫作傾注了無數的心血，其後付印成書之際，復蒙白師撥冗賜序，為本文增色不少。可以說本書從撰寫到刊印，無不和白師不遺餘力的扶助息息相關。培育教誨之恩，感念在心，難以名狀。

　　博士畢業後，我即到杭州教書，業未立，家先成。未料稻粱苦謀，困頓不已。生計無著，遑論學業。遂在 2021 年去職南下廣州，赴中山大學從事博士後研究工作，蒙陳師偉武先生慨然應允，忝列門牆，何其榮幸。初到中大，陳師即關心我博士論文的出版事宜，感激之情，無以言表，唯銘記於心。

　　當初撰寫論文時的設想是要將所有相關研究論著全部參閱一過，一個也不能少。「讀天下書未遍，不得妄下雌黃。」畢竟這句話在我讀大學時就寫在了書桌上。但是直到刊印在即，仍然有一個長長的待閱書目躺在電腦中。又校稿過程中發現了非常多的低級錯誤，每每令人羞愧難當。雖然時間緊迫，匆遽成書，但亦不能為自己的水平有限進行開脫。敬祈諸讀者批評教正，本文疏誤之處，還待日後有暇再行勘補。

　　我的妻子小美同學為家庭貢獻極大，使我減少諸多後顧之虞，專事工作和學業，附記於此。

2021.12.20